新家庭文化概论

XIN JIATING WENHUA GAILUN

北京妇女理论研究会　编著

主　编　陈　玲　执行主编　丁　娟　王红旗　韩桂华

人民出版社

责任编辑：邵永忠

封面设计：徐　晖

责任校对：吕　飞

图书在版编目（CIP）数据

新家庭文化概论／北京妇女理论研究会 编；陈玲 主编.
－北京：人民出版社，2016.1
ISBN 978－7－01－015451－0

Ⅰ．①新… Ⅱ．①北… ②陈… Ⅲ．①家庭教育—教材 Ⅳ．①G78

中国版本图书馆 CIP 数据核字（2015）第 260052 号

新家庭文化概论
XIN JIATING WENHUA GAILUN

北京妇女理论研究会 编

主编陈　玲　执行主编 丁　娟　王红旗　韩桂华

人 民 出 版 社 出版发行

（100706　北京市东城区隆福寺街 99 号）

北京久佳印刷有限责任公司印刷　新华书店经销

2016 年 1 月第 1 版　2016 年 1 月北京第 1 次印刷

开本：710 毫米×1000 毫米 1/16　印张：15

字数：240 千字　印数：0,001—3,000 册

ISBN 978－7－01－015451－0　定价：35.00 元

邮购地址　100706　北京市东城区隆福寺街 99 号

人民东方图书销售中心　电话（010）65250042　65289539

前　言

　　家庭文化是社会文化的重要内容，在全党全社会共同践行社会主义核心价值观的进程中，北京市妇联和北京市妇女理论研究会于 2013 年 7 月，启动了家庭文化建设项目，组织编写《新家庭文化概论》一书，目的是促进家庭和睦、社会和谐以及下一代的健康成长。

　　重视家庭文化建设，是中国共产党的优良传统。早在 1953 年，毛泽东就指出："对于农村的阵地，社会主义如果不去占领，资本主义就必然会去占领。"① 改革开放后，中央反复强调社会主义精神文明建设的重要意义和重要内容，将文化建设视作精神文明建设的一个重要方面。党的十五大和十六大明确提出，文化是综合国力的重要标志，并确立了小康社会的文化发展目标。党的十七大和国家"十二五"规划，以专门章节对文化领域的发展和改革作出重大决策和全面部署，其中，党的十七大报告还提出了"加强社会公德、职业道德、家庭美德、个人品德建设"的新命题，凸显了家庭文化建设在社会文化建设进程中的特殊作用。② 2011 年，党的十七届六中全会审议通过《中共中央关于深化文化体制改革推动社会主义文化大发展大繁荣若干重大问题的决定》，提出社会主义核心价值体系是兴国之魂，是社会主义先进文化的精髓，决定着中国特色社会主义发展方向；强调建设社会主义文化强国，就是要着力推动社会主义先进文化更加深入人心，推动社会主义精神文明和物质文明全面发展。③ 党的十八大进一步指出，文化是民族的血脉，是人民的精神家园。全面建成小康社会，实现中华民族伟大复兴，必须推动社会主义文

---

　　① 《毛泽东文集》第五卷，人民出版社 1999 年版，第 299 页。
　　② 教育部思想政治工作司组编：《政治宣言·行动纲领·理论指南：十七大报告学习体会》，中国人民大学出版社 2007 年版。
　　③ 《中共中央关于深化文化体制改革推动社会主义文化大发展大繁荣若干重大问题的决定》，新华网，2011 年 10 月 25 日。

化大发展大繁荣，兴起社会主义文化建设新高潮，提高国家文化软实力，发挥文化引领风尚、教育人民、服务社会、推动发展的作用。在 2015 年春节团拜会上，习近平进一步强调，"不论时代发生多大变化，不论生活格局发生多大变化，我们都要重视家庭建设，注重家庭、注重家教、注重家风，紧密结合培育和弘扬社会主义核心价值观，发扬光大中华民族传统家庭美德，促进家庭和睦，促进亲人相亲相爱，促进下一代健康成长，促进老年人老有所养，使千千万万个家庭成为国家发展、民族进步、社会和谐的重要基点。"①

历史证明，支撑一个国家与民族可持续发展的动力，是人民敬守的精神信仰。其中，家庭美德是不可或缺的重要方面。每个公民在家庭生活中应该遵循的行为准则，不仅是个人品质的具体写照，还涉及夫妻、长幼、邻里之间的关系。同时，家庭生活与社会生活又密切相关，正确对待和处理家庭问题，共同培养和发展夫妻爱情、长幼亲情、邻里友情，不仅关系每个家庭的美满幸福，也有利于社会的安定和谐。因此，大力倡导以尊老爱幼、男女平等、夫妻和睦、勤俭持家、邻里团结为主要内容的家庭美德，鼓励人们在家庭和社会做一个好成员，是摆在每一个公民面前的终生课题，也是编写《新家庭文化概论》的初衷。

该书共 20 余万字。第一部分为第一至第三章，系统梳理了人类婚姻家庭从原始血缘群婚向一夫一妻制的文化流变与思想变迁，以及近现代婚姻家庭文化的发展走向。第一章对新家庭文化即先进家庭文化的定义、内涵、来源以及家庭文化的起源、变化规律及其在社会文化与家庭发展中的地位、作用和构建原则进行了论述。第二章对奴隶社会、封建社会至民国时期的婚姻家庭文化进行了系统梳理和描述。其中，关于奴隶社会婚姻家庭文化的叙述，重点分析了奴隶制宗法家庭文化背景下，人类情感、婚俗礼仪和亲子等文化的形成和发展；关于封建社会家庭文化的分析，主要聚焦秦汉、唐宋和元明清三大时期，对中国近代之前的封建婚姻家庭文化，进行了剖析和透视；关于近代至新中国成立前期的家庭文化，主要对清末民国以来，新家庭文化的萌芽、特别是"五四新文化"的影响、近代西方思想的"西学东渐"，以及马克思主义婚姻家庭文化的传播进行了分析，重点突出了中国共产党新家庭

---

① 习近平：《不论时代发生多大变化我们都要重视家庭建设》，《京华时报》2015 年 2 月 18 日。

文化思想在根据地和解放区的培育和践行。第三章以 1950 年、1980 年、2001 年中国婚姻法的制定和修改为基线，系统论述了新中国婚姻家庭制度的确立和文化普及过程，并对当前中国法治建设和依宪治国新常态条件下，婚姻家庭文化建设面临的机遇和挑战以及发展走向进行了梳理和论述。

第二部分为第四至第七章，全面论述了现阶段婚姻家庭文化的基本原则和重要意义。第四章对恋爱和婚姻的定义、何谓文明进步的恋爱婚姻观、婚姻关系的确立、夫妻权利和义务关系、夫妻情感发展、夫妻相处的艺术以及离婚权尊重和新离婚文化、新重婚文化的打造进行了论述。第五章对计划生育与生殖健康、家庭教育的基本理念以及现代养老观念的特点和养老方式的变化进行了阐释。第六章对家庭生产、经营、消费文化的理性建构，以及健康生活方式对家庭以及个体成员身心健康的影响进行了论证。第七章对亲属包括亲子、婆媳与翁婿以及兄弟姐妹关系的处理艺术进行了阐述，对家庭外部关系，包括邻里关系、工作与家庭关系以及与家庭外部支持系统的关系进行了分析，论述了建立社会工作网络和社会支持系统对构建文明进步家庭关系和家庭文化的重要意义。

第三部分为第八章。对妇联组织与新家庭文化构建的关系进行了论证，对妇联组织的性质和任务、在家庭文化建设中的独特作用、妇联履职家庭文化建设的组织优势以及妇联组织长期开展"五好家庭"和文明家庭评比活动的经验进行了梳理，并对妇联组织今后如何创新思维，努力增强家庭文化建设重要性的认识，积极发挥妇女在家庭文化建设中的主体作用，进一步推动家庭文化园地繁荣发展，提出了系统的对策建议。

本书的编写工作，注意了历史性与逻辑性的统一、理论性与实践性的统一，以及实效性与广博性的结合，力求结构严谨、框架合理、观点鲜明、分析透彻、语言流畅、可读性强。

本书由北京市妇联党组副书记、副主席陈玲担任主编，丁娟、王红旗、韩桂华担任执行主编，主要撰稿人有（以姓氏笔画为序）：丁娟、王红旗、王冠伟、安顿、杜浩南、李文、李亚妮、张世杰、黄桂霞等。本书采用个人负责集体统稿的创作方法，几易其稿，修改不计其数。参加统稿工作的有丁娟、王红旗、韩桂华、王冠伟、李亚妮、李文等。本书的编著和出版，还得到西城区妇联李高霞主席，顺义区妇联鲍晓琴主席，北京市妇联赵知维、尤筠、王芳、唐蕊、朱芳和北京妇女研究中心白春燕等同志，以及人民出版社有关同志的大力支持；魏国英、葛晨虹、李英桃等同志也对本书修改，提出了宝贵建议；本书出版得到人民出版社的大力支持。基于研究、认识水平以及时间的限制，本书在家庭文化研究领域还是一个基本的尝试，希望能抛砖引玉，吸引更多的研究成果不断问世。

在此，谨向为本书撰写和出版付出辛勤劳动、作出贡献的各位领导、专家和学者表示衷心感谢！

编 者
2015 年 3 月

目　录

第一章　绪论 ·· (1)

一、新家庭文化的界说 ······································· (1)

　　1. 说文解字看"家庭" ·································· (2)

　　2."文化"的字词解析 ·································· (3)

　　3. 家庭文化定义的探讨 ······························· (4)

　　4. 家庭文化的特点 ·································· (5)

　　5. 新家庭文化分类 ·································· (7)

二、新家庭文化的主要来源 ··································· (8)

　　1. 中国传统家庭文化中的优秀元素 ···················· (8)

　　2. 西方进步家庭文化在中国的传播 ·················· (11)

　　3. 马克思主义家庭理论的主要内容 ·················· (14)

　　4. 近代以来中国家庭文化的创新与发展 ················ (19)

三、家庭文化的历史建构与基本功能 ····················· (21)

　　1. 人类早期的血缘群婚和对偶婚 ···················· (22)

　　2. 文明时代以来的个体婚家庭 ······················ (26)

　　3. 家庭文化的基本功能 ····························· (29)

四、新家庭文化的建构思路 ······························· (31)

　　1. 新家庭文化建构的指导思想 ······················ (31)

　　2. 新家庭文化建构的基本思路 ······················ (33)

　　3. 新家庭文化建构的重要意义 ······················ (34)

第二章　中国家庭文化的起源与变迁 …………………………………（39）

　一、奴隶社会宗法制家庭文化的产生 ………………………（39）

　　1. 奴隶制宗法家庭的建立 …………………………………（39）

　　2. 宗法制家庭文化的特征 …………………………………（41）

　　3. 宗法制婚姻和亲子文化 …………………………………（43）

　二、封建社会家庭文化的发展 ………………………………（48）

　　1. 秦汉至南北朝时期的婚姻家庭文化 …………………（49）

　　2. 唐宋时期的家庭文化与妇女文化 ……………………（55）

　　3. 元明与清代早中期的婚姻家庭文化 …………………（59）

　三、近代家庭文化的发展 ……………………………………（62）

　　1. 清末民初婚姻家庭文化的变化 ………………………（63）

　　2. 近代西方思想对中国家庭文化的影响 ………………（66）

　　3. 辛亥革命对家庭文化的影响 …………………………（68）

　　4. 五四新文化运动对家庭文化的重构 …………………（69）

　　5. 中国共产党对新家庭文化的践行 ……………………（72）

第三章　新中国婚姻家庭文化的创新与发展 ………………………（77）

　一、新中国婚姻制度和新家庭文化的确立 …………………（77）

　　1. 新中国婚姻家庭制度的确立 …………………………（77）

　　2. 新中国婚姻家庭制度的基本原则 ……………………（78）

　　3. 新中国婚姻家庭文化的社会培育 ……………………（81）

　二、改革开放与 1980 年婚姻法修改 ………………………（84）

　　1. 改革开放与婚姻家庭制度的完善 ……………………（84）

　　2.1980 年婚姻法修改的主要内容 ………………………（87）

　　3. 婚姻法修改对家庭文化发展的影响 …………………（88）

　三、法治体系建设与 2001 年婚姻法修改 …………………（92）

　　1. 法治体系建设与婚姻立法政策的完善 ………………（92）

　　2.2001 年婚姻法修改的主要内容 ………………………（95）

　　3. 家庭文化发展的新走向 ………………………………（97）

第四章　恋爱与婚姻 ………………………………… （101）

　一、文明健康的恋爱观 …………………………………… （101）

　　1. 恋爱与择偶的价值理念 …………………………… （101）

　　2. 择偶条件与方式 …………………………………… （104）

　　3. 恋爱择偶应注意的主要问题 ……………………… （107）

　二、夫妻相处的艺术 ……………………………………… （109）

　　1. 平等与尊重 ………………………………………… （109）

　　2. 忠实与信任 ………………………………………… （112）

　　3. 沟通与理解 ………………………………………… （114）

　　4. "性生活"与婚姻和谐 …………………………… （117）

　三、离婚与再婚的价值选择 ……………………………… （119）

　　1. 离婚权的尊重 ……………………………………… （120）

　　2. 子女和财产关系的妥善处理 ……………………… （121）

　　3. 再婚文明的建构 …………………………………… （124）

第五章　优生优育与居家养老 …………………… （126）

　一、计划生育与家庭传承 ………………………………… （126）

　　1. 优生优育的理念 …………………………………… （126）

　　2. 生育政策与围产期健康 …………………………… （129）

　　3. 生殖健康面临的时代挑战 ………………………… （130）

　二、家庭教育的基本理念 ………………………………… （131）

　　1. 儿童优先的家庭教育 ……………………………… （131）

　　2. 家庭教育的基本内容 ……………………………… （133）

　　3. 家庭教育的主要方式 ……………………………… （139）

　三、居家养老的新探索 …………………………………… （141）

　　1. 养老文化的新特点 ………………………………… （141）

　　2. 老有所为和自助养老 ……………………………… （144）

　　3. 养老方式的多样化 ………………………………… （147）

第六章 积极健康的家庭生活方式 …………………………………… （154）
　一、家庭生产与经营 ………………………………………………… （154）
　　1. 农村家庭的生产与经营 ……………………………………… （154）
　　2. 城镇家庭的生产与经营 ……………………………………… （158）
　　3. 家庭生产与经营的基本原则 ………………………………… （160）
　二、家庭消费文化 …………………………………………………… （163）
　　1. 家庭消费的分类 ……………………………………………… （163）
　　2. 家庭消费的结构特征 ………………………………………… （164）
　　3. 合理消费观念的树立 ………………………………………… （166）
　　4. 家庭消费的基本原则 ………………………………………… （170）
　三、家庭生活方式与身心健康 ……………………………………… （171）
　　1. 身心健康的重要指标 ………………………………………… （172）
　　2. 生活方式与身心健康 ………………………………………… （173）
　　3. 文明健康生活方式的选择 …………………………………… （174）

第七章 亲属关系与家庭外部关系的构建 ………………………… （178）
　一、亲属与亲情文化的构建 ………………………………………… （178）
　　1. 血浓于水的亲子文化 ………………………………………… （179）
　　2. 婆媳与翁婿的相处艺术 ……………………………………… （183）
　　3. 兄弟姐妹的手足亲情 ………………………………………… （187）
　二、邻里关系的和睦互助 …………………………………………… （192）
　　1. 邻里关系的内涵 ……………………………………………… （192）
　　2. 邻里文化的变迁 ……………………………………………… （193）
　　3. 邻里相处的艺术 ……………………………………………… （194）
　　4. 文明和谐社区的共建 ………………………………………… （197）
　三、家庭与事业的相互促进 ………………………………………… （198）
　　1. 家庭角色与社会角色的扮演 ………………………………… （200）
　　2. 家务劳动的分享和分担 ……………………………………… （201）
　　3. 家庭与事业的平衡方法 ……………………………………… （202）

四、家庭外部支持系统的构建 ……………………………（204）
　　1. 家庭外部支持系统的含义 ……………………（204）
　　2. 社会工作与社会支持系统建设 ………………（206）
　　3. 家庭公共服务事业的创新与发展 ……………（209）

第八章　妇联组织与新家庭文化建设 ……………………（213）
　一、妇联是新家庭文化建设的重要力量 ………………（213）
　　1. 妇联组织的性质和任务 ………………………（213）
　　2. 妇联组织在家庭文化建设中的作用 …………（215）
　　3. 妇联组织在家庭文化建设中的优势 …………（217）
　二、妇联开展家庭文化建设的实践探索 ………………（219）
　　1. 家庭文明建设常抓常新 ………………………（219）
　　2. 社会发展进步元素融入家庭文化建设 ………（222）
　　3. 构建家庭文化建设新机制 ……………………（223）
　三、努力开创家庭文化建设的新局面 …………………（224）
　　1. 提高对新家庭文化建设重要性的认识 ………（225）
　　2. 新家庭文化建设面临的机遇和挑战 …………（225）
　　3. 新家庭文化建设的基本思路 …………………（226）

第一章　绪　论

　　谈起家庭，人们会倍感熟悉和亲切，常以"幸福港湾"来形容。中国人常说"家和万事兴"，西方人也常说"幸福的家庭总是相似的，而不幸的家庭却各有各的不幸"。可见，追求家庭的和谐幸福，是全人类的共同梦想。那么什么样的家庭是幸福的家庭？怎样才能使自己的家庭更加幸福？谁又是幸福家庭的主人？家庭幸福谁最受益？这不仅是每个家庭、每个家庭成员都应该思考的基本问题，而且也已经成为婚姻家庭学、文化学的特殊研究对象，同时，还是社区工作和妇女工作的重要内容。

　　从家庭文化概念的角度我们可以说，家庭文化是伴随新时期社会文化建设提出的一个与时俱进的新概念，如同企业文化、学校文化、社区文化等部门文化一样，是社会文化的有机组成部分；同时，家庭文化作为社会文化的子系统，还具有特定的属性和丰富的内涵，不仅在引导家庭生活、规范家庭建设乃至丰富和发展社会文化等方面，具有十分重要的作用，同时还是构建社会主义先进文化，培育和践行社会主义核心价值观的基础平台。在培育践行社会主义核心价值观的进程中，构建新型、先进的家庭文化，既是"中国梦""民族梦""家庭梦"和个人梦想的交响合奏，更是中华民族伟大复兴，强国强家的美好追求。既需要每个家庭、每个公民人人践行，从"我"做起，更需要全社会齐心协力，共同推动。

一、新家庭文化的界说

　　一般地说，每一个幸福和谐家庭的构建，都必然会受到社会以及个人发展状况的影响。但是，家庭文化对家庭建设以及家庭成员成长的作用，却像一条看不见的主线，镶嵌在家庭生活的方方面面，贯穿于家庭生活的始终。在世界文化的长廊中，中华民族、炎黄子孙关于家庭、家庭关系乃至家庭文化的研究源远流长，更是国家伦理道德或者民法调节的重要内容。

1. 说文解字看"家庭"

从说文解字的角度考察，"家"是一个上下结构的字词，由"宀"和"豕"组成，"宀"是屋的意思；"豕"是猪的意思，两字合写，屋中有猪，即为"家"字。① 为什么要用"宀"和"豕"来表示"家"呢？据 2000 多年前西汉许慎在《说文解字》中的考证，"屋中有猪"方可称家。这是因为大约 7000 多年前，我们的祖先在由野蛮时代迈向文明时代的过程中，一个重要的标志就是由在树上"架木为巢"，转到在地上盖木房子为屋，并开始驯养野兽为家畜，而猪正是人们最早饲养的家畜。明代李时珍就说过："猪为天下畜。"② 那时房屋的结构一般是上下两层，上面住人，下面做猪圈。因此，凡是有"猪圈"的地方，也住着人，有"猪圈"，也就是有"人家"的标志。之后几经演变，"家"中隐含的"猪圈"这一本义逐渐消失，保留下来的却成为"人的住所"。③ 后来，随着文化的发展，"家"的内涵也越来越丰富。周代以男为家，以女为室，有家（夫）有室（妇），叫作"成家"；春秋战国时期，"家"又发展为学术流派，如儒家、墨家，百家争鸣等；后来，"家"用来指有专门学问或技能的人，如作家、书法家、专家等；另外，"家"也用作量词，如一家人。

而将家与"庭"这个更具有空间含义的字词结合，形成的家庭概念，无疑更具有了居住空间的含义。据《说文解字》，"庭"字含有厅堂庭院乃至朝廷的意思。所以，提到家庭人们常常会想到有钱人家的中堂、条几、八仙桌和太师椅，想到威严的家长和森严的等级。事实上，一夫一妻制意义上的家庭及其相关文化，也正是首先被有产阶级建构起来。

究竟什么是家庭呢？一般地说，家庭是基于婚姻、血缘或收养关系所组成的基本单位。和家庭或者姻缘与血缘相关的还有家族、亲属以及宗族关系。这些关系围绕家庭展开，与家庭既有联系又有区别。一般地说，家庭是亲属

---

① （汉）许慎：《说文解字》，中华书局 2013 年版。

② 李时珍（明武宗正德十三年至明神宗万历二十一年，即 1518—1593 年），字东璧，晚年自号濒湖山人。蕲州（今湖北省黄冈市蕲春县蕲州镇）人，生于蕲州亦卒于蕲州。李时珍是中国明朝也是中国历史上最著名的医学家、药学家和博物学家之一，其所著的《本草纲目》是本草学集大成的著作，对后世的医学和博物学研究影响深远。

③ 一层养猪，二层居住的风俗，在四川农村的家庭饲养中，依然可以见到。

中较小的户内群体，由共同生活居住、共同经济核算、相互合作发挥作用的人所组成。人的一生中，大部分人会从属于两种家庭，即出身家庭和生育家庭。人们在出身家庭出生并进行相应的社会化活动；在生育家庭完成结婚、生子等职责。与这两种家庭相适应又延伸出了亲属或者家族关系。有亲属关系的人一般是指具有共同的祖先、血缘，或具有姻亲关系、养育关系的人所组成的社会网络。亲属并不一定居住在一起，但他们彼此承诺，既享有一定的权力和利益，也承担一定的责任和义务。亲属网络中的确切成员是由特定的文化和习俗约定的。在中国，亲属家族一般是以五服为界，通常以父系血缘为主干形成。宗族则是同宗同姓同地域的家族结成的群体。在当今社会，虽然宗族关系已日益淡化，但在一些地区特别是农村，宗族关系依然普遍存在，在一些场合如红白喜事和基层选举中还有着特定表现。其中，在基层选举中，同宗优先的传统，甚至干扰和影响着基层民主和自治的进程，已经引起了有关方面的关注。

2. "文化" 的字词解析

考证了"家"字的来源，我们再来审视文化的含义。在中国古籍中，"文"一方面是指文字、文章、文采，另一方面则指礼乐制度、法律条文等。而"化"则含有"教化"、"教行"的意思。一般地说，从社会治理的角度而言，"文化"是指以礼乐制度教化百姓。汉代刘向在《说苑》中说："凡武之兴，为不服也，文化不改，然后加诛。"① 此处"文化"一词与"武功"相对，含教化之意。南齐王融在《曲水诗序》中说："设神理以景俗，敷文化以柔远。"② 其"文化"一词也为文治教化之意。在《现代汉语词典》中，"文化"一般被解释为：人类在社会历史过程中所创造的物质财富和精神财富的总和③，但也通常特指精神财富，如教育、科学、文艺等。

在西方，"文化"一词来源于拉丁文 cultura，原义是指农耕及对植物的培育。15 世纪以后，逐渐把对人的品德和能力的培养也称之为文化。英国文化人类学家 E. B. 泰勒早在 1871 年就指出："文化或文明是一个复杂的整体，它包括知识、信仰、艺术、伦理道德、法律、风俗和作为一个社会成员的人

---

① （汉）刘向：《说苑·指武》，中华书局 1987 年版。
② 《唐钞文选集注汇存》第 21 卷，上海古籍出版社 2011 年版。
③ 《现代汉语词典》，商务印书馆 2014 年版。

通过学习而获得的任何其他能力和习惯。"① 20 世纪 30 年代，英国文化人类学家 B. K. 马林诺夫斯基发展了泰勒的文化定义，提出文化应包括传统的器物、货品、技术、思想、习惯、价值及社会组织等。他还进一步把文化分为物质文化和精神文化，即"已改造的环境和已变更的人类有机体"两种主要成分。②

事实上，"文化"一词的中西方含义具有殊途同归的倾向，都用来指称人类社会的精神现象抑或泛指人类所创造的一切物质产品和非物质产品的总和。③ 但是，迄今为止，关于文化的定义依然争论不休，有文字的定义至少有两百多种。综合起来看，文化是指一个国家或民族的历史、地理、风土人情、传统习俗、生活方式、文学艺术、行为规范、思维方式和价值观念等。

3. 家庭文化定义的探讨

正如关于文化、企业文化等定义长期争论不休一样，给家庭文化下一个严格和精确的定义也是一件非常困难的事情。我们只能从浩瀚的文化译林中，选择特定的角度，尝试定义家庭文化。

首先，从社会文化的定义出发可以将家庭文化定义为：与家庭相关的知识、信仰、艺术、伦理道德、法律、风俗和作为一个家庭成员通过学习而获得的任何其他能力和习惯。如果参考到现代企业文化的一种特定定义，我们也可以从广义上将家庭文化定义为家庭所创造的具有自身特点的物质文化和精神文化；或者从狭义上将家庭文化定义为家庭所形成的具有自身个性的经营宗旨、价值观念和道德行为准则。

其次，我们还可以从家庭功能和家庭关系两个相对独立的系统来审视家庭文化的内涵。从家庭功能的角度，可以将家庭文化定义为关于家庭生产经营、生育、性、子女教育、抚养与赡养、感情交流、休闲娱乐的文化；从家庭关系的角度，则可以将家庭文化解释为基于婚姻、血缘或法律拟制而形成的亲属之间的权利和义务关系的文化，主要包括夫妻关系、亲子关系和其他家庭成员如婆媳、翁婿等关系的文化。

---

① ［英］爱德华·伯内特·泰勒（Edward Burnett Tylor）著，连树声译：《原始文化》，广西师范大学出版社 2005 年版。

② ［英］B. K. 马林诺夫斯基著，费孝通等译：《文化论》，上海人民出版社 1986 年版。

③ 新华词典编纂组编：《新华词典》，商务印书馆 1982 年版。

事实上，如果仅从家庭功能的角度定义，家庭文化的外延则可能不够周全。在实际生活中，人们通常将与家庭相关的恋爱、婚姻乃至离婚和遗产继承等问题，也划归家庭关系和家庭文化的范畴。无论在家庭学或家庭社会学的体系中，家庭也都具有广义和狭义之分。狭义的家庭主要是指家庭的相关功能，而广义的家庭则包括恋爱和婚姻等相关领域。这种困惑，也在我国婚姻家庭制度分类中有相同的体现。如《中华人民共和国婚姻法》，实际上是调节婚姻和家庭关系的法律，而不仅局限于对婚姻关系的调适。同样，这种困惑也在其他国家的法律中有着相同的表现，有的国家将婚姻法命名为"家庭法"，而具体调节的则是婚姻和家庭关系。正是基于此，有专家建议，将婚姻法更名为"婚姻家庭法"。这种称谓中隐含的困惑和纠结，还与传统文化中重家庭关系、轻婚姻关系的理念，以及婚姻家庭一体化的思维定势具有紧密的关联性。而将婚姻和家庭以及前奏的恋爱、择偶和后续的婚姻离异、财产继承等问题区分开来专题研究，则是在工业化的基础上，裂变和独立出来的现代理念。这些文化的纷呈，也在相关的婚姻家庭制度和政策中得到了日益丰富的新体现。在这个意义上，可以将家庭文化的外延拓展，也就是从广义家庭的角度，将家庭文化从外延上拓展为包括恋爱与择偶、婚姻和家庭的基本认知、道德伦理以及相关文化。

4. 家庭文化的特点

犹如家庭是一个历史与社会现象一样，家庭文化及其构建，也势必带有明显的时代烙印。一般地说，包括家庭文化在内，社会各种文化都普遍具有衍生性、后天习得性、共有性、动态性和民族性、阶级性等特征。

衍生性是指文化是由人类进化过程中衍生出来或创造出来的。自然存在物不是文化，只有经过人类有意无意加工制作出来的东西才是文化。例如，吐痰不是文化，吐痰入盂才是文化；水不是文化，水库才是文化；石头不是文化，石器才是文化等。

后天习得性是指文化不是先天遗传的本能，而是后天习得的经验和知识。例如，男男女女不是文化，是遗传。"男女授受不亲"或婚姻以爱情为基础才是文化。一般地说，文化的各个方面，从语言、习惯、风俗、道德一直到科学技术、知识等都具有后天习得性的特点。

共有性是指文化是人类共同创造的社会性产物，它必须为一个社会或群体的全体成员共同接受和遵循。但纯属个人私有的东西，如个人的习惯包括怪癖等，若不为社会成员或家庭成员所理解和接受，就不会积淀为社会文化和家庭文化。这就是说，家庭文化并不是个体习惯的简单叠加，而是对个人习俗和生活实践的理性升华。从这个角度看，家庭文化又是在家庭成员之间相互认识、思想碰撞和生活交融的基础上，有意识建构起来并形成高度共识和共同遵守的文化规则。

动态性是指文化是一个连续不断的动态过程。文化既是一定社会、一定时代的产物，是一份社会遗产，又是一个连续不断的积累和变化的过程。每一代人都出生在一定的文化环境之中，并且自然地从上一代人那里继承着特定的传统文化遗产。同时，每一代人又都根据自己的经验和需要对传统文化加以改造，在传统文化中注入新的内容，抛弃那些过时的不合时宜的部分，进而推动文化的创新与发展。但是，迫于各种因素的影响，每一代人又难免不从上一代人那里承接了一些文化的垃圾，致使传统文化总是具有良莠不齐的特征。因此，要实现精华传续的目标，必须"破"与"立"相结合，必须对传统文化进行整体性分析，在整体辨析的基础上，剔除腐朽没落的音符，择出进步的元素，加以发扬光大，或者推陈出新，借船出海，利用传统文化的外壳和形式，赋予其崭新的时代内容。

民族性和阶级性则是指文化不仅具有高度抽象的特征，更具有特定的历史性和阶级性品格。其实，在民族性和阶级性之上，文化还具有一般性和共同性的特点，如自由博爱等文化，仅从字面理解，就具有超越阶级局限的特征。而文化的民族性和阶级性，正是相对于文化的共同性和普遍性而言。事实上，现实社会的文化更多地表现出来的却是特殊的和具体的文化，如古希腊文化、罗马文化、中国古代文化、中国现代文化等。同样，在一个国家内部，文化又具有特定的阶级性或区域性特点，如剥削阶级的文化、无产阶级的文化、北方的文化、南方的文化等。也就是说，文化的存续与发展不可避免地会受到诸多条件的制约，其中最主要的是受自然环境和社会物质生活条件的制约。如有石头，才有石器文化；有茶树，才有饮茶文化；有客厅和闲暇时间，才会有形形色色的沙龙文化。同时，文化还具有时代性、地区性、民族性和阶级性。民族形成以后，文化往往是以民族的形式来出现。一个民族一般会使用共同的语言，遵守共同的风俗习惯，养成共同的心理品格，这是民族文化的主要表现。在人类分裂为阶级的社会形态中，由于各阶级所处的物质生活条件不同，社会地位不同，因而他们的价值观、信仰、习惯和生活方式也各不相同，这就使各阶级之间文化差异的存在不可避免。其中，什么样的文化具有跨时代的进步属性，这些文化又经历了什么样的历史选择，通过什么路径传承下来？相反，一些腐朽没落的文化，又如何被大浪淘沙抛入历史垃圾堆或者又何以腐而不朽，至今不甘心退出文化舞台？这些现象繁杂纷呈，都是值得我们深入思考的。

5. 新家庭文化分类

本书重点讨论的是家庭文化中的新文化，也就是新家庭文化。那么，"新"的含义又是什么呢？考证起来，"新"字有多重含义。一是刚出现或刚经验到的，多与"旧""老"相对；二是指性质上改变得更好的；三是指没有用过的；四是指新的人或事，也通常用来形容新婚者或新近的事物情境等。① 在此，我们主要借用"新"字的新与旧以及性质改变的基本含义，将新家庭文化定义为新近的、现代的、具有文明进步属性的家庭文化。具体到家庭文化领域，中国特色新家庭文化是以社会主义核心价值观为指导，以男女平等、一夫一妻、尊老爱幼等为基本原则，以有利于推动家庭成员共同发展以及社会和谐为宗旨。

按照家庭文化的内容和形式组合，我们可以将家庭文化划分为四种类型。一是内容和形式都新颖的新型文化，俗称"新瓶装新酒"；二是内容新颖形式传统的次新型文化，俗称"旧瓶装新酒"；三是内容和形式都陈旧的过时文化，俗称"旧瓶装老酒"；四是内容陈旧但形式新颖的变形文化，俗称"新瓶装老酒"。其中，内容和形式全新的文化以及内容和形式都过时的旧文化比较好识别，如男女平等的新文化和歧视妇女的旧文化。但是内容和形式错位的变形文化则较难辨识，容易形成识别误区。如谈起"贤妻良母"的旧文化，有些人就不愿意接受，甚至还会反感；但给这种文化进行新型包装，将其变形为"新贤妻良母"，就可能有更多的人心有所属，甚至向往它。简单地说，并不是新出现的人与事，就都是文明进步的，如电脑犯罪，在形式上属于高科技犯罪，是现代科技在犯罪领域的应用，但这种技术的进步并不是文化进

---

① 中国社会科学院语言研究所词典编辑室编：《现代汉语词典》，商务印书馆 1993 年版。

步的体现，而是在不劳而获旧文化的根基上派生出来的旧的偷窃文化的变种。相反，仁爱、勤俭是一种传统文化，但是，这种文化符合人性规范，是人类社会共同构筑的具有时代跨越属性的文明元素。因此，它不仅不会随着社会的发展而被抛弃，而是会与社会发展进程共成长同进步。这种文化内容的进步，如果再佐以形式的更新，无疑会具有更旺盛的生命力，使之常说常新，世代相传。从这个角度，我们可以说，创新是文化的灵魂，而文化内容与形式的统一，更是文化创新的内在要求或普遍规律。

二、新家庭文化的主要来源

中国特色社会主义新家庭文化作为一面旗帜，是在批判封建主义和资本主义腐朽没落文化的基础上飘扬起来的，但是，从文化传承的角度审视，也不能否定传统文化中那些进步因子和元素对现代文化的影响。文化犹如一条历史长河，大浪淘沙，奔流而前。从思想渊源的角度说，现阶段文明进步的家庭文化主要来自三个方面：一是博大精深的中国文化，二是马克思主义的家庭文化思想，三是中国民族民主革命进程中，特别是新中国和改革开放以来人们家庭生活实践经验的新升华。透视新家庭文化的思想渊源和基本内涵，可以深化我们对构建新家庭文化重要意义的理解。

1. 中国传统家庭文化中的优秀元素

在中国，关于婚姻家庭的新文化与其他文化成果一样，具有特定的传承性以及来源广泛的特点。目前，世界上有 200 多种语言、宗教和文化，每一种文化都具有特定的内涵和优势。在家庭文化系统中，中西方文化也有很大的差别。比起西方社会，中国家文化更为博大精深，也更加重视"家国同构"的文化传统。这个传统已经深深地植根在中华文明的体系中。追踪起来，这本身就是一个文化建构的过程。在远古时代，在原始氏族公社裂变为若干家族和家庭单元的过程中，归纳思维、整体思维比较发达的中华民族，对裂变后在新氏族和新家庭基础上形成的社会如奴隶社会，有着更加整体性的把握，或者是基于一种更加混沌的关于家国界限的不清晰认识。在此基础上，"家国同构"这种家国一体的文明传统逐渐被确立起来。到战国时代，就初步形成了"修身、齐家、治国、平天下"的学说，明确提出："古之欲明明德于天下者，先治其国；欲治其国者，先齐其家；欲齐其家者，先修其身；欲修其身者，先正其心；欲正其心者，先诚其意；欲诚其意者，先致其知，致知在格物。物格而后知至，知至而后意诚，意诚而后心正，心正而后身修，身修而后家齐，家齐而后国治，国治而后天下平"①。意思是说，古代那些要使美德彰明于天下的人，要先治理好他的国家；要治理好国家的人，要先整顿好自己的家；要整顿好家的人，要先进行自我修养；要进行自我修养的人，要先端正他的思想；思想端正了，然后自我修养完善；自我修养完善了，然后家庭整顿有序；家庭整顿好了，然后国家安定繁荣；国家安定繁荣了，然后天下平定。这些思想，到汉代得到进一步发展，形成了建立在封建等级制基础上，十分严谨和完善的"家国一体化"思想。一直到五四运动时期，民主志士们才在打倒"孔家店"的深思中，开始否定"家国同构"的封建主义内核。当然，对这种否定我们还要审慎思考，具体问题具体分析。如果一盆清水中浸泡过含有毒素的果实，那么，我们就不仅应该剔除那颗毒果，而且还需要对遭遇过历史污染的水源进行过滤处理，目的是废弃封建主义的内核，以便在新的形势下，去谱写家庭文化建设的新篇章，并且这个篇章的主旋律不再是等级制和父权制，而是家庭成员之间的民主、自由、平等与和谐。

迄今为止，中国依次经历了原始社会、奴隶社会、封建社会、殖民地半殖民地社会和社会主义社会五种社会形态。与西方社会的演进历史不同，中国拥有发达的封建社会以及与此适应的社会文明和家庭文化，中国还经历了更加进步的社会主义社会的求索和体验；相形之下，西方社会的奴隶制社会则更为枝繁叶茂，资本主义也更加发达。在人类由古至今走向更高文明的通道上，中西方社会的路径各有特色。中国社会在解构奴隶制、建设封建大厦的过程中，经历了裂变的"春秋战国"洗礼而不断走向统一。在公元前221年，秦始皇完成统一中国的千年基业。但是统一也付出了相应的代价，如"统一度量衡"和"焚书坑儒"等行为就在巩固大一统国家基础的同时，也在一定程度上窒息了中国文化发展的多样性求索。与此同时，"忠君孝父"也被推崇为中国统治阶级文化的精髓。相反，西方社会的这一历程则截然不同。它们在由奴隶制迈向封建社会的过程中，却由相对统一走向进一步的列土分疆，进而建构了更加多样的国家和文化。尽管中世纪的欧洲十分黑暗，却在

---

① 《礼记·大学》。

文化上营造了更加纷呈的态势。这种文化的多样性和个性化格局的确立，无疑为日后的文艺复兴和资本主义的兴起积蓄了丰富的精神食粮。而发达的资本主义却对无产者创造的剩余价值残酷剥夺和无偿占有，导致传统家庭链条断裂，致使西方的家庭面临更深刻的挑战。这些社会变迁和文化求索的痕迹，还体现在中西方关于地址表述的文化方面。在中国，关于地址的习惯表述是由大到小，从国家、省际、市县到街道；而欧美的习俗则相反，通常是由小到大，从街道至县市、省际再到国家。同样，关于国家与家庭乃至个人的关系，西方社会也更加崇尚小河有水大河满，藏富于民；而中国则更加信奉大河有水小河流，提倡国富民强等。

透视中国传统文化博大精深的宝库，我们可以发现家庭文化占有十分重要的席位。而揭开奴隶制的宗法属性和封建等级制的盔甲，我们还可以捕捉到丰富的跨时代性的优秀家庭文化资源，领略到炎黄祖先关于家庭文化的不懈求索和进步思想的曙光。这些文化求索既散落在民俗和生活领域，也凝结在中华民族的文学艺术以及家庭伦理之中。

关于人类爱情的求索，早在《诗经》中就有"窈窕淑女，君子好逑"的描述。这首诗歌的全文是"关关雎鸠，在河之洲。窈窕淑女，君子好逑。参差荇菜，左右流之。窈窕淑女，寤寐求之。求之不得，寤寐思服。悠哉悠哉，辗转反侧。参差荇菜，左右采之。窈窕淑女，琴瑟友之。参差荇菜，左右芼之。窈窕淑女，钟鼓乐之。"① 它对好男好女的相爱之情，做了积极向上的描述。

关于对和谐婚姻的期待赞美，元人赵孟頫之妻管道升就曾作词，表达她对丈夫深厚的感情。诗词原文为："你侬我侬，忒煞情多；情多处，热如火；把一块泥，捻一个你，塑一个我，将咱两个一齐打碎，用水调和；再捻一个你，再塑一个我。我泥中有你，你泥中有我；与你生同一个衾，死同一个椁"② 。另外，关于婚姻伦理的建构，虽然秉承了等级制和男权制的意志，但是也有一些值得借鉴的文化因素，如婚姻忠实、惩治通奸、"休妻"中的"三不休"以及"糟糠之妻不下堂"等，就为女性在受压迫基础上的苦难生存残留了一点人性，或多或少也是对社会无德行为的一种约束。

---

① 《诗经·国风·关雎》。
② （元）管道升：《我侬词》。

关于家庭教育，《三字经》中"养不教，父之过；教不严，师之惰"的教诲，就对父亲在家庭教育中的责任做了规范。在家庭教育中，还有民间传说，如孔融让梨、王祥卧冰求鲤等，体现了孝敬父母、兄友弟恭的传统思想。

关于家庭领域的性别分工，虽然传统社会的意识形态坚持男尊女卑和男主外女主内的分工模式，但是在民间传说中，则有挑战男主外传统和巾帼不让须眉的记载，如花木兰替父从军、穆桂英挂帅统军成边等。

这些家庭文化中的进步元素，虽然不构成社会发展的主流，但是却从各个方面为家庭文化的推陈出新和现代性打造，奠定了一定的社会和文化基础。同时，富有批判和反思精神的中华儿女，还对传统封建制度和文化内核进行过有力抨击，这些富有进步意义的求索，集中反映在一些文学和诗歌作品中。西汉时期的《凤求凰》演绎了卓文君与司马相如的爱情故事，东汉时期的《孔雀东南飞》，明代冯梦龙代表作品中的名篇《杜十娘怒沉百宝箱》，以及清代著名小说家蒲松龄的《聊斋志异》中以鬼神为主角的言情小说等，都不同程度地对封建等级制和父权制基础上的婆媳关系、娼妓制度以及践踏爱情的家庭、社会制度和文化机制进行了深刻的批判和反思，也因此穿越历史与国界的时空，在中国乃至世界文坛享有盛誉。

2. 西方进步家庭文化在中国的传播

19 世纪以后，随着马克思主义的诞生，人们关于家庭以及家庭与国家关系的认识和求索，已经日益摆脱黑暗的纠缠走向光明的彼岸。这些建构在历史唯物主义基础上的新理论包括家庭文化的思想，随着商品经济的充分涌流和世界资本主义市场的形成，特别是通过殖民主义者枪炮的轮动，被快捷地输送到世界各地。

在这个过程中，一些西方学者如 19 世纪末 20 世纪初瑞典著名的教育家、妇女活动家和作家爱伦·凯（Ellen Key，1849—1926 年）的恋爱与婚姻、儿童教育的思想和挪威剧作家易卜生关于妇女人格与经济独立关系的思考，都对新家庭文化的启蒙产生了深远的影响。

在婚姻问题上，爱伦·凯认为婚姻应以恋爱为基础，没有恋爱的婚姻是不道德的，主张当两个人的婚姻没有感情时，可以自由离婚。在儿童教育方面，爱伦·凯在批判旧教育思想的同时，提出了尊重儿童的天性和个性发展、禁止体罚儿童、反对干涉儿童活动的新思想，主张儿童教育应围绕观察儿童生活和培养儿童独立性的目标开展。她还十分重视家庭教育的作用，认为家庭教育在儿童教育中占有重要地位。但是，爱伦·凯提出的父母尤其是母亲要在家庭中担当重要角色，认为男女各有各的天职，女人本质的核心是做母亲的思想，则被女权主义者所诟病，认为她高唱的"母性复兴"的基调，依然未能超越男主外女主内的男权传统。①

易卜生创作的《玩偶之家》，也被译为《娜拉出走》，则讲述了挪威一个普通家庭的故事：剧中女主人公娜拉起先是一个小鸟依人的妻子，原本夫妻十分恩爱，后来丈夫生病致使经济拮据。为了不耽搁丈夫治病，娜拉只好私自模仿自己父亲的笔迹签署了一个借条。这一行为被他人公开后，丈夫对她大发雷霆，谴责娜拉的行为败坏了他的名誉，毁了他的前途。丈夫的自私固执，促使娜拉觉醒，她决心告别玩偶般的附属地位，冲出家庭牢笼，还自己一份自由。但是，在女性经济不独立的时代背景下，出走后的娜拉，前途又将如何呢？这部剧作，不仅分析了资本主义背景下女性经济不独立和人身依附的真实状况，而且还在实际上抨击了资本主义鼎盛阶段，一些男性唯利是图、金钱至上的价值观，揭示了资产阶级社会中男权主义和妇女独立地位的根本对立，揭露了资产阶级道德、法律、宗教的虚伪实质，进而提出了改变妇女地位和妇女解放的时代命题，因此被称为"妇女独立的宣言"。《玩偶之家》被翻译到中国后，引起很大的社会反响，鲁迅就明确提出了娜拉出走后怎么办的中国问卷，启蒙妇女应走出家庭的藩篱，迈向社会，寻求经济独立和人格尊严，即实现自我价值和男女平等。这些进步思想的启蒙，为解构封建主义家庭文化，发挥了新文化的酵素作用。② 在各种西方文化东渐的过程中，马克思主义关于妇女解放的理论建构和列宁领导的十月革命关于男女平等的制度实践，更为中国人民的激情求索，为妇女解放和新家庭文化变革带来了黎明的期盼。

在马克思主义诞生之前，人类关于民族、社会和家庭的研究，基本建构在唯心主义或者机械唯物论基础之上，内在逻辑是所谓的"优化种族"和"优化性别"决定论。按照这个所谓的"优化"逻辑，民族压迫、阶级压迫

---

① ［瑞典］爱伦·凯著，黄石译：《母性复兴论》，上海民智书局1926年版。
② 鲁迅：《娜拉出走之后——一九二三年十二月二十六日在北京女子高等师范学校文艺会讲演稿》。

和妇女受压迫全都是上帝的旨意，由人类的原罪构成，因此天荒地老，亘古不变。这些认识的出发点和学说的共同目的，是维护有产阶级的利益和男权的统治。在这种逻辑框架中，哪一个国家、哪一个民族能够发展更优、最优，不是天赐的就是地理位置决定的；哪一个性别是生物链条上的优势性别，也是由其生物属性决定的，男性的能力天生比女性强，因此男人统治女人天经地义，不容置疑。一直到马克思主义诞生，人类关于家庭的研究，才告别黑暗中的求索，开启了文明的门窗。

如果可以从方法论和价值观的角度，来把握马克思主义家庭理论的脉络，可以看到这一学说的革命性意义，首先是在方法论上结束了将家庭与国家和阶级割裂开来研究的历史，而将家庭研究与阶级和国家研究相结合，进而科学解释了家庭、私有制和国家以及性别不平等问题的起源规律。马克思和恩格斯在《德意志意识形态》（1845—1846）一文中，系统地论述了这种思想，指出："一开始就进入历史发展过程的第三种关系就是：每日都在重新生产自己生命的人们开始生产另外一些人，即繁殖。这就是夫妻之间的关系，父母和子女之间的关系，也就是**家庭**。这个家庭起初是唯一的社会关系，后来，当需要的增长产生了新的社会关系而人口的增多又产生了新的需要的时候，这种家庭便成为从属的关系了（德国除外）。这时候就应该根据现有的经验材料来考察和阐明家庭，而不应该像通常在德国所做的那样，根据'家庭的概念'来考察和阐明家庭。"① 马克思恩格斯时代，之所以能完成家庭研究方法上的革命，与西方社会建筑在工业化文明基础上的社会生产力特别是科学技术的发展具有密切的关系。这个阶段生产力的发展以及带来的航海技术的提高和人类考古能力的增长，极大促进了历史唯物主义在人类学等学科的应用。美国人类学家路易斯·亨利·摩尔根（1818—1881 年）就全面发展了社会进化思想。1859 年，进化生物学的奠基人达尔文发表了《物种起源》，在科学界引起强烈反响，人们开始试图用进化论来解释社会的发展。摩尔根于 1871 年与达尔文会面后，彻底接受了进化论思想，1877 年发表了他的主要著作《古代社会》，全面地阐述了社会进化的理论，描绘了人类从蒙昧时代经过野蛮时代到文明时代的发展过程，揭示了人类社会从低级阶段向高级阶段发展，

---

① 《马克思恩格斯选集》第 3 卷，人民出版社 2012 年版，第 159 页。

从原始社会发展到阶级社会，并将随着资本主义制度的灭亡而揭开更高社会阶段序幕的规律。他通过研究印第安人和世界其他地区的部落及希腊、罗马等古代民族史，揭示了氏族的本质和氏族制度存在的普遍性，证明母系制先于父系制，说明氏族制度发展的结果必然产生它本身的对立物——政治社会，即国家。恩格斯在《家庭、私有制和国家的起源》第一版的序言中曾写道："摩尔根在美国，以他自己的方式，重新发现了40年前马克思所发现的唯物主义历史观，并且以此为指导，在把野蛮时代和文明时代加以对比的时候，在主要点上得出与马克思相同的结果。"[1] 马克思十分肯定摩尔根关于人类家庭随着社会从低级向较高阶段发展的思想，认真阅读摩尔根的著作并做了大量的读书笔记。后来，恩格斯据此完成了《家庭、私有制和国家的起源》一书，为家庭、性别、阶级和国家的科学研究，奠定了认识论和方法论的基础。

3. 马克思主义家庭理论的主要内容

在家庭问题的研究中，马克思不仅贡献了科学的世界观和方法论，而且还进行了深入研究，形成了特有的思想体系，我们可以从恋爱、婚姻和家庭三个层面来把握马克思恩格斯的家庭理论和思想。

在恋爱问题上，马克思主义认为，爱情是人类进化的产物，爱情的基础不是单方面的占有，而是男女互爱，应对爱情采取含蓄和健康的态度，提倡自由恋爱，反对爱情至上和"杯水主义"。

关于爱情，恩格斯曾指出："人与人之间的，特别是两性之间的感情关系，是自从有人类以来就存在的。而性爱在最近800年间获得了这样的发展和地位，竟成了这个时期中一切诗歌必须环绕着旋转的轴心了。现存的通行的宗教只限于使国家对性爱的管理即婚姻立法神圣化；这些宗教也许明天就会完全消失，但是爱情和友谊的实践并不会发生丝毫变化。"[2] 恩格斯还指出："在中世纪以前，是谈不到个人的性爱的。不言而喻，体态的美丽、亲密的交往、融洽的性情等等，都曾引起异性对于发生性关系的热望；同谁发生这种最亲密的关系，无论对男子还是对女子都不是完全无所谓的。但是这距离现代的性爱还很远很远。在整个古代，婚姻都是由父母包办，当事人则安心顺

---

① 《马克思恩格斯选集》第4卷，人民出版社2012年版，第12页。
② 恩格斯：《路德维希·费尔巴哈和德国古典哲学的终结》，《马克思恩格斯选集》第4卷，人民出版社2012年版，第240页。

从。古代所仅有的那一点夫妇之爱，并不是主观的爱好，而是客观的义务；不是婚姻的基础，而是婚姻的附加物。现代意义上的爱情关系，在古代只是在官方社会以外才有。"①

关于爱情的互爱性与责任性，列宁曾指出："爱情是不可以强求的。"② 马克思则认为："真正的爱情是表现在恋人对他的偶像采取含蓄、谦恭甚至羞涩的态度，而绝不是表现在随意流露热情和过早的亲昵。"③ 恩格斯则在评价路易莎·考茨基移情别恋时曾尖锐地指出："关于卡尔（指卡尔·考茨基），您说，没有爱情，没有激情，他的本性就会死亡。如果这种本性表现为每两年就要求新的爱情，那末他自己应当承认，在目前情况下，这种本性或者应当加以抑制，或者就使他和别人都陷在无止境的悲剧冲突之中"④。关于正确理解婚姻的责任和婚姻自由，列宁严厉地批评过所谓的爱情至上和爱情领域的"杯水主义"现象，指出："你一定知道那著名的理论，说在共产主义社会，满足性欲和爱情的需要，将象喝一杯水那样简单和平常。这种杯水主义已使我们的一部分青年人发狂了，完全发狂了。这对于许多青年男女是个致命伤。信奉这个主义的人硬说那是马克思主义的。"⑤ "我认为，这个出名的杯水主义完全是非马克思主义的，并且是反社会的。"⑥ "作为一个共产党人，我毫不同情杯水主义，虽然它富有'爱情解放'的美名。无论怎样，这种爱情解放，既不是新的，也不是共产主义的"⑦。对19世纪中叶，文艺作品曾把杯水主义鼓吹为"心灵解放"的现象，列宁十分反感，认为这是资产阶级将爱情扭曲为肉欲的所谓解放，指出"我并不想用我的批评来鼓吹禁欲主义。丝毫没有这个意思。共产主义不会产生禁欲主义，只有生活的快乐、生活的力量，而这些都是从得到满足的恋爱生活产生出来的。但据我看来，目前在性的问题上普遍的亢进，不是给予而是剥夺了生活的快乐和力量。在革命时

① 恩格斯：《家庭、私有制和国家的起源》，《马克思恩格斯选集》第4卷，人民出版社2012年版，第87—88页。

② 列宁：《关于崩得在俄国社会民主工党内的地位问题的发言》，《列宁全集》第6卷，人民出版社1959年版，第440页。

③ 《马克思致保尔·拉法格》，《马克思恩格斯全集》第31卷，人民出版社1972年版，第520页。

④ 恩格斯：《致路易莎·考茨基》，《马克思恩格斯全集》第37卷，人民出版社1971年版，第98页。

⑤ 蔡特金：《列宁印象记》，三联书店1979年版，第69页。

⑥ 蔡特金：《列宁印象记》，三联书店1979年版，第69页。

⑦ 蔡特金：《列宁印象记》，三联书店1979年版，第70页。

代，这是有害的，非常有害的。"① 列宁还指出，"教养、文化、文明、自由这一切冠冕堂皇的字眼，在世界各资本主义的、资产阶级的共和国中，是同极其卑鄙、极其肮脏、极其野蛮的妇女不平等的法律，即结婚法和离婚法，私生子和'婚生子'不平等的法律……男子享有特权的法律、屈辱和虐待妇女的法律等结合在一起的。"②

在婚姻问题上，马克思主义主张应加强婚姻的制度建设，婚姻应以爱情为基础，应正确处理事业与婚姻的关系，反对金钱至上的婚姻观和不计后果的所谓离婚自由的思想。

关于婚姻的制度属性，马克思曾指出："如果婚姻不是家庭的基础，那么它就会像友谊一样，不是立法的对象了。"③ 马克思、恩格斯和列宁还从不同角度批判了私有制、父权制基础上的一夫一妻制的虚伪本性。恩格斯指出："当父权制和一夫一妻制随着私有财产的份量超过共同财产以及随着对继承权的关切而占了统治地位的时候，婚姻的缔结便完全依经济上的考虑为转移了。买卖婚姻的形式正在消失，但它的实质却在愈来愈大的范围内实现，以致不仅对妇女，而且对男子都规定了价格，而且不是根据他们的个人品质，而是根据他们的财产来规定价格的。当事人双方的相互爱慕应当高于其他一切而成为婚姻基础的事情，在统治阶级的实践中是自古以来都没有的。至多只是在浪漫事迹中，或者在不受重视的被压迫阶级中，才有这样的事情。"④ 他们还强调，要注意所谓的离婚自由背后隐藏的对妇女和儿童权益的侵害。马克思指出："由于离婚方便，女人就像时髦的家具那样被更换着。"⑤ 恩格斯也强调：当真要决定离婚，"首先应当考虑到在现在的条件下妻子和丈夫地位的不同。离婚，在社会上来说，对于丈夫绝对不会带来任何损害，他可以完全保持自己的地位，只不过重新成为单身汉罢了。妻子就会失去自己的一切地位，必须一切再从头开始，而且是处在比较困难的条件下。"⑥ 恩格斯还认为，"如果说只有以爱情为基础的婚姻才是合乎道德的，那么也只有继续保持爱情

① 蔡特金：《列宁印象记》，三联书店1979年版，第70页。
② 《列宁全集》第37卷，人民出版社1986年版，第282页。
③ 《马克思恩格斯全集》第1卷，人民出版社1995年版，第374页。
④ 《马克思恩格斯全集》第21卷，人民出版社1965年版，第92页。
⑤ 马克思：《关于罗马尼亚人的札记》（1860年未发表过的手稿），人民出版社1973年版，第36页。
⑥ 《马克思恩格斯全集》第37卷，人民出版社1971年版，第107页。

的婚姻才会合乎道德。"① 同样，马克思在祝福恩格斯婚姻的时候，也虔诚地指出："我最大的心愿是，既然爱情使你们结合在一起，使你们的关系变得如此美满、如此富有人情和十分高尚，我祝愿爱情伴随你们终身，帮助你们顺利地经受住命运的一切波折，增进你们的幸福。"②

在家庭问题上，马克思和恩格斯在系统考证家庭起源和历史演变的基础上，科学揭示了妇女家庭地位和社会地位的变迁规律，指出一夫一妻制家庭是人类历史的必然选择，具有旺盛的生命力，还主张在社会生产实行计划化的同时，加强人口生产的计划性，实行计划生育，保护妇女儿童和老人的权益。

马克思指出："在生产、交换和消费发展的一定阶段上，就会有一定的社会制度、相应的家庭、等级或阶级组织，一句话，就会有一定的市民社会。有一定的市民社会，就会有不过是市民社会的正式表现的一定的政治国家。"③ 马克思、恩格斯还指出："婚姻、财产、家庭在理论上仍然是神圣不可侵犯的，因为它们构成资产阶级赖以建立自己统治的实际基础，因为它们（它们是具有资产阶级形式的）是使资产者成其为资产者的条件"④。"在这样的家庭中无聊和金钱是纽带，这样的家庭也发生资产阶级的家庭解体，但这种解体并不妨碍家庭本身继续存在。"⑤

马克思和恩格斯还批评了资产阶级对共产党所谓公妻制和家庭消亡论的诋毁，认为资产阶级从财产公有推演出妻子公有，恰恰是资产阶级将妇女视同财产的逻辑佐证。恩格斯指出："公妻制完全是资产阶级社会的现象，现在的卖淫就是公妻制的充分表现。卖淫是以私有制为基础的，它将随着私有制的消失而消失。因此，共产主义组织并不实行公妻制，正好相反，它要消灭公妻制。"⑥ 同样，关于共产党消灭家庭的职责，马克思恩格斯也毫不留情地进行了回击。认为，资本主义性质的家庭建筑在资本上面，必然随着资本的消灭而消灭。但是家庭则将在资本的废墟上获得新生。马克思指出："不论旧

---

① 恩格斯：《家庭、私有制和国家的起源》，《马克思恩格斯选集》第4卷，人民出版社2012年版，第94页。

② 《马克思恩格斯全集》第27卷，人民出版社1972年版，第460页。

③ 《马克思恩格斯选集》第4卷，人民出版社2012年版，第532页。

④ 《马克思恩格斯全集》第3卷，人民出版社1960年版，第196页。

⑤ 《马克思恩格斯全集》第3卷，人民出版社1960年版，第196页。

⑥ 《马克思恩格斯选集》第4卷，人民出版社2012年版，第309页。

家庭制度在资本主义制度内部的解体表现得多么可怕和可厌，但是由于大工业使妇女、男女少年和儿童在家庭范围以外，在社会组织起来的生产过程中起着决定性的作用，它也就为家庭和两性关系的更高级的形式创造了新的经济基础。"① 真正的一夫一妻制的家庭"不仅不会消失，而且相反地，只有那时它才能十足地实现"②。这样一来，男女的地位都将发生很大的转变，"随着生产资料转归公有，个体家庭就不再是社会的经济单位了。私人的家务变为社会的事业。孩子的抚养和教育成为公共的事情；社会同等的关怀一切儿童，无论是婚生的还是非婚生的。"③

与此同时，在谈到家庭未来趋势时，马克思还对计划生育即物的生产和人的生产的关系及其两者的协调发展、打老婆的陋习以及资本关系对无产阶级家庭父母与子女关系的影响，特别是忽视对家庭义务和对子女义务的现象进行了深入分析，提出这些问题的产生都是资本主义制度造成的，其中无产阶级被剥削特别是对女工和儿童劳动的资本主义使用，正是造成现代家庭链条断裂的一个重要原因。

列宁更是十分重视儿童教育，认为"只有使所有的孩子上学不花钱，人民才能不再象现在这样没有文化，至少是不再完全没有文化。贫农特别吃没有文化的亏，特别需要受教育"④。苏联十月革命爆发，社会主义制度建立后，随即颁布了人类历史上第一个全面进步的社会主义性质的婚姻家庭法，还对家务劳动社会化、男女分担家务以及托幼事业的发展等问题，进行了新的探索，为社会主义婚姻家庭关系和家庭文化建设奠定了制度性的基础，也开辟了认识论的新境界。

迄今为止，与马克思和列宁时代相比，无论是西方资本主义对其生产关系的调整或文化完善，也无论是社会主义国家对市场经济和现代公司制的选择，抛开社会发展具体阶段和具体实践的影响，可以发现马克思主义的家庭思想不仅没有过时，相反它在新的经济基础上开创的家庭与社会一体化和同步进化的理论与方法，依然闪烁着思想的光芒，从理论和实践的双向角度上

---

① 《马克思恩格斯选集》第4卷，人民出版社2012年版，第233页。
② 《马克思恩格斯全集》第21卷，人民出版社1965年版，第89页。
③ 《马克思恩格斯选集》第4卷，人民出版社2012年版，第87页。
④ 《列宁全集》第6卷，人民出版社1959年版，第364页。

为中国特色社会主义婚姻家庭制度和家庭文化的发展，提供着不竭的思想动力和实践指南。

4. 近代以来中国家庭文化的创新与发展

1840 年，中国的门户被帝国主义列强用枪炮打开，最后的封建王朝清帝国更加日薄西山，风雨飘摇。之后八国联军入侵北京，强迫中国割地赔款，签署不平等的掠夺性公约，进一步加剧了封建清帝国的解体。帝国主义铁蹄践踏，使中华民族沦为殖民地半殖民地社会形态，但是国家的沦陷和经济的转型，也同时孕育了民主和民族革命的进步胚芽。其中，以个性解放为内核的西方文化西学东渐，也在客观上加剧了旧中国旧家国同构的封建文化包括家庭文化的解体。也就是说，尽管西方文化侵入的本质是为资本的全球化拓展精神市场，但中西文化的交汇还是在客观上对中国传统婚姻家庭制度及其文化变迁起到了特有的作用，催生了近现代新家庭文化的花蕾。而且，中国门户的被打开，也为世界了解中国、吸收中国文化成果，提供了新的契机。特别需要指出的是，随着世界资本主义市场的形成以及中西方文化的交流，近代以来关于民族文化的探索与创新也都或多或少地打上了全球化的烙印。透视这个进程，可以发现两个方面的重要特点。一方面是任何西方的文化，在进入中国后都有一个本土化、民族化的改造和接纳过程，即使马克思主义也不能例外。历史的经验反复证明，在文化移植方面，照搬照抄之路很难行得通；另一方面是真理和先进的文化总会具有顽强的生命力，其中那些以人为中心的文化，在全球化背景下更会择机生存，借助民族文化的躯壳落地生根。我们可以将近现代中国家庭文化的革命和变迁划分为四个阶段。

一是 20 世纪初五四新文化运动时期，在抨击封建婚姻家庭文化，争取婚姻自由与个性解放基础上形成的新家庭文化雏形。在这次思想启蒙的进程中，一批新文化运动的先驱者勇敢地擎起了自由恋爱、男女平等和劳工解放的新旗帜，开展了反对包办买卖婚姻以及兴办女学、禁止缠足和提倡一夫一妻的新文化新生活运动。1919 年，湖南一女子赵五贞为反对父母包办婚姻在花轿中割腕自杀，引起社会深思，毛泽东在 12 天内就写下 10 篇檄文，猛烈抨击封建主义婚姻制度，提出赵五贞的死，责任在社会，并高度称赞赵五贞"不自由，毋宁死"的抗争精神，号召社会行动起来，与封建婚姻制度和社会制度抗衡。① 邓颖超也在 1923 年 5 月 24 日发表在《女权运动同盟会直隶支部特刊》第三期上的文章 "姐妹们起哟"，明确地表达了她对贞操的理解。她认为："夫妇间，只要爱浓了，情深了，恩谊厚了，无论怎样颠沛流离，他们俩人总不愿把爱情移给别人的，这就是贞操。由此我们可知道贞操与否，是系乎恋爱的有无。换一句话来说：'有恋爱，便是贞操，也便是恋爱。'"相反，如果两性没有恋爱，而仍旧勉强维持那形式的关系，已经不可谓之贞操了。她还指出："至于一般人以女子再嫁为可鄙可耻的事，这全是男子利己主义及占有性所发生的。所以不顾女子的生活怎样痛苦，怎样含辛茹苦的活着，他们终是鼓吹片面贞操，没理由的教女子忍受着，殊令人气愤不平。而男子死了妻子可以再娶、三娶……无数娶。姊妹们！受过教育的姊妹们！当识透这女子的伪贞操观了吧！" 邓颖超的爱情思想，后来集中体现在她的爱情 "八互" 原则中，即 "互爱、互敬、互勉、互慰、互让、互谅、互助、互学"。这个爱情 "八互" 原则，不仅是邓颖超爱情观的集中体现，也是她与周恩来近半个世纪爱情生活的真实写照。② 这种将婚姻自由与社会制度相结合观察问题的视角，在近代西方革命家的思维脉络中也有深刻的表现。匈牙利爱国诗人裴多菲就在 19 世纪中叶写下了著名的革命诗篇 "生命诚可贵，爱情价更高。若为自由故，两者皆可抛"③，抒发了无产阶级革命家的情怀。这种情怀与国际歌的合奏相交织，穿越思维时空，跨越国家疆界，鼓舞着一代又一代的革命志士，为祖国、爱情以及世界大同抛头颅、洒热血，谱写了无数的青春和生命乐章。

二是中国共产党成立特别是建立中央苏区后，关于新婚姻家庭制度和家庭文化的求索。中国共产党历来十分重视婚姻、家庭问题。土地革命初期，各地苏维埃政权就陆续颁布了一系列婚姻法律、条例、决议。1931 年，中华苏维埃共和国成立后，随即颁布了《中华苏维埃共和国婚姻法》，建立起一套苏区新式婚姻制度。苏区新式婚姻制度的建立和发展，促进了苏区的妇女解放、社会进步和生产发展，成为苏区建设和革命战争走向胜利不可或缺的精神食粮。解放区的新家庭文化建设，不仅对解放妇女、实现男女平等和推动

---

① 杨凯：《毛泽东与赵五贞事件》，《文史天地》2009 年第 12 期。

② 《周恩来与邓颖超之间的 "八互"》，人民网，2004 年 2 月 3 日。

③ ［匈牙利］裴多菲著，兴万生译：《裴多菲诗歌精选》，北岳文艺出版社 2010 年版。

家庭和谐发挥了重要作用，也为营造根据地和解放区涌现出母亲送儿上前线、妻子送郎上战场、分田分地男女同、女人也能当县长的新文化景观搭建了宽广的舞台，还对新中国婚姻制度的建立产生了深远影响。为了保障新家庭制度的实施和推动新家庭文化的普及，切实维护妇女儿童的权益，解放区还创新文学艺术，创作了《白毛女》、《小二黑结婚》等以婚姻家庭为主题的新文化产品，抨击剥削压迫，宣传自由恋爱，提倡妇女参与社会、夫妻比翼齐飞的新型文化。

三是《中华人民共和国婚姻法》的颁布及其相应的文化构建。1949 年新中国诞生，中国人民从此站立起来，成为国家的主人。共产党领导中国人民浴血奋斗的指导思想和奋斗目标，在婚姻家庭领域得到全国性的普及。1950 年新中国第一部法律《中华人民共和国婚姻法》颁布实施，从国家制度的层面为新家庭文化建设提供了坚实的法律和政策基础。为了使社会主义婚姻家庭文化全面纳入社会主义意识形态，1950 年 5 月起，党和政府开展了声势浩大的、全国性的普及新婚姻法运动，使新婚姻法的基本原则家喻户晓、深入人心。

四是改革开放以来中国家庭文化的创新与发展。改革开放后，随着中国社会转型、经济转轨和社会文化结构的多样性构建，以及中西方文化的广泛交流与激烈碰撞，婚姻家庭文化建设也在迎接新机遇的同时，遭遇到发展的阵痛和变革的挑战。为了积极应对时代进步的需求，国家先后于 1980 年和 2000 年，两次对婚姻法进行了修订。婚姻制度的完善，为新时期家庭文化的进步奠定了更加完善的制度性基础，对什么是爱情、什么是以爱情为基础的婚姻、什么是婚姻关系破裂的标准、怎么理解结婚和离婚自由、如何面对家庭领域的不平等现象、如何分担家务劳动等问题进行了深刻的思考，并提出了相应的对策建议，促进了家庭文化的推陈出新和创新发展。

三、家庭文化的历史建构与基本功能

与人类社会的发展阶段相适应，家庭依次经历了群婚、对偶婚、个体婚三个发展阶段，每一个发展阶段，又都可以分为不同的时期，并具有特定的家庭文化支撑。透过对婚姻家庭发展脉络的把握，我们还可以观察到，人类进化包括家庭进化，不仅呈现着前松后紧、前慢后快的态势，而且还具有一方面与社会发展相适应，另一方面又具有自身规律的独特属性。但是，迄今为止，无论社会如何演变，一夫一妻制家庭依然是人类最成熟、最进步的婚姻形态。家庭文化则在巩固现有家庭制度、促进家庭健康和谐的进程中，发挥着不可替代的作用。

1. 人类早期的血缘群婚和对偶婚

谈到人类早期的性关系与婚姻关系，恩格斯在《家庭、私有制和国家的起源》中曾提出，在人类社会的早期阶段，婚姻与性几乎是一个高度交叉的概念，在很多的动物中存在的无禁忌婚姻，也在人类社会早期存在过。①

人类的第一个有禁忌婚姻是血缘群婚。关于血缘群婚制，又叫集团婚姻制，是指原始社会中一定范围和一定辈分的一群男子与一群女子互为夫妻的婚姻形式。它是人类社会最早的婚姻家庭形态，其本质特征在于两性关系受到一定范围的血缘关系的限制或排斥。按照摩尔根在《古代社会》中提出的婚姻家庭进化模式，可以将血缘群婚制划分为血缘群婚制和亚血缘群婚制两个阶段，或者族内婚和族外婚两个时期。

族内婚也称血缘群婚或血缘家庭制度，是指在原始社会蒙昧时期的中级阶段，同一原始群体内、同一辈分或同一年龄段的男女即兄弟姐妹之间互为夫妻的集团婚姻形式。这是群婚制的低级形式，也是人类两性关系史上产生的第一个婚姻禁忌原则。这一规则的实质是排除了纵向的父母与子女、祖父母与孙子女等直系血亲间的两性行为，使两性行为只能在同一辈分的男女之间进行。恩格斯指出："在这里，婚姻集团是按照辈数来划分的：在家庭范围以内的所有祖父和祖母，都互为夫妻；他们的子女，即所有的父亲和母亲也是如此；同样，后者的子女，又构成第三个共同夫妻圈子；而他们的子女，即第一个集团的曾孙子和曾孙女们，又构成第四个圈子。这样，这一家庭形式中，仅仅排除了祖先和子孙之间、双亲和子女之间互为夫妻的权利和义务。同胞兄弟姐妹、再从（表）兄弟姐妹和血缘更远一些的兄弟姐妹，都互为兄弟姐妹，正因为如此，也一概互为夫妻。"② 据此，血缘群婚制的基本特征可

---

① 关于无禁忌婚姻是否存在，至今还是一个有争议的命题。现代科技考察，在一些高级动物群体内，婚姻也有一定禁忌，如在黑猩猩和猿猴群体中，就有母子通婚的禁忌。由此可以推断，人类没有经历过无禁忌的婚姻时期。

② 《马克思恩格斯全集》第 21 卷，人民出版社 1958 年版，第 31 页。

以概况为：在同一原始群体内部，根据人们出生先后的辈分或年龄划分允许通婚的集团，纵向的不同辈分的集团成员之间不允许存在两性关系，横向的相同辈分的同一集团内部的成员则既是兄弟姐妹，又互为夫妻。与血缘群婚相适应的血缘大家庭，其实是一种低级的有纵向两性禁忌的原始群婚体；一个群体即是一个血缘大家庭。

在血缘群婚时期，人类基本否定了男女老少共同生产和生活的传统，开始出现最初的社会分工和婚姻禁忌。在这种局面下，性关系即婚姻被局限于氏族内的同龄男女之间。因此，子女便只知其母不知其父，世系只能按母系计算。一些氏族和人类的祖先，甚至还不能将生育与性关系联系起来，因而认为生育是女性的特异功能。关于这种认识，我们可以从民间故事中关于怀孕和生育的描写里窥见一斑。在一些关于生育的故事中，伟人和帝王的诞生，就常常被赋予某种超自然的能力，如伏羲是母亲踏巨人迹而生、神农是母亲感神龙而生、尧是母亲遇赤龙而生、舜是母亲见大虹而生、大禹是母亲吞神珠薏苡而生等。① 与此适应，早期氏族社会分工的主要形式也只能基于年龄和性别来进行，即氏族里年富力强的男性外出打猎，女性则留守后方，养老育幼。在当时生产力低下的状况下，外出狩猎的男性并不能完成养老育幼的职责，留守的女性只能从事自然采摘活动，以补充食物的不足。但是，日复一日的求索，女性便从自然采摘中发现了四季与春播秋收的规律，进而发明了农业。女性在原始生育和生产中的贡献，以及因留守而承担的社会管理的职责，又决定了女性在原始社会早期，无论是在社会参与的广度还是深度方面，都优于男性，因此，女性的智力和情感也更加发达。这就决定了在原始群婚制阶段，女性较男性更加受到社会的尊重。马克思恩格斯将这种文化定义为女性更受社会尊重的"母权制的文化"。

与族内婚所不同，族外婚也称亚血缘群婚制、伙婚制、亚血缘家庭或普纳路亚家庭，是原始社会蒙昧时期的高级阶段所存在的群体婚姻家庭形态。它仍是同辈分男女之间的集团婚，但是却从两性关系中排除了兄弟姐妹，起初是排除了同胞兄弟姐妹，后来又逐步排除了血缘关系较远的兄弟姐妹间的通婚，是群婚制发展的第二阶段，亦是群婚的高级形式。恩格斯指出："按照

---

① 戴忠：《中国性艺术》，宁夏人民出版社1998年版，第68页。

夏威夷的习俗，若干数目的姊妹——同胞的或血缘较远的即从（表）姊妹，再从（表）姊妹或更远一些的姊妹——是她们共同丈夫们的共同的妻子，但是在这些共同丈夫之中，排除了她们的兄弟；这些丈夫彼此不再互称兄弟，他们不再必须是兄弟了而是互称普纳路亚，即亲密的同伴……同样，一列兄弟——同胞的或血统较远的——则跟若干数目的女子（只要**不是**自己的姊妹）共同结婚，这些女子也互称普纳路亚。"① 这是亚血缘群婚的典型形式，其实质是一群姐妹有着她们的共同丈夫，但她们的兄弟除外；一群兄弟有着他们的共同妻子，但他们的姐妹除外。族外婚的文化基础是把握每个人的血统关系，这是亚血缘群婚制得以推行的前提条件。在人们知其母、不知其父的集团群婚状态下，母系血统即成为当时认定血缘联系的唯一依据。因此，从亚血缘群婚中就衍生出了人类第一个有规范的社会组织形式即氏族。一开始是母系氏族，即一个由出自共同女性祖先、按照母系确定其血缘关系的后裔所组成的社会集团。从此，婚姻双方分属于两个出自不同女性祖先的母系氏族，本氏族的一群男子只能与另一氏族的一群女子互为婚配对象，两个氏族之间同一辈分的男女实行群婚；同一氏族的男女基于共同的女系血统而被禁止通婚行为，这就是氏族外婚制。起初，这种分化的氏族仍以原始群体为母体，后来便隶属于更大的原始群体，即由若干个依据女性血统建立的氏族所组成的部落，不同氏族的男女婚配只能在部落内部的氏族间进行，因而又形成了部落内婚制。亚血缘群婚制下的氏族实际上是一个母系血缘家庭，但这种氏族反映了后世家庭的原始形式，具有了家庭的一定功能——它既是一个血缘团体，又是当时的基本生产、生活单位。族外婚不仅是通婚的原则，也是氏族家庭的最高组织原则。它排除了横向的兄弟姐妹间的性关系，是人类婚姻史上的重大进步。恩格斯评价："如果说家庭组织上的第一个进步在于排除了父母和子女之间相互的性关系，那么，第二个进步就在于对姊妹和兄弟也排除了这种关系。这一进步，由于当事者的年龄比较接近，所以比第一个进步重要得多，但也困难得多。……不容置疑，凡近亲繁殖因这一进步而受到限制的部落，其发展一定要比那些依然把兄弟姊妹婚姻当做惯例和义务的部落更加迅速，更加完全。"②

———————

① 《马克思恩格斯选集》第 4 卷，人民出版社 2012 年版，第 47 页。
② 《马克思恩格斯选集》第 4 卷，人民出版社 2012 年版，第 46—47 页。

透视历史，我们可以发现，促成人类血缘群婚从族内婚到族外婚转化的原因主要有两个，一个是社会即血婚集团的发展和裂变，一个集团起码裂变为两个母氏族，或继续裂变为若干更多的子氏族，联合形成部落，从而为部落内部通婚和族外婚奠定了现实可能；二是人口发展和优生优育。人类在艰苦的长期求索中，发现了族外婚更有助于人口的优化，优先实行族外婚的家庭，在社会发展中具有更强的生命力和竞争力。在这种压力和动力的交互作用下，人类开始从族内婚进化到族外婚阶段。

在血缘群婚后，人类进入对偶婚阶段。对偶婚，亦称对偶家庭，指原始社会时期，不同氏族的成年男女双方，在或长或短的时间内实行由一男一女组成配偶，以女子为中心，婚姻关系不稳固的一种婚姻形式。它是群婚制向一夫一妻的个体婚制转变的过渡形态或中间环节，产生于原始社会蒙昧时期和野蛮时期的交替阶段，盛行于野蛮时代，即原始社会晚期。

对偶婚制的典型表现形式是成对配偶在一定时间内保持较稳定的两性同居生活，即一个男子在许多妻子中有一个主妻，一个女子在许多丈夫中有一个主丈夫，主夫妻之间一定程度地脱离群体过着相对稳定的同居生活。与血缘群婚对应蒙昧时代相比，对偶婚对应的则是野蛮时代。中国原始社会对偶婚的形态和习俗，多发生和流行于母系氏族公社的发展、繁荣乃至衰落期，相当于中石器和新石器时代早、中、晚期，大约确立于仰韶文化晚期。这种婚俗的考古学文化，主要有陕西大荔沙苑、河南许昌灵井、河北磁山、河南裴李岗文化和黄河流域的仰韶文化、北辛文化、北方地区的内蒙兴隆洼文化、红山文化，长江流域的湖南彭头山、河姆渡、马家浜、大溪文化、江西万年仙人洞文化以及华南地区的广西桂林甑皮岩、来宾龙洞岩、广东阳春独石仔、增城金兰寺、西藏昌都卡若文化等。20 世纪西南一些少数民族中残存的"走婚""望门居""不落夫家"等习俗，也在一定程度上反映了对偶婚制的历史遗风。

这种成对配偶相对稳定的结合演变为常态化的对偶婚制，经历了一个漫长的形成发展过程。早在群婚制时期，对偶婚现象即有萌芽，并时有发生，但在当时的社会条件下并没有成为一种普遍实行的婚姻制度。所以在原始社会的一个相当长的时期内，对偶婚和群婚是并存的。即使在对偶婚盛行时，其表现也并不总是单一的，有时是复杂的、交叉的，即一个男子与几个女子或一个女子与几个男子分别的牢固结合，社会也没有施以增强这种结合的有力规范。它仍然介于群婚和个体婚之间，典型表现形式是成对配偶在一定时间内保持较稳定的两性同居生活。对偶婚阶段，人类的情感有了进一步发展，这就为日后情感的专属和排他以及向个体婚的进化准备了日臻完善的条件。

2. 文明时代以来的个体婚家庭

对偶婚之后，社会发展进入到文明时代，而人类婚姻则进入一夫一妻制阶段。一夫一妻制婚姻亦称"单偶婚"或"个体婚"，是一男一女结为夫妻的婚姻形式。严格意义上的一夫一妻制从对偶婚发展而来，其确立是文明时代开始的重要标志。这种婚姻形式的确立，主要有四方面的原因：一是生产力的发展为社会组织的小型化提供了进一步的可能；二是生产的剩余刺激了私有制的发展，而私有制的内在冲动之一，是自己占有财产并将财产传给自己最亲近的人，也就是自己的子女；三是人类对性行为与子女间的相互关系有了明确的判断和认识，对偶婚关系的确立，已经使男性识别自己子女更加容易；四是社会分工有了进一步发展，男性开始主导社会生产并掌握了生产的管理权，财富向男性手中集结。在这些因素的综合作用下，婚姻革命势在必行。但是，与以往婚姻进化的动力和推动者主要是女性所不同，这一次革命的推动者和受益者则是男性，男性在推翻血缘群婚制的同时，不仅改变了家庭的世系，使家庭由母系变为父系，而且还超越部落建构了家庭以外的国家和社会空间，实现了社会私有与家庭男性占有的相互统一。关于这种变化的内在联系，恩格斯曾经指出："母权制被推翻，乃是**女性的具有世界历史意义的失败**。"① 而"历史上出现的性别压迫是与阶级压迫同时发生的，最初的阶级虽然对立，也是同个体婚制下的夫妻间的对抗的发展同时发生的"②。因此，压迫女性的实施者是男性，但女性受压迫的根源是私有制，实质是阶级压迫，私有制、阶级压迫和性别压迫原本就是孪生兄弟。

在私有制基础上的一夫一妻制家庭中，男子掌握经济大权，女子处于从属地位。父亲的财产只能由出自父亲的子女，通常是男性，即儿子继承。这

---

① 《马克思恩格斯选集》第4卷，人民出版社2012年版，第46页。
② 《马克思恩格斯选集》第4卷，人民出版社2012年版，第63页。

便要求妻子必须严格保持贞操和对丈夫绝对服从，以维系家庭的父系统治，并确保为丈夫生出纯正的财产继承人。所以，一夫一妻制家庭从产生之时起，实际上就只是单方面要求女子实行一夫制，而男子特别是有产阶级者则可以公开或秘密地实行多妻制。或者说，一夫一妻制在很大程度上只对无产者和劳动人民适用，而掌握了经济和其他权力的有产者男性则可以肆意践踏一夫一妻制的尊严，公然实行事实上的多妻制。这种特权，在封建帝王身上得到集中体现。谈到皇帝的婚姻，常有"后宫佳丽三千"之说。到清代，按帝制皇帝可拥有一名皇后、一名皇贵妃、两名贵妃、四名妃、六名嫔以及人数不定的贵人、常在、答应等。

在这样的婚姻体制下，帝王将相可妻妾成群，但皇帝的妻子嫔妃们，则在婚姻和性生活中饥寒交迫，一旦僭越，则要付出生命的代价。可见，只有到了社会主义社会，随着生产资料由私有制变为公有制和社会公共劳动的扩大，男女在法律上、经济上都处于平等地位，一夫一妻的婚姻和家庭才有可能建立在男女平等和真实爱情的基础上，从而实现真正的一夫一妻制。正是基于此，我们通常将一夫一妻制因基础的不同而划分为两个阶段，即传统社会的一夫一妻制以及工业化社会的一夫一妻制。事实上，正是在工业化来临，妇女冲破家庭藩篱就职于社会，并且伴随经济独立和政治地位失而复得后，家庭领域的男性特权才开始受到挑战，家庭关系的基础和文化建构也得以在生产社会化和男女平等的基础上得以重构。

透视人类家庭的进化和文化建构的过程不难发现，家庭发展和文化建设，不仅具有自身的特有功能和演变规律，还不可避免地受社会发展阶段的制约和影响。在史前社会，家庭功能与社会功能高度重合。与妇女社会地位崇高相一致，氏族生产、劳动果实和家庭财产的分配权都掌握在妇女手中，家庭世系按母系传承，妇女从事的扶老育幼的家务劳动直接是氏族社会劳动的组成部分，并且与生产力水平的低下相适应，家庭文化也处于萌芽状态，极不发达。到了传统私有制社会，男性依着在社会生产中的作用凸显。首先在生产领域排挤了妇女，并且因为私有财产继承的需要发动了婚姻革命，变母系制为父系制，家庭与社会也因此逐渐裂变为两个相对独立的生活领域，妇女从事的家务劳动也不再是社会劳动的组成部分，而变成为家庭的私人事务。妇女的地位也一落千丈，成为家庭与社会的双重奴隶，其财产权、社会参与权以及接受学校教育的权利被剥夺，家庭的藩篱束缚住了妇女的手脚，男人、丈夫由平等的氏族成员异化为妇女和妻子的主人，家庭关系也被规范为一夫一妻和一夫多妻并存的模式，父系大家庭成为家庭的主干，夫妻关系成为家庭的次生关系。

为了维系这种父权制家庭的稳定、满足父权和夫权家庭（族）的利益需求，封建儒教根据"内外有别""男尊女卑"和"男主女从"的原则，在道德、行为、修养等方面对妇女言行严格规范，提出了臭名昭著的"三从四德"文化原则，为奴役妇女打造了一整套精神枷锁①，成为麻醉妇女精神和束缚妇女行动的思想鸦片。在这个基础上，家庭功能的发挥和文化传承，便自然地突出了父系和男性主干的结构。在生产领域，经营技艺传男不传女；在生育和性领域，妇女沦为丈夫的泄欲和生育的工具，夫贵妻荣和母以子为贵成为衡量女子价值的标杆，在规范婚姻家庭关系的"七出"制度中，不服从丈夫和公婆以及无后等都成为丈夫休妻的法定理由②；在家庭教育和赡养领域，"养不教，父之过"，母亲的权利被剥夺，养家糊口被教化为男子的职责，妇女的家务劳动异化为无足轻重的陪衬；在家庭祭祀和重大纪念活动中，女子不得参与或承担主持的职责。与此适应，婚姻也成为父母之命、媒妁之言，离婚则成为男子的特权，个人的感情更不足为道，被家族利益和扩大势力的联姻所替代。家庭感情交流和休息与娱乐功能，也成为可怜的摆设和少有的点缀。

到了工业化社会，随着生产的工业化和社会化进程，传统的家庭农业和手工业生产逐渐为社会化大生产所替代；生育后代也开始由家庭的责任变为社会的需要，是否生育、生育多少与何时生育，也由家庭的利益转化为夫妻的选择特别是妇女的选择；而家庭教育和家庭赡养功能也向学校教育和社会养老的方向转化，致使传统的大家庭走向解体，一夫一妻核心家庭日渐普及，家庭功能和家庭文化重新建构。同时，爱情和恋爱自由在家庭的分量增加，

---

① "三从"一词最早见于《礼记·丧服》子夏传，即"未嫁从父，既嫁从夫，夫死从子"。引申为作为女儿、妻妇和母亲的妇女应对男性服从。所谓的"四德"是指：德、容、言、功，就是说做女子的，第一要紧是品德，能正身立本；然后是"容"，即相貌，指出人要端庄稳重持礼，不要轻浮随便；"言"，指与人交谈要会随意附义，能理解别人所言，并知道自己该言与不该言的语句；"功"，即治家之道，治家之道包括相夫教子、尊老爱幼、勤俭节约等生活方面的细节。（《周礼·天官·九嫔》）

② "七出"包括："不顺父母"、"无子"、"淫"、"妒"、"恶疾"、"口舌"、"窃盗"。从西周时期确立，唐代开始正式归入律法。

感情交流成为家庭生活幸福与否的标志，休闲与娱乐功能加强，并逐渐从单一型向多样型发展，日益成为家庭精神生活的重要组成部分。

当前，随着人权理念的发展，家庭权利日臻完善，家庭形式也更加多样，还出现了个人家户、单亲家庭、丁克家庭甚至同性恋家庭等多种家庭形态。但是，一夫一妻制家庭依然是家庭发展的主流，与此相适应的一夫一妻家庭文化依然在诸多文化交织中占主导地位。

3. 家庭文化的基本功能

一般而言，作为人类的精神家园，社会文化既是社会的产物，又具有相应的社会功能。主要表现在以下几个方面：一是信息功能，指文化作为社会发展的特殊符号，记载着过往社会的经验，从而维持人类历史的连续性。二是教化、培育的功能，指文化具有教育人、培养人、塑造人的功能，包括生产技能、社会教育以及人格塑造等。三是社会发展的动力功能，指文化作为一种社会存在，对社会发展有积极的能动作用。四是认识功能，指文化以特有的方式渗透在认识主体与客体领域，制约和规范着人类的物质与精神生活。此外，文化还有审美功能和娱乐功能等。就像社会文化具有多重功能一样，家庭文化也枝繁叶茂自成系统，在家庭领域发挥着特有的整合、导向、维持家庭秩序和传承等作用。

整合作用集中表现在协调家庭成员的行动方面，目的是使家庭成员之间能够在同一文化下有效沟通、消除隔阂、促成合作。目前，中国大约有2.7亿个家庭，既有完整的核心家庭，也有非传统的单亲家庭、单身家庭、重组家庭、丁克家庭、空巢家庭等多种家庭类型；既有传统的父权家庭，也有新型的母权家庭，以及新兴的平权家庭和母主家庭、通勤家庭。[①] 在每一个家庭中，又有区域差异、民族差异、收入差异、年龄差异、城乡差异和受教育程度差异以及文化与性格的不同。可以说，每一个家庭，每一个家庭成员在建立家庭和经营家庭的过程中，都会具有不同的个性化或差异性需求。整合这些差异，最大化满足家庭成员的基本需求，纵然要创造诸多条件，但家庭文化的整合，同样是一个重要的基点和杠杆，对满足家庭成员生存发展的多样

---

① 母主家庭：指一位妇女成为家庭的核心和最主要成员，常发生在男性由于战争、外出、离婚、非婚生育等状态，但不在家的丈夫、前夫、同居男友依然行使相当的权利。通勤家庭：指夫妻在不同城市里工作，周末在其中一方的住处相处。

性需求、提高家庭的幸福指数、增强家庭的凝聚力具有重要的整合作用。

导向作用是指文化可以为人们的行动提供方向和可供选择的方式，使行动者可以知道自己的何种行为在对方看来是适宜、积极并选择有效。目前，在家庭文化领域依然存在许多传统甚至腐朽的观念，不仅影响妇女发展，也不利于家庭与社会正义与公平。改变这些传统观念，不仅需要树立现代家庭理念，同时也需要不断完善婚姻家庭制度，发挥制度特有的普遍性与强制性作用。

根据《中华人民共和国婚姻法》的规定，我国调整婚姻家庭关系的基本原则有五条，即婚姻自由，一夫一妻，男女平等，保障妇女、儿童和老人的合法权益，实行计划生育。这些基本原则是我国现代家庭文化的内核和基础，对构建现代家庭文化具有重要的制度导向作用，应在加强制度建设的同时，加大宣传与倡导的力度。

维持秩序的作用，是指用共同生活积累的经验或确立的价值观规范家庭成员的行动，并作为家庭伦理秩序加以传承。从世系传承的角度看文化，就是文化的传续作用。家庭文化并不是一个抽象孤立的范畴，与家庭结构、家庭成员的构成密切相关，不同的家庭会在生活的历程中打造出独特的家庭文化，或形成家庭的核心理念，对家庭建设和家庭成员成长发挥规范与导向作用。如我国长期流传在民间的孟母三迁、岳母刺字、孔融让梨等故事，就是这些家庭核心价值观与文化理念在特定家庭和特定领域的集中表现。

当前，社会主义制度和社会主义婚姻家庭制度的建立与完善，已经进一步为现代文明家庭以及家庭文化的建构与发展，提供了坚强的制度保障。但是，新家庭文化建设也依然面临诸多现实性挑战。如随着我国社会流动性的增大，家庭的流动性也不断加强；而随着家庭独生子女现象的普及，人们对儿童抚育和教育的需求层次则相应提高，对学校教育的依赖也不断加强；相反，家庭成员对社会养老的期待则有所提高，家庭养老面临新的压力；再有，伴随个人生活独立性的加强，夫妻情感的稳定性也呈现出一定的弱化趋势，离婚率居高不下，持续增长；等等。这些变化，都给经济社会转型期的家庭文化建设带来新的挑战，需要进一步加强研究，并提出相应的对策和建议。

总之，家庭文化纷繁复杂，任何的定义或者对其作用的描述，都不足以精确地反映其全貌与内涵，从这个角度而言，特定的描述与划分都只能是研究或理论的需要；从实际角度看，家庭的各种功能、关系以及各种文化都是相互关联和相互依赖的。如家庭经营，就涉及家庭中的生产、分配、交换、消费等环节，而每一个环节又都不可避免地关联到家庭成员之间的关系，如夫妻情感、性别分工、子女教育、老人照料等。并且，在整个过程中，性、生育、情感交流和娱乐休闲又都伴随和贯穿始终。这种相互交织和多角度影响的属性，也是家庭文化重要性及其社会存在和作用方式的特殊表现。

四、新家庭文化的建构思路

为了有效开辟包括先进家庭文化在内的社会主义先进文化的新境界，党的十七届六中全会通过了《中共中央关于深化文化体制改革推动社会主义文化大发展大繁荣若干重大问题的决定》，党的十八大又进一步通过了《关于培育和践行社会主义核心价值观的意见》，提出，社会主义核心价值观凝结着社会主义先进文化的精髓，是中国特色社会主义道路、理论体系和制度的价值表达，是实现中华民族伟大复兴的中国梦的价值引领。正如习近平同志所指出："核心价值观，承载着一个民族、一个国家的精神追求，体现着一个社会评判是非曲直的价值标准。"[①] 这些思想和论述不仅为建构新家庭文化提供了新的指导思想，规范了建构的基本原则，同时也提高了社会各界和各个家庭对构建新家庭文化重要性的认识。积极培育和践行包括家庭文化在内的社会主义核心价值观，内涵丰富、意义重大，贵在知行统一，内化于心、外化于行。

1. 新家庭文化建构的指导思想

中国特色社会主义理论体系，是包括毛泽东思想、邓小平理论、"三个代表"重要思想以及科学发展观等重大战略思想在内的科学理论体系。这个理论体系，创造性地提出了一系列新的重大理论观点和战略思想，从而实现了马克思主义中国化的第二次历史性飞跃。中国特色社会主义理论体系是不断发展的开放的理论体系，不仅贯通马克思主义哲学、政治经济学、科学社会

---

① 习近平：《青年要自觉践行社会主义核心价值观——在北京大学师生座谈会上的讲话》，新华网，2014年5月4日。

主义等领域，还覆盖经济、政治、文化、社会、国防、外交、统一战线、祖国统一、党的建设等方面，系统回答了什么是社会主义、怎样建设社会主义，建设什么样的党、怎样建设党，实现什么样的发展、怎样发展等重大理论与实际问题。不仅科学地阐明了中国特色社会主义的思想路线、发展道路、发展阶段、根本任务、发展动力、发展战略、依靠力量、国际战略、领导力量等重大问题，同时也为分析和推动现阶段婚姻家庭建设提供了更加进步与完善的科学世界观和方法论，是构建面向大众、面向未来、面向世界的新婚姻家庭文化的指导思想和行动指南。

当今世界，随着经济全球化进程的加快，科技和文化在社会竞争中的作用日益凸显，在新的科技浪潮和民族文化的交织作用下，国与国之间以及地区之间关于家庭的文化交流也日益深化，为 21 世纪家庭文化的建设拓展了思路，同时也使家庭文化的发展更加多样甚至面临更广泛的挑战。在国际上就有两种文化思潮，对现阶段家庭文化研究产生着不同的影响。一种是功能论，认为传统家庭自给自足，依然是可以满足家庭成员基本生理、心理需求的单位，融有经济生产、安全保卫、教育、社会化、宗教等功能，持续推动物质、人口、精神财富再生产。虽然部分功能由社会教育、宗教等其他社会机构分担，但家庭在社会化、感情陪伴、经济合作、性活动等功能方面依然为社会的良性运行起着重要的作用。[①] 另一种是冲突论，认为家庭是性别不平等的主要场所，因而是社会中许多不平等的基础。如男性主导的家庭，就为社会提供了一些重要的不用付费的劳动形式，虽然极大促进了资本主义的产生，却维持了妇女的从属地位。所以资本主义制度不推翻，性别歧视就不可能减弱。[②] 还有人认为，家庭是针对妇女的暴力和儿童虐待的大本营，主张削弱家庭的社会影响，抑制家庭的作用。但是，不管怎么争论，不管家庭经历了多少变化，不管家庭有多少藏污纳垢的角落，它仍是当前人们生活最重要的基础单元。其中，满足心理感情需要和个人发展完善的需要正日益成为家庭更加核心的功能。也就是说，家庭尽管残留着不平等的元素，但这不是否定家庭的依据，而是家庭文化优化的基础。归根结底，这是由家庭的作用和功能所决定的。

---

① ［美］哈拉兰博斯、希德尔著，费涓洪译：《家庭——功能主义的观点》，《国外社会科学文摘》1988 年第 10 期。

② ［美］戴维·波普诺著，李强等译：《社会学》（第 11 版），中国人民大学出版社 2007 年版。

事实上，不仅中国社会和文化依然重视家庭建设，而且重视家庭领域的平等和文明还是一个国际性的话题。美国有一首家庭的诗歌写道：在人生的旅途中，家是你永恒的港湾，疲了惫了，想一想家，那是你力量的源泉；在社会的纷争中，家是你永恒的坚石，惧了怕了，想一想家，那是你自信的来源。为了更好地提高各国对家庭建设重要性的认识，增进家庭健康和文明，联合国在 1993 年的（A/RES/47/237）决议中宣布每年的 5 月 15 日为"国际家庭日"，希望以此促进对家庭问题的认识，增强社会、经济和人口对家庭影响的共识，反映了国际社会对家庭重要性的认识。在联合国的推动下，各国关于家庭文化的建设和相应的政策调整都有了很大的进展。2014 年 5 月 15 日国际家庭日，全国妇联在人民大会堂隆重举行全国"最美家庭"揭晓和五好文明家庭表彰会议。党和国家领导人与会讲话，指出："家庭文明是社会文明的重要基石，千千万万个家庭的家风好，子女教育得好，社会风气好才有基础"①。习近平同志也曾强调："要注重发挥妇女在弘扬中华民族家庭美德、树立良好家风方面的独特作用，这关系到家庭和睦，关系到社会和谐，关系到下一代健康成长。广大妇女要自觉肩负起尊老爱幼、教育子女的责任，在家庭美德建设中发挥作用，帮助孩子形成美好心灵，促使他们健康成长，长大后成为对国家和人民有用的人。广大妇女要发扬中华民族吃苦耐劳、自强不息的优良传统，追求积极向上、文明高尚的生活，促进形成良好社会风尚。"②

2. 新家庭文化建构的基本思路

家庭文化源远流长，是一个复杂的系统。这个体系的各个部分，在功能上互相依存，在结构上互相连接，共同发挥社会整合和社会导向的功能。进步健康的家庭文化，将推动家庭的发展与和谐，但落后过时的家庭文化，则会影响家庭的健康与和睦，对社会变迁和人类自身发展形成阻力。

构建新家庭文化，首先要提高对新旧文化的鉴别能力。目前，在家庭文化领域依然存在许多传统甚至腐朽的观念。据第三期中国妇女社会地位调查数据显示，有 48.0% 的女性赞同"干得好不如嫁得好"，高于男性 7.3 个百分

① 李源潮在"最美家庭"活动讲话全文，《中国妇女》2014 年 5 月。
② 习近平：《坚持男女平等基本国策发挥我国妇女伟大作用》，新华网，2013 年 11 月 1 日。

点。与 2000 年相比，男女两性认同程度都有明显提高，女性和男性的认同率分别提高了 10.7 和 10.5 个百分点。另外，有 61.6% 的男性和 54.8% 的女性对"男人以社会为主，女人以家庭为主"的观点持赞同态度，男性比女性高 6.8 个百分点，与 2000 年相比，男女两性分别提高了 7.7 和 4.4 个百分点。①这些旧文化观念和传统社会分工模式早已时过境迁，不符合现代文明走向，不仅影响妇女发展，也不利于家庭与社会的和谐。在这样的恋爱观、性别观念以及家庭分工模式下，家庭的根基难免有失牢固，家庭的分工也可能有失合理，并最终影响家庭成员的均衡发展，形成夫妻发展的落差，进而冲击家庭的稳定与和谐，或激化家庭的矛盾，影响社会的安定团结。

对既往文化包括传统家庭文化进行分析扬弃，是构建先进家庭文化和社会主义文化的必然要求。用文明进步的先进家庭文化，战胜腐朽没落的封建主义和资本主义的旧家庭文化，需要坚持科学发展和以人为本的现代理念，破旧立新，既要弘扬传统家庭文化的美德，又要剔除传统家庭文化中关于等级制、性别不平等的垃圾因素，以及对不同家庭成员有别的双重道德标准。

构建新家庭文化还是全社会的共同责任。推动社会主义文化和家庭文化的发展与繁荣，每一个家庭都责无旁贷，都应自觉地将家庭健康与社会发展相结合，将家庭文明与社会和谐相链接，积极推动家庭内部的和谐，家庭与家庭、家庭与社会以及家庭与自然的和谐。为了有效发挥家庭文化建设的作用，社会各领域乃至每个家庭都应该认真思考，积极行动，切实为新家庭文化创新发展开辟新的认识境界和宽广的行动舞台。

3. 新家庭文化建构的重要意义

在培育践行社会主义核心价值观的过程中，推动新家庭文化的创新与发展，具有深远的理论意义和现实意义。

首先，加强新家庭文化的建构，可以为培育践行社会主义核心价值观打造基础平台。我们可以从社会主义核心价值观的价值目标和价值手段两个方向上把握社会主义核心价值观的基本内涵。在社会主义核心价值观的系统中，"富强、民主、文明、和谐"不仅是社会主义制度的发展目标，是实现中华民族伟大振兴的"中国梦"的重要标志，也是社会主义核心价值观的目标指向

---

① 资料来源：全国妇联、国家统计局 2010 联合进行的第三期中国妇女社会地位调查。

或目标价值；而"爱国、敬业、诚信、友善"和"自由、平等、公正、法治"则是实现上述价值目标的德治和法治手段。作为社会主义核心价值的制度基础和刚性价值手段，"自由、平等、公正、法治"通常具有普遍性和强制性特点，为践行社会主义核心价值开辟道路。与此不同，"爱国、敬业、诚信、友善"则更多的是一种伦理性和非刚性的手段，通常从社会伦理和思想导向的角度，对社会主义价值观进行宣传、倡导和推广。从这个角度说，这两个手段又是社会主义法治和德治建设的重要内容。

培育和践行社会主义核心价值观，需要将其全方位纳入家庭文化的构建系统。透视社会发展进程我们可以发现，尽管马克思恩格斯在自己的理论体系中早就确立了社会主义价值体系的基本内核，尽管经过苏联和中国等社会主义实践的推动，这些基本价值元素已经日益在经济、政治、婚姻家庭等社会生活的各个领域得到体现。但是，如同社会发展的曲折性一样，社会主义核心价值观的践行也依然面临诸多挑战。在社会上，就有国家意识淡薄、敬业缺失、诚信不足、践踏公民权利、无视自由平等以及民主法治和宪法原则，甚至贪污挥霍国家财富、人民血汗的无德、非法和犯罪行为，严重干扰着民族富强、社会和谐与国泰民安。变革这些陈规陋习，需要发挥家庭的独特作用。大力开展家庭文化建设的目的，正是为培育践行社会主义核心价值观搭建一个亲民和近民的舞台，使文明进步的新文化深入人心，家喻户晓，人人皆知，共同践行。中国社会之所以日新月异的发展，改革开放之所以为中国梦插上理性的双翅，就因为在发展的背后，在腾飞的征程上始终铺垫着公平正义的社会主义原则，播撒着共同富裕和人民为本的精神，离开了社会主义价值体系的支撑和哺育，不仅社会主义的航向会偏离，而且发展的动力也会枯竭。

其次，加强新家庭文化的构建，可以推动家庭治理结构和治理能力的现代化和文明化。从一定角度，我们可以说人类社会化的过程，也是一个社会管理与治理体系和治理能力不断发展、不断现代化的过程。一般地说，社会治理和管理具有维护社会秩序和服务社会发展的双重功能。维护社会秩序的功能，在阶级社会集中表现为对阶级压迫和等级特权的维护，为人民服务的功能十分薄弱。但是，到社会主义社会，随着阶级压迫的消亡和阶层特权的削弱，社会治理的基本功能则日益由阶级专制转向社会管理进而再转向为人民服务。当前，社会管理的人本化和服务化，也对家庭经营管理和治理提出了更高要求，要求家庭也要建构与之适应的经营和治理文化。其中，平等、公正、和谐、互利，特别是权力和利益的分享以及家庭事务的分担，应该成为现代家庭治理的核心价值。

事实上，人们在赋予家庭是生活港湾这样诗情画意的寄托时，也使家庭生活与社会生活相比，带有了更多的自然属性，使得人们在家庭中会更加地散漫和放松。但是，家庭作为一个社会的单元，其经营和治理又必然要与社会发展相衔接，以起到家庭文化与社会文化相交融、共支撑、同发展的合力作用。因此，家庭必然就不同于一般的动物群体，动物群体虽然也有天然的文化，但是主要靠本能和条件反射得以传承。而人类在建构了社会以及选择了一夫一妻制家庭后，就形成了日益完整的家庭文化系统。这是一种摆脱了动物属性的思维建构和人类特有的创造活动，要靠文字和文化有意识地进行传承。在封建等级制条件下，这个文化的目标是维系父权和夫权，而在现代社会，在民主法治的条件下，家庭文化的核心目标已经发生巨大变化，由维护等级特权，转变为服务于家庭成员的平等互利和共同发展；由男性家长的专权，转化为家庭成员的民主协商和共同参与。从这个角度我们可以说，提高家庭的经营治理结构和治理能力，不仅有利于和谐家庭的建构，也必然推动国家治理体系和治理能力现代化的进程。

我们相信，在以民主和平等为内核的家庭文化的熏陶和治理下，从家庭中走出的个体，必将更加地适应现代社会的需要，更加符合爱国敬业诚信友善的要求，更加可能成长为有理想、有道德、有知识、有纪律的新型公民，从而助力于国家和社会管理的现代化和实现民族振兴的中国梦想。从这个角度，我们也可以说，如果一个人的健康心理、美好言行、奉献精神和正义品质离不开家庭优良文化的滋润，那么一个人的心灵扭曲、粗言秽语、自私贪婪和消极品格也同样离不开不良家庭文化的影响。中国曾经有一个故事，讲一个孩子小时候不经意地拿走了邻居家的东西，他本来很忐忑，但没想到却受到了母亲的表扬和鼓励，之后他就从顺手牵羊，发展到了小偷小摸，直至成为江洋大盗，被判极刑。刑场上，母亲前来送行。他目睹流泪的亲人，提出拥抱母亲，并在长恨中咬掉了母亲的奶头，以此抗议母亲的无德教育。类似这种不当教育和行为失衡的故事，在当今社会也时有发生。有的家庭，孩子从小遭受家庭暴力，长大后习得性地演绎家庭暴力行为；有的家庭父母溺爱子女，导致子女无良坑爹；有的家庭父母对子女关爱有失偏颇、不平等不公平，导致家庭成员互相残害甚至报复儿童等。这些不良无德甚至犯罪的行为，虽然与社会、社区、学校以及伙伴教育关系密切，但家庭的篱笆不牢，是重要的原因。这些问题发生在家庭，影响的是家庭的安定团结与亲情关系，但是一旦超越家庭，发生在社会，便会产生更加恶劣和广泛的影响。

上述问题说明，仅从自在和自然的角度放任家庭发展，或者认为家庭是个人私事，树大自然直，不用刻意修剪和有意识经营的传统思想，已经跟不上社会发展和家庭发展新阶段的需要。事实说明，只有通过有效的经营治理才可以推动家庭和谐与人才培养，反之则会使家庭出现各种不和谐的音符和行为，因此，加强家庭文化建设，提高家庭经营治理水平，已经迫在眉睫，刻不容缓。

再次，加强新家庭文化的构建，可以为每个人的潜力开发和健康成长营造良好的文化氛围。 家庭虽然是社会组织的最小单元，却是人们诞生成长的摇篮。家庭的幸福美满，不仅关系家庭关系和谐，关系社会的安定团结，更关系个人的潜能开发和身心健康。中国有句俗话，说儿童成长"三岁看大，七岁看老"。仔细分析起来，这种将人的成长刻板化和绝对化的认识是有失偏颇的，但是，用其来形容早期教育的重要作用，却不无一定的道理。按照儿童心理的分期，三岁前是家长与儿童亲子关系建立的关键时期，良好的亲子关系，对个体的健康成长至关重要。所以，儿童专家提倡最好母乳喂养婴儿，并主张不要将三岁前的幼儿全托，或交由他人代抚养，认为错过了这个时期的亲情养成，父母与子女亲密关系的建立和修复将十分困难。同样七岁阶段也很重要，这是儿童价值观形成的关键时期，抓好这个时期的教育，儿童成长就会营养丰富，树干坚实；而培养不当，则会营养不足或过剩，都打不好儿童成长的基础，甚至导致树干歪斜或枝叶枯萎。这两个关键点都与家庭密切相关，家庭教育对儿童的品德养成和智力开发功能突出。相形之下，虽然儿童七岁后的教育更多由学校承担，走向社会后，继续教育也成为单位和自我的共同责任，但家庭教育的作用依然举足轻重。从这个角度看，从小到老，家庭文化都对促进家庭成员的能力建设与学会与他人和谐相处至关重要，而满足这种需求，无疑需要每个家庭、每个家庭成员责无旁贷地精心打造。

　　发挥家庭对个人成长和幸福生活的促进作用，是一个长期与可持续的过程。家庭成员之间的影响，既可以是横向的，发生在夫妻和姐妹兄弟之间；也可以是纵向的，发生在父母对子女，或者子女对父母之间；还可以穿越小家庭的外延，在亲属之间、朋友之间、邻里之间和社区之间相互作用，以汇集家庭文化对社会发展的正能量，共同推动国家富强、社会友善以及人际关系的平等与和谐。

第二章　中国家庭文化的起源与变迁

中国文化包括家庭文化博大精深，从广义和纵向角度审视，我们可以将家庭文化划分为原始氏族文化和一夫一妻制家庭文化两大阶段；从狭义的角度审视，我们通常又将家庭文化界定为一夫一妻制家庭范围内。从后者意义上说，中国家庭文化经历了奴隶制和封建制基础上的家庭文化，也称为传统一夫一妻制家庭文化，以及工业化基础上的一夫一妻制家庭文化；其中，近代和工业化时代的家庭文化，又可划分为资本主义家庭文化和社会主义家庭文化，乃至未来的共产主义家庭文化。与工业化时代相适应，在中国，则形成了独特的殖民地半殖民地时期的家庭文化和新中国成立以来的社会主义家庭文化。

一、奴隶社会宗法制家庭文化的产生

奴隶制社会是人类历史上第一个建立在私有制和等级制基础上的社会形态，在这个时期，人类婚姻也开始告别原始群婚和对偶婚的传统，进化到宗法制个体婚姻阶段。

中国的奴隶制社会从公元前 21 世纪夏朝开始，历经商朝、周朝到春秋时代结束，战国时期开始进入封建社会。但是鉴于历史发展特有的交叉属性，我们通常将春秋战国相提并论或将秦始皇统一中国视为封建社会的开端。本章的论述也从一定角度体现了这种历史发展与家庭文化发展的交叉性特点。

1. 奴隶制宗法家庭的建立

中国奴隶社会的开源朝代是夏朝，也是中国历史上第一个世袭制社会形态，中国历史上的"家天下"文化也是从夏朝开始形成，后人常以"华夏"作为中国的代名词。夏朝是一个由诸多部落联盟构成的国家，中央王朝与夏族的十一支姒姓部落在血缘上具有宗法关系，即政治上的分封关系、经济上的贡赋关系。夏朝共传十四代，延续约 471 年。公元前 1600 年，商灭夏，建立殷商。公元前 1066 年，周灭商。周朝系中国远古社会的鼎盛时期，是境内各民族与部落不断融合的过程，华夏族逐步形成，成为现代汉族的前身。周朝历经西周、东周，跨越 791 年，到春秋时期开始瓦解，战国时期建立郡县制，中国历史开始步入封建社会。

从家庭发展的脉络审视可以发现，在原始部落衰退的基础上形成的宗法制，是中国社会与家庭制度的共同基础。与西方社会的进化相类似，中国奴隶制国家的形成，也呈现出与家庭和私有制形成同生共长的过程。原始社会末期，伴随剩余产品的更多积聚以及男性在生产中作用的凸显，男性开始排斥原始母权，占据社会统治地位，并发动了人类历史上第一次婚姻革命，完成了由母权制社会向父权制社会的过渡。

这种过渡有两大支柱的支撑，其一是生产工具特别是作为生产资料的土地归男性国王占有。西周时期，土地被划分成"井"字形方块，耕地阡陌纵横，形同井字，称为井田。井田制成为奴隶社会实现土地公有的有效途径。井田制规定一切土地归周王所有，周王是全国最高的统治者，也是最大的土地所有者。《诗经·小雅·北山》曾记载："普天之下，莫非王土，率土之滨，莫非王臣。"周王把土地层层分封给诸侯，诸侯将受封土地分赐给卿大夫，卿大夫把土地再分赐其子弟和臣属。周王对所封土地有予夺之权。各级受封的贵族对土地只有使用权，没有所有权，只能世代享用，不能转让与买卖。受封者还要向国王承担义务，交纳贡赋。在贵族受封的土地上，奴隶和庶民集体耕种。这种生产关系有两个基本特点，一是奴隶主占有土地和奴隶，奴隶主和奴隶是赤裸裸的剥削和被剥削关系，奴隶毫无人身自由，在奴隶主的强制下劳动，劳动产品全部归奴隶主占有和支配，只给奴隶最低限度的生活资料。其二是宗法制家庭的建立。在奴隶社会，严格地说，一夫一妻制家庭在很大程度上还局限在国王和奴隶主的生活范围，奴隶依然沿袭原始群婚的传统，在性领域享有更多的空间和自由。在奴隶主家庭，与奴隶主对奴隶特别是女奴的占有相一致，奴隶主从一开始就实行公开的一夫多妻制。从殷墟出土的卜辞来看，"妃""嫔""妾""娣"等字均已出现。殷王武丁有妇 60 余人，如妇井、妇妹、妇庞等。奴隶主的婚姻一夫多妻，为了确保财产的有序继承，便有了嫡庶之分，以此限制儿子间的争权夺利行为。嫡妻所生的儿子叫嫡子，通常只有嫡长子才有继承的权利；而其余配偶统称为庶妻，她们所生的儿子叫庶子。嫡长子继承制的出现与宗法制有密切的关系。与男性奴隶主享有的婚姻特权所不同，奴隶主的妻子被迫告别原始社会性开放的状态，被强制性要求为奴隶主守节、守贞操，以为奴隶主生出纯血统的财产继承人。

男性对子女的这种认归，其实早在原始社会末期就有所体现，历史上许多民族中一度普遍存在的"产翁制"遗俗，在很大程度上就是建立父系家庭和明确父系血统斗争的历史写照。所谓"产翁制"，是指男子在其妻子生产期间，模拟妻子"分娩"，或在妻子分娩以后装扮成产妇卧床抱子，代替妻子"坐月子"，而真正的产妇则照例外出干活，并为卧床"坐月子"的丈夫准备饮食。在这里，模拟妻子"分娩"、代替妻子"坐月子"的产妇之夫便称之为"产翁"或"产公"。这种夫妻颠倒的生育风俗具有极强的父权制特征，体现了男子对生产、生活资料的全面占有，包括对人口资源及世系关系的独占欲望。它是人类社会由母系制向父系制过渡的特殊产物。相反，在原始母权制度下，女性才是生活的主宰，妇女一旦生育就表示有了财产继承人，会得到大家的尊敬，而男子则始终处于从属的地位。后来，随着男性在社会中经济地位的提高，人类开始走向父系社会。这时，男子对于以往那种只知其母、不知其父的社会现状再也不能容忍，就力图要改变这种局面。为了占有自己的子女，男性通过"产翁坐褥"来向世人表示："生孩子的是我，孩子要姓我的姓。"借以突出自己在生男育女中的决定作用，从而达到强化父系统治的目的。因此，丈夫佯装产妇"分娩"和"坐月子"的习俗，实质上就是男子为了变母系为父系而扮演的一幕自欺欺人的历史剧。正如法国学者弗勒克在《家庭进化论》中所说的，男子之所以装产，目的是使人相信他也是生小孩子的人，或者以此证明孩子是由他这个做父亲的所生，而有权按父系来计算亲属关系，这是由母系氏族制度向父系制度过渡或者说是男子用来夺取子女权和财产权的一种手段。

透过这种历史现象还可以看到，在这个时期，男性已经洞悉自己在人类繁衍中的作用，原始的"生育之谜"得到破解，也就是说，生育是女性特有功能的认识不复存在。并且在以后的研究中，人类在发现卵子之前，优先发现了精子在人口生产中的作用。

2. 宗法制家庭文化的特征

宗法制度虽然是奴隶社会的产物，但追根溯源，却可以追溯到原始社会末期的父系家庭公社，是由氏族社会父系家长制演变而成的以血缘关系为基础的族制系统。据甲骨文考证，"宗"字的上部是"宀"，为屋宇的象形，下部是"示"，为神主的象形。设置神主的屋宇就是宗庙，同一祖先所繁衍的子孙都属于同一家族。宗法就是宗庙之法或宗族之法，宗法制度则是调整和处理同一宗族内部成员间的亲疏、等级和世袭权利的制度。

为了明确长尊秩序，奴隶主家族还对"大宗"与"小宗"进行区分。商代后期又产生了"大示"与"小示"之分，即祭祀直系先王的庙主为"大示"，旁系先王的庙主为"小示"。合祭"大示"的宗庙便是"大宗"，合祭"小示"的宗庙便是"小宗"。"大宗""小宗"的区别，是宗法制度形成的一个重要标志。

按照周朝宗法制原则，继承王位和家长地位者，必须是嫡妻所生的长子，处于全宗族的大宗地位；其余旁系庶子只能分到一部分财产，或被封给一定数量的土地、农奴和较小的爵位，处于小宗地位。

在宗法制基础上形成的周代奴隶主贵族家庭，是家长制的家庭。家庭成员之间的各种关系在礼制上都有明确的规定，男女、上下、长幼之间尊卑有序，各有其位，不得僭越。父亲在家庭里具有极大的权力。汉字中的"父"字，是"斧"的本字。远古时代，利用工具进行体力劳动，对开创生活具有重大意义，受到特别尊重，因此"父"是古人对从事劳动的男子的尊称。

除父权之外，家庭中等级森严的另一突出表现是夫权。《礼记·曲礼》记载，"天子有后，有夫人，有世妇，有嫔，有妻，有妾"；"公侯有夫人，有世妇，有妻，有妾"。由于宗法制度以嫡长子继承为核心，所以对于家庭中的众多妻妾就要有严格的嫡庶之分，庶妻的身份和地位极其卑下。嫡妻身份虽然稍高，却同样依附于丈夫，毫无人身权利，只能成为丈夫泄欲的对象和生育的工具。《孔子家语》将这种妇女依附于男子的关系概括为："女子者，顺男子之教而长其礼者也。是故无专制之义，而有三从之道。"[1] 意思是说，女子，是顺从男子的教导而经常按此道理去做的人，因此没有自作主张的道理，只有三从[2]的责任。

为了更好地维系宗法家族的传承，奴隶主贵族家庭在父权和夫权的基础

---

[1] 《孔子家语·本名解》。
[2] "三从"，就是从父、从夫、从子。

上形成了孝悌观念。"孝"的观念是随个体家庭产生而出现的。原始社会人们主要以血缘关系为基础结成独立的部落集团。人与人之间的关系是平等的，没有上尊和下卑的意识，人们的行为以血缘关系来调节。赡养老人是氏族全体成员的事情，子女对父母并无特殊的责任和义务。

到了原始社会后期，随着氏族内部财产关系的分化，开始产生了一些个体家庭，由夫妻及其子女构成一个独立的经济单位，于是在血缘关系的基础上形成了家庭成员之间的权利和义务关系。这些相关原则在奴隶社会被固定下来，使父母与子女在经济上相互依赖，父母有抚养子女的义务，也有要求子女奉养的权利，子女则负有奉养父母的义务。与此相适应，作为个体家庭家长的父亲有权支配子女，而子女则有尊敬和服从父母的义务，"孝"的观念便由此而产生。

西周的时候，孝的道德观念已经被人们所重视，并在社会上流行。大量的钟鼎文和文献资料都有孝行的记载。孝是奴隶社会的主要统治思想，西周的文诰把不孝说成是最大的罪恶，要受到最重的处罚。

孝道不仅要求子女要在父母生前尊敬和服从父母，而且还体现在丧葬礼仪之中。奴隶主阶级出于"慎终追远"的需要，不仅要求厚葬久丧，而且还根据生者和死者亲属关系的远近，规定了不同的服制，包括斩衰、齐衰、大功、小功、缌麻五等，即所谓五服。丧服制度对维护以男系为中心的宗法制度，也就是维护族权、家长权和夫权三位一体的奴隶主阶级家庭具有重要作用。正如《礼记·丧服四制》所说："资于事父以事母，而爱同。天无二日，土无二王，国无二君，家无二尊，以一治之也。故父在为母齐衰期者，见无二尊也。"这两段话突出了父权高于一切的思想，说明了事母之爱是从事父之爱引申出来的，事君之敬是从事父之敬引申出来的。同时，"资于事父以事君"，意味着君权是父权的发展；"资于事父以事母"，意味着母权要屈从于父权。总之，在周代，阶级关系已深入到家庭关系的各个方面，体现着严格的等级制原则。

3. 宗法制婚姻和亲子文化

原始社会末期，人类婚姻由对偶婚向一夫一妻制个体婚的转化，除了受到私有制与男权制的牵引之外，还与人类特有的男女相爱之情的发展具有密切联系。在原始社会末期，与氏族、部落联盟的拓展相适应，人们的社会交往半径加长，与自己喜欢、相爱的异性发生性关系成为对偶婚时期两性情感发展的新趋势，而个体婚的出现则在形式上有助于两性之间稳定的情感需求的实现。从这个角度，我们可以说，虽然男性是为了男权和财产传承的需要发动了婚姻革命，但女性更多是为了情感进化的需求而迎合了这种婚姻的变迁。人类进入到奴隶社会后，随着生产的发展，婚姻的环境也更加好转，男女相悦、追求爱情的美好情感也在新的基础上得到了新的拓展。

在春秋时代，《诗经》中就有许多关于男女相爱之情的声情并茂的描述。《郑风·溱洧》这首诗就记载了郑国的青年男女，在春季流水清澈的溱和洧的河畔，在春光明媚桃花盛开的草地上，手拿清香兰花，有说有笑的情景；还描述了青年男女可以无拘无束地物色自己的意中人，毫无顾忌地与相爱者互相赠送芍药花卉，诉说奔放爱慕，以及密约下次约会的状况。《野有死麕》则描写了一个打猎的男人追求一个漂亮的姑娘，这个姑娘爱上了他，带着他到女家相会的场景，内中描绘了两人为了不惊动看家狗而轻手轻脚的有趣情景。另据考证，在《诗经》中反映男女之情的诗就有 15 首之多。同样的描述在《诗经》之后的《周礼》中也并不罕见，《地官·媒氏》一节就生动地描写道："仲春之月，令会男女。……于是时也，奔者不禁。若无故而不用令者，罚之。……司男女之无家者而会之。"这种"仲春之月，令会男女"的风俗，虽然带有原始群婚的遗迹，但发生的背景又有了明显不同。它已经不再是原始社会一个氏族的女子与另一个氏族的男子互为夫妻的开放状态，更不同于日后封建社会的"男女授受不亲"，虽然婚姻有了更多的约束，但年轻男女依然可以自由追求爱慕的对象，而社会舆论也对男女接触和婚前幽会持相对宽容的态度。

与原始社会末期的族外婚制度相比，随着国家的形成，男女的通婚半径也更加宽广，但是族外婚的习俗还是被保留下来，并且进一步发展，形成了同姓不婚的新文化。之后，同姓不婚作为一个通婚原则，通行于上至周王天子、下至一般卿大夫和平民百姓的各个社会阶层。

人类爱情的发达和对情感的重视，也表现在结婚礼仪的日趋纷繁方面。到春秋战国时期，婚姻的礼制受到更高的重视，形成了以纳采、问名、纳吉、纳征、请期、亲迎为内容的婚姻形式，即"六礼"，包括以下内容：

一是纳采。指男家看中了某家之女后，派遣媒人至女家，表示想和女家提议婚事。如不被女家所拒，即备礼正式求婚。求婚送礼起源于"嫁娶取俪皮之俗"①。据古代传说，这种习俗是伏羲氏所定，"俪"为一对之意，"俪皮"就是成对的鹿皮。但是"六礼"中作为第一个礼的纳采，所择之礼却不是鹿皮，而是雁。雁每年春分后飞往北方，秋分后飞回南方。纳采用雁的原因，是因为雁为候鸟，有妻子随从丈夫之意。也有人认为，雁终生专一，用雁就象征着妻子从一而终以及婚姻的和谐。

二是问名。即男家请媒人问清女方生母的姓名，女方本人的姓名和生辰等，以便分辨嫡庶，卜其吉凶。此礼可在纳采之后接着进行，问名时带的礼物也是雁。

三是纳吉。媒人在问名之后，回报男家，男家便在宗庙里占卜。因为婚姻大事关系列祖列宗，故问于祖先神灵，与该姓结亲是否吉利。卜如不吉，通婚之议便告罢休；如卜得吉兆，男家再使媒人告知女家，通婚之事便落实下来了，故纳吉又称文定或通书。

四是纳征。又称"纳币"，就是请媒人向女家送聘礼。经过纳征这道仪注，女家再一次接受了男家送来的聘财，婚约至此成立，故有"非受币不交不亲""币必诚""无币不相见"之类说法。所聘财礼，对于不同身份和地位的人，要求也各不相同。到汉朝帝王娶皇后，要送黄金200斤，马12匹；娶夫人送黄金50斤，马4匹等。

五是请期。即男家向女家请以成婚之期。这是男家的一种故作姿态，表示不敢自尊和谦敬的意思，其实仍然是男家说了算：请期也要送雁，并备文书，写明所择婚期吉日。如果女家接受礼物，便是答应男家所择的成婚日期；如推辞不受，即由男家另行决定。因此，后世便干脆一改请期为告期，就是由男家备礼告知迎娶的日期。在民间，则通常是由男女双方家庭商量日期，选定后再由男家送一帖给女家正式通知。

六是亲迎。即结婚之日。这是"六礼"的最后一道。男方奉家长之命到女家迎娶新娘。按古时礼制，迎娶应在黄昏时候，到达女家时，受到岳父在门外的迎接，先赴女家宗庙拜祭奠雁，后再驾车马至女家门外，依礼接新娘上轿，迎妇返家。由于所迎之女是男家之妇，故必须由男方本人亲自前往迎

---

① 《淮南子》。

娶，可知其重视亲迎的程度。皇帝身份特殊，不必亲自行迎亲之礼。但后世民间往往简化亲迎仪礼，仅仅派人凭新郎的名帖往女家迎娶，当新娘到达夫家门时，新郎才出来亲迎入屋。

亲迎以后，夫妻行合卺之礼，用一只葫芦分为两瓢，新娘和新郎各拿一瓢盛酒漱口，这就是"成妻之仪"，故结婚又叫"合卺"。结婚后还须行"成妇之仪"，即结婚第二日，新娘须拜见公婆，如公婆已去世，得在成婚后第三个月，到宗庙行庙见礼，祝辞告神，表示某姓之女现在已成为某男宗族里的人。据《礼记》所载，曾子问孔子，如女还没行庙见祖先之礼就先死去，怎么办？孔子认为该女子尚不能算是男家宗族的正式成员，不能享受家族成员的应有待遇。由此可以看出，所谓"六礼"的婚姻程序，实际上是贵族、大夫即有产阶级的婚礼；对于不能备礼的民间老百姓来说，他们的婚礼总是力求简便节约，而且统治阶级为了维护特权利益，也并不要求普通人家遵守"六礼"仪式，甚至还对他们的婚礼仪式加以严格限制。如明洪武元年（1368年），明朝廷令民间嫁娶仅行纳采、纳币、请期、亲迎四礼，而品官则仍按"六礼"不变，可见婚礼仪式也有着强烈的等级制色彩。

在这个阶段，原始社会末期自由择偶的传统还扭曲为抢婚买卖婚与媒妁之言等。奴隶社会初期，公开的掠夺婚十分盛行。《周易》中有"乘马班如，泣血涟如"、"匪寇、婚媾"等句，血淋淋般地勾画出了一幅抢婚的图景。这种掠夺婚的痕迹，还可以从古人对"婚"字的解释中反映出来。《说文》有"娶妇以昏时，故曰婚"的说法，就是因为古代劫掠女子，总是趁女家没有提防的时候行动，而黄昏之时最为方便，故后世沿用这种说法，又称"婚礼"为"昏礼"。《礼记·曾子问》说："嫁女之家，三夜不息烛，思相离也；娶妇之家，三日不举乐，思嗣亲也。"女家三夜不息烛的原因，是因家里的女子被抢而思其相离；男家三夜不举乐，则是为了隐秘，以防女家循迹来犯，夺回女子。所以，古代有人主张"婚礼不贺"，其原意可能是从掠夺婚引申而来的。

继掠夺婚而起的是买卖婚。古代以"妃"字称男子之所配，其本意为"帛匹"；又以"帑"字称妻子，为金币所藏之义。从特定角度说明，历史上有视婚姻为买卖、视妇女为财物的阶段。当宗法的家族制度逐渐形成之后，贵族士大夫们便耻于买女子为妻，经济境况较好的家庭，也决不会将自己的女儿出卖给他人为妻。于是，媒妁婚姻便应运而生，并逐渐演化出一套仪式程序。

媒妁婚姻在东周时已经确立，《诗经·齐风·南山》写道："蓺麻如之何，衡从其亩；取妻如之何，必告父母。……析薪如之何，匪斧不克；取妻如之何，匪媒不得。"用现代语言翻译过来，就是"种麻怎样去培育？横直耕好那田土。娶妻应该怎样娶？必先告诉老父母。……砍柴怎样去使劲？离开斧头不可能。妻子怎样来娶？离开媒人可不行"。可见，如果没有征得父母的同意，没有作为婚姻居间人的媒妁之言，婚姻是难以缔结的，不被社会承认为正当的婚姻。婚姻要凭"父母之命、媒妁之言"才能成立。《礼记·昏义》说："昏礼者，将合二姓之好，上以事宗庙，而下以继后世也，故君子重之。"从这最古老、最典型的关于婚姻的定义里，可以清楚地看到，婚姻实质就是祭祀祖先和延续宗族。

"父母之命，媒妁之言"的婚制在西周已经成为制度。如《诗经·卫风·氓》写一个小伙子高高兴兴地抱着布匹去换丝，然后和心爱的姑娘私下相会，催促早日成婚，但姑娘没有答应他的要求。姑娘一再表白，不是自己故意拖延婚姻，而是男方还没有找到好媒人。这反映了当时"礼"对婚姻的束缚；即使男女私下相爱，愿意结合，仍然需要经过媒人，才能正式成婚。此外，媒聘之礼在婚姻中的作用也越来越大。如《诗经·国风·行露》诗中的女子，在叙述自己的婚姻大事时表示，虽然有一个男子热恋着自己，但自己不能接受他的爱意，也不怕得罪他，即使逼得自己被投进监狱或打官司，也坚决不顺从，唯一的理由是男方想成家的媒聘之礼不足，不符合婚礼的要求。媒妁之言和媒聘之礼的出现，是对男女性爱的限制，但是对男权宗法制的个体家庭却起着一种稳定与巩固的作用。这些婚俗礼仪还从特定的角度说明男女相爱的情感，从一开始就受到社会经济与政治乃至宗族条件的约束，社会越不发展，这种约束就愈加明显。

与此同时，一夫一妻制家庭出现后，也更加重视家庭伦理关系和伦理文化建设。到春秋战国时期，家庭人伦文化已经得到比较系统的建构。公元前651年，五霸之一的齐桓公代表周天子在葵丘与各诸侯国会盟，签订五条盟约，其中第三条就是"敬老慈幼，无忘宾旅"①。战国末期，儒家将慈幼思想具体化，制定成礼仪，《礼记》的《内则》篇专门记载了生子、接子、名子等有关幼儿的各种礼仪规定，并且在民间逐渐演化成为有关的社会风俗。如"满月"，就是在孩子出生满一个月那天亲友都来探望，以示祝贺。又如"百岁"，为使孩子日后长寿，家庭常常在孩子满一百天时举行庆贺仪式，给婴儿穿"百家衣"，戴"长命锁"。这些习俗表达了父母、亲友以及社会对后代的关怀。

父母疼爱子女，这是人之常情。一般地说，封建家庭的父母没有不"望子成龙"的。古语说："积谷防饥，养儿防老。"这话道出了在父母的慈爱和温柔背后，封建家庭里亲子关系的实质。正是在怎样才算爱子的问题上，"触龙说赵太后"的典故给了人们很大的启示。触龙劝赵太后爱自己的儿女不应只考虑目前安危，而应从长远利益打算，让他得到锻炼培养，为国家立功，并认为这样才是真正的爱儿女。这种见解，把家庭中的亲子关系、亲子感情与国家的利益联系起来，就使父母对子女的爱产生了深刻的社会意义。如东汉末年出现的道教经典《太平经》，其中就有主张"父为慈，子为孝，家足人给，不为邪恶""父慈母爱，子孝兄长弟顺"的内容，表现了家庭成员间相亲相爱的道德情操和人伦关系。

二、封建社会家庭文化的发展

奴隶制社会后，人类社会发展到封建社会。封建社会是实行封建政治、经济制度的一种社会形态。在这一历史时期，封建家庭制度确立并逐渐完善，以"父为子纲、夫为妻纲"为信条，进一步将封建伦理道德制度化，同时建立起结构严密的"家天下"的专制家庭制度，成为中国传统家庭文化的内核。

中国封建社会自公元前221年秦始皇统一中国起，到1840年鸦片战争之间，中国进入社会更新的时代，历经2000多年，经由秦、汉、魏晋、南北朝、隋、唐、五代、宋、元、明、清等朝代的更迭。在封建社会，地主阶级或封建主占有土地，将其租给或分给农民耕种，通过收取地租对农民进行经济剥削和超经济强制；农民没有或只有少量土地，不得不租种地主的土地，

---

① 《孟子·告子下》。

并且对地主有不同程度的人身依附。农民处于经济上受剥削、政治上受压迫的地位。随着商品经济的发展和资本主义制度的产生，这种土地所有制逐步瓦解，封建社会走向衰落直至灭亡，资本主义社会取而代之。

1. 秦汉至南北朝时期的婚姻家庭文化

秦始皇统一中国后，中国结束战乱实现统一，形成了封建社会的生产关系，为一夫一妻制家庭的普及和发展奠定了更加坚实的物质和文化基础。

商鞅（约公元前395—前338年）是中国历史上以法令规范小家庭制度的第一人。他曾颁布法令，规定"民有二男不分异者倍其赋"，使秦国小型家庭得以普及。秦国在商鞅变法后，旧式家族中的宗法纽带愈益松弛，出现了大批分散的小农家庭。这些小农家庭被束缚于一定区域之内，以农为本。那些富裕的农户，儿子长大了就分开另过，独立谋生；穷户则让儿子入赘于他人家庭，而且另立家庭后经济完全独立。父子兄弟各立门户，加强了生产中的主动性，防止一家人相互依赖，劳逸不均。分家后，各种生产资料、生活资料都归各家所有，儿子借给父亲耕具，就觉得是个很大的恩惠；婆婆不经儿媳许可，使用儿家簸箕扫地，立即受到媳妇的责备；婆媳之间一不融洽，就会反目争吵。这种情况至西汉仍"遗风余俗，扰尚未改"。商鞅变法不仅推动了个体婚家庭在民间的发展，也为秦汉时期家庭文化的发展奠定了新的基础。秦汉至南北朝时期的家庭文化与奴隶社会相比具有了以下特点：

一是门阀和门第婚姻的形成。在中国历史上，东汉之后是世族大地主势力发展最快的时期。到了东晋，整个政权基本上为王、谢、庾、桓等几家门阀士族所控制。士族子弟官位晋升的首要条件在于他们的家庭背景，所以为了区分血统，弄清郡望，门阀士族便大修家谱，藏之官府，专人保管，作为士族家庭的身份不同于寒门的证明。与此同时，统治阶级也一再修订百家谱，以便严格士庶之分，防止伪造谱牒和假冒士族的现象出现。当时不但任选官吏要查考家谱，甚至连通婚也开始十分讲究门当户对，逐渐形成了婚姻的门第文化。

世家大族为了表示自己门第族望高人一等，也为了保持自己的尊贵地位和血统纯洁，都不屑与寒门庶族联姻结亲。同时，北方世族大地主南渡后，为了巩固自己的势力，就纷纷结成姻亲，而江东的世族大地主也和北来世族大地主一样，慎择门户，然后结好。一度出现了高门望族一定和高门望族结亲的情况。《晋书》中有王羲之"袒腹东床"的记载。

> 东晋的王羲之出身名门大姓，其叔父王导官至司徒。有一次，身居太尉要职、也属名门之一的郗鉴派人到王导家去挑选女婿，派去的人看遍了王导的所有子侄，回去报告郗鉴说："王家的年轻人都是好样的，但听说我是去挑选女婿的，一个个都很拘谨矜持；惟独有一位青年袒露着肚皮，躺在东床上只顾吃东西，就像没那回事一样。"郗鉴听到后，很高兴地说："正是那个人，便是我的好女婿了。"打发人去造访，那位青年原来就是王羲之，于是把女儿嫁给了他。

后世人称女婿为"东床"，便是从这个故事引出来的。王羲之的婚姻是典型的门阀婚姻，至于其子王凝之的婚姻，更是门阀婚姻的著名例子。王凝之的妻子是以"咏絮才"而名传千古的谢道蕴，是谢安的侄女。门阀婚姻不仅可以保住他们的高贵门第，还可以在朝廷中形成血统和姻缘结合的巨大宗法官僚势力，从而起到互相支持、互相扶植、控制朝政的作用。

在门阀婚姻的极盛时期，名门家庭的人，千方百计地坚持门阀婚姻；而庶族出身的人，则力求通过婚姻能与名门攀上关系。于是，非难士庶通婚现象也成为社会风尚。《昭明文选》中所载沈约《奏弹王源》一文，就是坚持士庶不通婚的代表作。

> 王源是南齐的士族，曾祖父位至尚书右仆射，本人及祖父也都地位显赫，但因为王源把女儿嫁给庶族出身的富阳满氏，御史中丞沈约认为王满联姻，实属玷辱士族的行为，便向朝廷上表弹劾，请求以此事为由对王源作免除官职、禁锢终身处理。公元463年，北魏高宗皇帝甚至颁布诏令，严禁士庶通婚，规定"皇族师傅百王公侯伯及士民之家，不得与百工伎巧卑姓为婚，犯者加罪"。公元478年，他又重申"皇族贵戚及士民之家，不得与非类婚偶"。如此苛严的门阀婚姻，在中国历史上是登峰造极的。

魏晋南北朝三四百年间，社会动荡，政治腐败，国家衰落，门阀制度和士族特权是一个重要的祸源。受到残酷剥削和奴役的广大民众无以为生，只好揭竿而起，进行反抗斗争。寒族势力的崛起，使高门士族渐趋衰落，隋朝初年，"九品中正"制度终于被废除。到了唐朝，诗人刘禹锡的著名诗篇《乌衣巷》，深刻地揭示了此前世家大族的兴衰："朱雀桥边野草花，乌衣巷口夕阳斜。旧时王谢堂前燕，飞入寻常百姓家"。这首诗说明在王、谢等士族第宅的废墟上，早已建起了平常百姓的庭院，燕子虽然仍能来原址筑巢，不过屋舍和主人的身份却不同了。这种沧桑变化的事实，自然是对豪门大族的辛辣讽刺。但是，门阀士族在唐朝仍有相当大的势力，婚姻重门第的风气及依家世决定官员升迁的传统仍然对社会生活产生着广泛的影响。

二是多子多福的文化。 在原始社会，基于生育的艰难和生育条件的恶劣，原始氏族一直十分重视人口的生育和优育，生育优良人口就是原始社会由族内婚转向族外婚的动力之一。在奴隶社会，奴隶主的富裕程度以及奴隶主占有的财富能否世代相传，都与生育的多少和优劣密切相关，多子多福的文化也就逐渐形成。《诗经》就赞美过周文王妻子太姒育子众多，也赞颂过周成王"千禄百福，子孙千亿"①。战国末期的思想家韩非曾针对家庭生育的一般情况指出："今人生育五子不为多，子又有五子，祖父未死而有二十五孙。"②历史上关于多子女家庭，曾有不少记载。如唐代大将郭子仪"八子七婿，皆显贵朝廷：诸孙数十，不能尽识"③，单是这八个儿子，七个女婿，合计就是子女十五人，而郭子仪实际生育子女可能还不止这个数。

古代家庭倾向于多生多育，与落后的经济发展水平不无关系。在封建社会，一家一户为单位的小农经济是中国经济的基础，既然增加劳动力是发展生产的主要手段，而男性又被看作是主要的劳动力。因此，一个家庭如不能生育出男孩，无疑意味着失去下一代劳动力，生产和家庭都将来不能传承，也就是说，后继无人。这是封建社会家庭的最大不幸。

在被封建地主阶级奉为正统的儒家学说中，就有很多是关于家庭生育的内容。《孝经》继承了殷商以来"奉先思孝"的思想，认为要做到孝，最基本的是繁衍子孙，世代相传，"父母生之，续莫大焉"。如果一个家庭没有后代，祖宗的祭祀就要中断，仁孝也无从谈起。孟子就提出"不孝有三，无后为大"④，将无子视为最大的不孝行为，认为子孙众多，是人们"奉先思孝"

---

① 《诗经·大雅·假乐》。
② 《韩非子·五蠹》。
③ 《新唐书·列传第六十二》。
④ 《孟子·离娄上》。

的首要前提。孟子十分重视男女结婚及生育子女，认为"男女居室，人之大伦也"①，意思是男女结合，组成家庭是最大的伦理规范。娶妻才能生子，且多生男子，延续家世，这是最大的孝，也才能对得起列祖列宗。另外，对于父母个人来说，多生男孩，还可以起到"养儿防老，积谷防饥"②的作用，使自己在年老体弱丧失劳动能力之后，仍有儿子供养，仍有生活的保障。

儒家的这些家庭思想和伦理观念，在几千年的封建社会中产生了重大影响，反过来，又更加强了家庭重男轻女、多生子孙的趋向。因此，鼓励早婚和多育，是历朝封建统治阶级的一项基本政策。封建社会以农为本，封建王朝征发劳役、兵役，征收贡赋，无不与家庭人口尤其是男丁的多少有关。加之传统社会战乱、灾荒、瘟疫频繁，人口大量死亡，人口增长率十分缓慢，致使人口生育和人口数量直接影响到国力。统治阶级便采取各种措施来强化家庭的生育观念，甚至以政治和法律手段对人们的生育行为进行干预，以图增加尽可能多的男丁与劳力。春秋时期越王勾践被吴王夫差打败以后，就把增殖人口的强制措施作为他推行"十年生聚，十年教训"政策的主要内容。《国语·越语上》记载越王勾践为了复仇，在国内励精图治，实行鼓励生育的政策，"令壮者无取老妇，令老者无取壮妻、女子十七不嫁，其父母有罪；丈夫二十不娶，其父母有罪"。越国不但规定了男女的最迟婚龄，而且对生育者给予物质奖励，甚至规定生育三个孩子的家庭由官府雇乳母，生两个的由官府给予粮食补助。提倡早婚和对多子女家庭的这种优惠待遇，有力地刺激了越国人口的增加。后来唐代开元年间人口盛增，也与朝廷的措施有很大关系。如唐太宗贞观元年二月丁巳诏令说："其庶人男女之无室家者，并仰州县官人，以礼聘娶；皆任同类相求，不得抑取。男年二十，女年十五以上，及妻丧达制之后，孀居服纪已除，并须申以媒媾，命其好合。若贫窭之徒，将迎遥乏者，仰于其亲近，及乡里富有之家，哀多益寡，使得资送……刺史县令以下官人，若能使婚姻及时，鳏寡数少，量准户口增多，以进考第。如其劝导乖方，失于配偶，准户减少，以附殿失。"③这篇诏书对已达结婚年龄的男女、鳏寡人口及无力嫁娶的男女，都有详细周密的安排和规定，并以户口有

① 《孟子·万章上》。
② 《百川学海·左圭》。
③ 《全唐文·令有司劝勉民间嫁娶诏劝勉婚嫁诏》。

否增减作为地方官吏考绩奖惩的标准。这类法令诏书历朝各代都颁布了很多，目的完全是为了促进人口繁衍。

受这些观念的影响，无论农民家庭还是地主家庭，在生育问题上都严重地重男轻女。一些贫苦的劳动人民家庭，甚至为了减轻家庭经济负担，而被迫溺弃女婴。

三是作为男性特权而形成的"七出"休妻文化。有结婚就有离婚，结婚自由与离婚自由在现代社会已构成婚姻自由的基本内容。但是，在传统社会，就像结婚是父母之命一样，离婚则是丈夫的特权。古代把离婚称作弃妻、出妻、放妻、逐妻、遣妻、休妻、戮遣等，仅从这些字面出发，我们就可以发现离婚是男子单方面享有的解除婚姻关系的特权，而女子则是这种特权压迫下遭遗弃的对象或不幸的怨妇。《诗经·谷风》中就记载了一对夫妻由相爱到反目和妻子被遗弃的故事。有一对夫妻，新婚宴尔，如胶似漆，十分幸福；但不久后，丈夫另求新欢，便对妻子视若仇人，百般虐待，始乱终弃。妻子面对丈夫的抛弃一筹莫展，只能悲叹："谁谓荼苦，其甘如荠。"意思是说，世间的人都说"荼"苦，但若与我的人生经历相比，荼可以说像荠那般甘甜。《氓》是另一篇弃妇怨歌，诗中女主人公叙述了贫寒的丈夫追求自己、相爱结婚的过程，以及婚后三年，家境好转，丈夫变心，凶暴地抛弃妻子的状况。女主人公还诉说了在婚姻生活中，一个人独担家庭事务、早起晚睡，历经苦难，饱受折磨的心路经历，以及妇女没有离婚自由，而男子却可以任意休妻的社会状况。

到了西汉时期，随着汉武帝罢黜百家、独尊儒术历史权谋的盛行，妇女的地位更是一落千丈，休妻的名目也更加繁杂。《礼记·内则》就作出了"子甚宜其妻，父母不悦，出"的规定，直至形成日后被以法律形式固定下来的封建"七出"说。据《大戴礼记·本命》篇的解释，妇人七出包括："不顺父母，为其逆德也。无子，为其绝世也。淫，为其乱族也。妒，为其乱家也。有恶疾，为其不可与共集盛也。口多言为其离亲也。窃盗，为其反义也。"之后，"七出"成为整个封建社会婚姻道德的内容，妇女因触犯"七出"之条被逐，则成为中国封建社会常见的离婚方式。

所幸的是，封建士大夫的人性尚未完全泯灭，因而使得"七出"还受到些微限制，即抛弃妻子有"三不去"，也称"三不出"，包括妻子娘家已无直系亲属可以投靠；妻子能孝敬公婆，公婆生前无不满意之处，死后又能守孝三年；以及订婚或结婚前丈夫贫贱，婚后变富贵者。之所以作这种限制，根本目的还是维护封建主义等级制的社会秩序，具体有三个方面，其一为不穷穷也，即不能把人逼上绝路；其二为不背德也，即，妻能对公婆尽孝，是"妇德"之首，重于一切，不可背弃；其三为不忘恩也，当丈夫贫贱时妻能全心相许，夫不能因富贵而忘恩负义。

"三不去"被奉为封建家庭伦理道德的重要准则，尽管具有一定的法律效力，却不能改变妇女轻易便遭遗弃的命运。到了唐宋时代，法律进一步规定，犯恶疾及奸者，不受"三不去"的保障。宋明以后，社会对被出妇女的歧视更加严酷，通常以娶再嫁之妇为奇耻大辱，致使被出妇女的处境，比寡妇更加卑贱、凄惨。

四是封建贞操文化。贞操观是伴随观念和私有制基础上个体婚的出现而形成的单方面约束妇女性权利和性需求的观念和行为。在奴隶社会，虽然妇女从一而终的思想已经产生，但人们对于女性贞操还不像封建社会那么在意，贵族士大夫对妇女的改嫁也没有非议和责难，甚至认为寡妇改嫁是顺章合理的事情。当时，各诸侯国都把帮助寡妇再嫁看作是实施仁政的一种措施，不但设有专职的官吏负责丧妻丧夫男女的婚配，而且还给予土地房屋作安顿家室之用。当时有个叫雍姬的女性比较父亲和丈夫谁与自己的关系更亲密，母亲告诉她"人尽夫也，父一而已，胡可比也"，意思是父亲只有一个，丈夫却可无数，死了一个丈夫还能再嫁第二个。人尽可夫，并不以为耻。

贞操被强调，这与秦始皇有很大关系。六国统一后，秦始皇开始热心提倡贞操。他在巡视泰山的途中，多次言及贞操并刻石明志。但是，秦始皇所提倡的贞操还没有明确的性别差异，并非仅对妇女而言，而是主张夫妇互相忠实，反对婚外通奸。他既反对妻有子而嫁，也主张妻子有权对有奸情的丈夫杀之而无罪。

到了汉代，单方面要求妇女保持贞操的舆论才开始形成。东汉和帝时，为皇后和嫔妃执教的女学者班昭就在《女诫》中提出，"夫有再娶之义，妇无二适之文"，开了要求妇女不嫁二夫的先河。虽然自汉到唐，历朝统治者都开始重视褒奖贞节，并且有了烈女传的记载。但在这个时期，贞操观念还未被社会普遍接受，一般寡妇甚至有地位的贵族妇女也还不以再嫁为耻。

汉末著名学者蔡邕的女儿蔡琰博学多才，精通音律，16 岁时嫁给河东卫仲道，夫死后因没有孩子，回到娘家居住。汉献帝兴平年间，她被掠到南匈奴，前后生活了 12 年，与左贤王生一男一女，后来曹操用金璧将其赎回。又再嫁给同郡人董祀。蔡琰再嫁董祀后，因感伤乱离而作五言长诗《悲愤诗》，再现了她身经亲人丧亡之苦、流离战乱之难、终生怀抱抛弃亲子之憾的悲惨人生，最后写道："托命于新人，竭心自勖励。流离成鄙贱，常恐复捐废。人生几何时，怀忧终年岁。"既表达了嫁给董祀后自己要努力自勉，好好地生活下去的愿望；又流露出因多年流离、饱受歧视、害怕再一次被抛弃的矛盾心理。但是，蔡琰并没有将二度嫁人视为失节。

到了隋唐，贞操观念对妇女的约束有所升级。公元 581 年，隋文帝杨坚曾下诏令："九品以上妻，五品以上妾，夫亡不得改嫁。"[①] 这是统治阶级在历史上第一次以法令形式禁止一部分寡妇再嫁，但也从侧面反映，当时寡妇再嫁还十分盛行。事实上，这个诏令并没有产生多少作用，隋高祖的女儿兰陵公主就嫁了两次。唐朝时，律令只是一般地限制寡妇再嫁，但丈夫死后，寡妇一旦孀居服纪已除，仍可以要求婚配，并无阻拦。到宋代，贞操观才由宽泛趋于严格。

2. 唐宋时期的家庭文化与妇女文化

唐宋是中国历史上封建王朝空前发展的鼎盛时期，不仅经济繁荣，思想也空前活跃。唐朝（公元 618—907 年）曾经出现了中国著名的女皇帝武则天（公元 690—705 年），挑战了秦汉以来的男权文化。相反，上承五代十国、下启元朝的宋代（公元 960—1279 年），则在经济、社会繁荣的同时，出现了宋明理学，虽然开创了尊师重道之风，但也物极必反，为封建社会走向衰落埋下了伏笔。

一是隋唐时期的妇女文化。唐朝是经济空前繁荣、思想空前活跃、妇女受约束较少的时代。这种状况与隋唐时期的民族融合具有较为密切的关系。据史料考证，唐代汉族是以汉族为父系、鲜卑为母系的新汉族。[②] 唐文化体现出来的更是一种无所畏惧、无所顾忌的博大胸怀气派。胡汉相融合的最大表

---

① 《隋书·高祖本纪》。
② 王桐龄：《中国民族史》，吉林出版集团有限责任公司 2010 年版。

现就是作为游牧民族的胡文化将一股豪强侠爽之气注入作为农业民族的汉文化系统内。不仅气质上"大有胡气"，而且立法颇富"胡风"。唐代妇女在这种"胡风"文化的氛围中，在礼法薄弱的"胡人"社会，豪爽刚健，不如南朝女性"娇羞柔媚"，也无两汉女性的温贞娴雅。并且，唐朝女性在家庭生活中也拥有一定的法定继承权，女性可以单独为户主，具有较为独立的经济地位，可以在社会生活的许多方面发挥作用。唐朝妇女还颇为"妒悍"。《酉阳杂俎》中记载："大历以前，士大夫妻多妒悍。""吃醋"之说的典故便源自唐代。所谓"妇强夫弱，内刚外柔""怕妇也是大好"，竟成为笔记小说中津津乐道的"题目"。唐朝妇女审美观也因胡风浸染而由魏晋时期的崇尚纤瘦变为崇尚健硕丰腴。唐朝一些艺术作品中展示的妇女骑马击毽的情景，透露出胡族女性活泼、勇健、无拘无束的性格。

作为中国封建社会的特殊时代，唐朝的婚姻思想也十分开放，贞节观念淡漠。唐公主改嫁者达数十人，高阳、襄阳、太平、安乐、永嘉等诸公主甚至还养有男宠。唐代女子的贞操观念完全不像宋代以后要求那么严酷，社会上对这方面的要求相当宽松，从宫廷到民间，人们性生活的自由度都相当大。主要原因有三个方面：第一，处于封建社会鼎盛时代的唐朝，封建礼教远没有发展到后来那么严酷的地步。作为统治者禁锢人和人性工具的封建礼教，本来是随着统治阶级的需要一步步发展起来的。统治者总是越到末世，才越感到有把人们的头脑、身体、七情六欲都管起来的必要，于是礼教也就愈加严格、周密而强化。从先秦到唐代，虽然在各代都不断有人出来倡扬女教，但统治阶级的束缚还不那么急切。唐代社会经济高度繁荣昌盛，统治者有充分的信心和力量，所以在性以及其他方面的控制更为宽松。第二，唐代有一段相当长的太平盛世，生产力发展较快，人口增加较多，整个社会比较富裕。在衣食丰足、生活稳定的情况下，人们必然会较多地追求生活中的享受与快乐，包括性的欢乐，这是人的需求层次的递升与结构性变化。古人说"饱暖思淫欲。"饱暖是人的第一需要、基本需要，一般说来，当这一基本需要不能得到满足时，人们较少地去追求爱情、性、自尊、自我实现等高层次的需要；生活富裕了才会更强烈地去追求其他需求。第三，唐代是一个汉族"胡化"、民族融合的时代。李唐皇族本身就有北方少数民族的血统，他们曾长期与北方少数民族混居生活，又发迹于鲜卑族建立的北魏，而后直接传承鲜卑族为主的北朝政权，所以在文化习俗上沿袭了北朝传统，"胡化"较深。唐统一天下后，就将这些北方少数民族的习俗带到中原。同时，唐代各民族之间的交往及国际交流空前频繁，气魄宏大的唐朝对所谓"蛮夷之邦"的文物风习来者不拒，兼收并蓄。当时，许多少数民族的婚姻关系还比较原始，女性地位较高，性生活比较自由，这些文化习俗对唐代社会的影响十分强烈，渗透到了社会生活的各个领域，有力地冲击了中原汉族的礼教观念。

在这种较为开放的社会环境中，唐朝出现了第一位杰出的，也是中国历史上唯一的女皇武则天（690—705 年）。武则天之所以能登上皇位，并不是妇女解放的标志，她依靠和借助的不是妇女的力量，而是得益于夫君的庇护。但是，武则天能够在男权和皇权的框架中脱颖而出登上皇位，与她超凡的能力与宽广的胸怀也不无联系。尽管在史学家的笔下，武则天因为生活上推行的"拟男主义倾向"而饱受诟病，被盖棺论定为"万恶之源首推淫"。但还原历史可以发现，武则天作为皇帝，对推动唐代政治经济的发展贡献十分巨大。一是限制土地兼并，使"耕者有其田"，兼减免赋役；二是高薪养廉，制裁腐败；三是大力推行科举考试，任用寒门；四是重视农业发展，武则天在建言十二事中就建议"劝农桑，薄赋役"；五是重视社会文化和家庭文化建设。掌权后，她还主持编撰了《兆人本业记》，颁发到州县，作为州县官吏劝农的参考。她还注意地方吏治，加强对地主官吏的监察，对于土地兼并和逃亡的农民，也采取比较宽容的政策。因此，武则天统治时期，社会相当安定，农业、手工业和商业都有了长足的发展。武则天登上皇位，虽然不是妇女解放的标志，但是这种个性化的追求和女性价值的实现还是在一定程度上活跃了妇女的思想，带动了妇女的社会参与。

二是宋代的家庭文化和妇女文化。宋代初期，妇女社会地位还比较高，女子可以大胆、开放、执着地追求爱情。南宋著名"断肠诗人"朱淑真写过一阕《清平乐》："恼烟撩露，留我须臾住。携手藕花湖上路。一霎黄梅细雨。娇痴不怕人猜。和衣睡倒人怀。最是分携时候，归来懒傍妆台。"意思是，当含烟带露的季节来到湖上之时，不仅与心上人"携手湖上路"，还"和衣睡倒人怀"，不顾羞怯地倒向恋人的怀抱。一个女子敢于写出这样的词句，足见宋代女子追求爱情的大胆与开放。朱淑真的另一首词《元夜诗》，"但愿暂成人缱绻，不妨常任月朦胧"，把与恋人幽会的情景写得极尽缠绵，毫无隐晦。

与宋代的经济发达相适应，宋代婚姻也更加重视钱财。蔡襄《端明集》曾提及此种现象，"婚娶何谓？欲以传嗣，岂为财也。观今之俗，娶其妻不顾门户，直求资财，随其贫富"①。由于女性对于陪嫁资产具有一定程度的支配权，而嫁妆的多寡又常常决定女方在夫家的地位，故女方家长大都会积极为女儿准备嫁资，甚至再嫁妇女有时也会将前夫的财产纳为自己的嫁资。这一时期，社会还不讳言寡妇改嫁，宗室、士大夫家妇女改嫁的事例极多。如范仲淹（989—1052 年）就在苏州创设义庄，赡养范氏宗族，规定妇女再嫁可得钱 20 贯为嫁资，男儿再娶反而一文不给。他的儿子纯佑早死，过了许久，他的门生王陶恰好丧妻，便由范仲淹做主，将其寡居媳妇嫁给了王陶。他的母亲，就是改嫁朱姓的，范仲淹因此跟母亲到了朱家改名朱说，做官后才恢复本姓。反映在法律上，当时也允许寡妇改嫁或招进后夫。朝廷还立法，在妇女居夫丧或父母丧而贫乏不能谋生时，允许在 100 天后自行嫁娶。

但是，从宋仁宗时开始，一些政治家和理学家则开始宣扬妇女寡居守节，反对夫死改嫁。理学家程颐声称男子娶寡妇为妻，是娶"失节者"，自己也不免"失节"。他还反复说明，妇女之所以不应该再嫁失节，是因为"饿死事极小，失节事极大"，要是"怕寒饿死"而改嫁，就会因小失大。还有一个理学家张载，把妇女的守节问题提到天经地义的高度。他说，夫妇之道在其初婚时，不曾约再配，所以妇女在丈夫死后，不可再嫁，这好比天地的"大义"，而丈夫因为要"养家承亲，祭祀继续"，所以在妻子死后"有再娶之理"。司马光专门搜集了古代妇女守节的许多故事，宣扬妇女"适人之道，一与之醮，终身不改"以及"无再适男子之义""以专一为贞"等思想。从宋理宗以后，封建统治者确立了理学的思想统治，理学在社会中的影响迅速扩大，"一女不事二夫""妇无二夫"等伦理教条使很多人深受其害，慑于舆论压力，妇女在丈夫死后改嫁的人日益减少，列入"烈女传"的名单越来越长。元、明后，人们对于妇女贞操的要求更加苛刻，到了明清时代，出于所谓齐家治国的统治需要，在国家、社会、家庭的要求之下，妇女更是不得不遵从节烈，为所谓的家国利益牺牲自我。明清时代，对妇女节烈要求已登峰造极数量多，名目繁，程度惨烈，情节离奇，更有甚者，是在社会的畸形倡导下，节烈道

---

① （宋）蔡襄：《端明集》卷34《福州五戒文》。

德内化为妇女的思想鸦片，不仅遭到市井无赖"性骚扰"要殉节，还要为恶夫、舅姑们的不良行为殉节；为兵乱免"辱"殉节。甚至已婚妇女要为夫死烈，未嫁也要殉夫做"处女烈"，等等。殉节的方式也十分残忍，有上吊缢死、投水溺死、自刭自焚、慈母临死前用刀劈杀女儿等形式。

节烈观念还要求，守节的妇女，不但不能有性的生活，即使皮肤手指也不能被男人碰着。元代有个节妇叫马氏，乳房生疮溃烂，有的人劝她快去就医，否则危及性命，马氏置之不理，说"我是杨氏的寡妇，宁可病死，这种疾病也决不能让男人看见"。不久果然丧命，守节守到这种程度，以致皮肤给男人看见也都认为是污辱，这种情况是宋元以后才出现的。明朝时奖励贞节的各种《内训》、《古今烈女传》等读本广为流传外，1368 年，明太祖诏令："民间寡妇，三十以前亡夫守制，五十以后不致节者，族表门间，除免本家差役。"这就使守节的寡妇既得旌表的光荣，又可获得经济的利益，于是以贞节为妻子义务，以贞节为家族光荣的心理愈益普遍，很多家庭希望通过妇女守节的行为来抬高家庭的门第和地位，使社会上守节的寡妇越来越盛。到清朝人修《明史》时，发现著于实录及郡邑志书中的贞节烈妇竟然不下万余人，在"二十四史"中是最多的。

3. 元明与清代早中期的婚姻家庭文化

一是元代的家庭文化和妇女文化。元朝（1206—1368 年），是中国历史上第一个由少数民族（蒙古族）建立并统治中国全境的封建王朝，也是中国历史上一个疆域广阔的王朝。元代婚姻基本沿袭宋代婚姻的传统。但有两个新的变化，一是吸收了封建"七出"的相关元素，形成了"五不娶"的婚姻择偶原则，即"女有五不娶：逆家子不娶，乱家子不娶，世有刑人不娶，世有恶疾不娶，丧妇长子不娶。"二是婚姻契约化。与此同时，元曲对封建婚姻奴役妇女的实质进行了批判。通过文艺作品的形式，对妇女受压迫表示同情是一个鲜明特点。后世广为流传的《西厢记》就出自唐代的《莺莺传》，描写了莺莺和张生私通的故事，该曲词华艳优美，富于诗的意境，对后来以爱情为题材的小说、戏剧创作影响很大，但元曲对劳动妇女的同情，以及对女性爱情誓死相抗的深刻描写相比，毕竟是微不足道的。关汉卿是同情妇女生活、鼓励妇女反抗的著名元曲剧作家。

在关汉卿的笔下，最为出色的就是一些普通的妇女形象，窦娥、赵盼儿、杜蕊娘、王瑞兰、谭记儿等，大多出身微贱，蒙受封建统治阶级的种种欺凌和迫害。但这些下层妇女在其反抗压迫的过程中，却是桀骜不驯的勇者，而非任人宰割的羔羊。长期处于受压迫受凌辱的地位，使她们有可能掌握那些官长老爷、花花公子的脾性和弱点，也学会了对付他们的种种办法。其中，以自己的美丽、勇敢与机智设计营救同行姐妹的赵盼儿，有胆有识；巧扮渔妇智赚杨衙内势力金牌的谭记儿，有勇有谋；力图摆脱奴婢悲惨地位、敢于在贵族的婚宴上闹婚的燕燕等，都是明显的例子。关汉卿剧作中的妇女形象，在整个中国文学史上都极为突出。其中作为中国十大悲剧之一的《窦娥冤》，就通过描写窦娥被押赴刑场，惨遭杀害的悲烈情景，揭露了元代吏治的腐败残酷，以及社会的扭曲黑暗，歌颂了窦娥的善良心灵和反抗精神。

二是明代的婚姻家庭文化。明朝（1368—1644 年）是中国历史上最后一个由汉族建立的中原王朝，历经十二世、十六位皇帝，二百七十六年。农民起义领袖朱元璋建立明朝后，重视国计民生，下令农民归耕，奖励垦荒，大搞移民屯田和军屯；组织各地农民兴修水利，大力提倡种植桑、麻、棉等经济作物和果木作物，还徙富民，抑豪强，下令解放奴婢，减免税负，严惩贪官，并派人到全国各地丈量土地，清查户口等，使社会生产逐渐恢复和发展。在关注经济发展的同时，朱元璋还十分注重律制建设，主持制定《大明律》，希望法为民知，使广大人民服从封建统治。《大明律》是中国法制史上具有划时代意义的法典，不仅吸收了明代以前中国古代法律文献的优点，总结了中国古代法律编纂经验，而且下启清代立法，为中国近现代的法制建设提供了一些宝贵的借鉴。《大明律》继承了唐律中有关尊卑贵贱同罪异罚、"存留养亲"、"同居亲属有罪得互相容隐"、"奴婢不得告主"、"弟不证兄，妻不证夫，奴婢不证主"、"祖父母、父母在，子孙不得别籍异财"等儒家传统礼教的条款。其中，《婚姻》是《户律》卷的重要分支。《礼律》中的《祭祀》、《仪制》卷涉及了君臣、父子、夫妇之间各种礼仪的法律规定。《刑律》中的《犯奸》卷，对"强奸"等论罪均较重。但是，这些律令里依然沿袭了男女不一样的双重道德标准，如丈夫打老婆可以较妻子打丈夫罪减两级。《大明律·刑律》规定，"其夫殴妻、非折伤、勿论。至折伤以上、减凡人二等（须妻自告、乃坐）。殴伤妾、至折伤以上、减殴伤妻二等。至死者、杖一百、徒三年"。公开赋予了男性打老婆的特权。这个思路在《大清律例·刑律》卷二十八中有着相同的规定。

　　明代中晚期，中国社会还有另外一个巨大的变化，即经济快速发展，一些地区资本主义生产关系萌芽，思想文化水平也更加活跃。明代进步思想家李贽是中国历史上最早批判程朱理学、挑战男尊女卑封建思想的人。他反对歧视妇女，驳斥"妇女见短，不堪学道"之说，认为人们的见识是由所处的环境决定的，并不是先天带来的，指出："夫妇人不出闺域，而男子则桑弧蓬矢以射四方，见有长短，不待言也。……故谓人有男女则可，谓见有男女岂可乎？谓见有长短则可，谓男子之见尽长，女人之见尽短，又岂可乎？"① 他主张婚姻自由，热情歌颂卓文君和司马相如恋爱的故事。另外一位作家李汝珍（约1763—约1830年）也对妇女解放持积极态度，通过《镜花缘》阐明了反对奴役妇女、践踏妇女权益的许多主张。如反对修容、穿耳、缠足；反对算命合婚，反对纳妾；主张男女平等，妇女参政，妇女同男子一样受教育的诸多权利等。胡适曾评价说："李汝珍所见的是几千年来忽略了的妇女问题，他是中国最早提出这个问题的人，他的《镜花缘》是一部讨论妇女问题的小说。"认为"此书将来在中国女权史上一定会占一个很光荣的位置"。②

　　明代封建社会开始转衰而家训发展呈空前繁荣状态的时期。至清代后期，虽然传统家训走向衰落，但又交织着局部的开新、变革。明清时期，家训的发展主要表现是贞节观念强化、社会风俗教化内容增多、女子家训大量增加、宗子教育加强、商贾家训繁荣，重视个人风操和民族气节教育，以及性教育的出现等。

　　三是清代的婚姻家庭文化。清代社会虽然一家一户的小农经济已经受到萌芽的资本主义关系的冲击，但是小农经济依然是社会的基础，其基本功能主要体现在组织农业生产和抚育子女、赡养老人等方面。但是，到清末民初，随着资本主义生产关系的发展，小农经济日益衰落，一些破产的家庭由农村流入城市，为城市产业队伍的形成积聚了力量。

　　但是，清代并没有背离男权和父权的家长制传统，家长对家庭财产、妻子命运、子女教育、职业、婚姻和社交，家庭对外联系等都享有处置权，是

---

　　① 《李贽文集》第5卷，社会科学文献出版社2000年版，第1页。
　　② 胡适：《〈镜花缘〉的引论》，《胡适文存二集》卷四，上海亚东图书馆1924年版，第139—151页。

家庭的主宰，妻子儿女处于被支配地位，从而在家庭中产生地位不同的等第，即父家长——男性成员——妇女这样一种阶梯等级制。这种家庭等级制既是整个社会等级制的缩影，也是它的一个组成部分。也就是说，从家庭到家族到社会都有着严格的等级制，家庭是它的起点。家庭中女子地位的低下，说明清代依然是一个男尊女卑的社会。

清代文学作品还对社会娼妓制度和文化有了一定程度的反思。《桃花扇》就对歌妓群体的生活进行了比较正面和人文主义的描述。在孔尚任的笔下，歌妓不再是道德沦丧、淫乱的角色，而具有了关心国事、明辨是非的独立人格，对晚明都会中部分妓女风雅化和附庸政治的现象进行了现实主义的描写，其中尊贵者并不尊贵，卑贱者并不卑贱的思想呼之欲出，一改对妓女群体污名化的传统。

清代著名学者俞正燮（1775—1840 年）的《癸巳类稿》一书和《癸巳存稿》中也有大量同情妇女的论述。他主张严格的一夫一妻制，要求男女爱情要专一，这在当时是非常先进的思想，他还大胆地否定了通行两三千年的多妻制，在《妒非妇人恶德论》中提出，妒忌是爱的另一种表现，爱情专一必排他和排他则必妒，这是人之常情的思想。他还从维护正常的一夫一妻制度和长远的家庭利益着想，把夫妻关系看作正常伦理关系，劝人不要纳妾，维持家庭和社会的正常秩序，尊重妇女的人格和合法地位，并主张在夫死之后，没有强制妇女守节的道理，提倡以"女子亦人也"的观点，同等看待男女再婚的问题。他对妇女缠足的批判，更是成为维新派妇女解放思想的一个重要来源。

清朝还相继出现了一些抨击封建礼教，追求个性解放的著名文学作品。蒲松龄（1640—1715 年）就在《聊斋志异》中塑造了很多美丽、善良、纯洁的女性形象，对为了爱情而努力抗争的青年男女给予衷心的赞美。曹雪芹（约 1724—1763 年）则在《红楼梦》中有力批判了封建礼教对妇女的摧残，深刻揭露了封建大家庭的婚姻不自由，讴歌了人间美好的爱情，肯定了女性的才华，被毛泽东誉为"封建社会的百科全书"。

三、近代家庭文化的发展

1840 年鸦片战争爆发，中国进入半殖民地半封建社会，翻开了波澜壮阔的反帝反封建的历史新篇章。与此适应，家庭结构、家庭功能、家庭文化都得到前所未有的发展。其中，在帝国主义和封建主义的双重压迫下，一部分破产农民流入城市，成为最早的产业工人，甚至出现了最早的由产业工人组成的城市"双职工"家庭。到戊戌变法特别是五四新文化运动时期，社会进一步提出办女学、禁缠足，并亮出个性解放、婚姻自由新旗帜。中国共产党成立后，率先在根据地践行马克思主义婚姻家庭思想，颁布了新的婚姻家庭政策，中国家庭文化在民族民主革命的进程中积蓄着巨大的变革能量，为新中国家庭制度的建立奠定了坚实基础。

1. 清末民初婚姻家庭文化的变化

太平天国运动对封建婚姻家庭制度的影响。1851 年 1 月 11 日，洪秀全在广西省桂平县金田村领导起义，后建立太平天国。太平天国运动是中国历史上一次波澜壮阔的农民革命战争，对封建婚姻家庭制度也形成了很大冲击。洪秀全将西方基督教义中的平等理念与中国农民的平均主义以及儒家大同思想相融合，提出了"有田同耕，有饭同食，有衣同穿，有钱同使，无处不均匀，无人不饱暖"的理想的社会框架，认为"天下多男人，尽是兄弟之辈；天下多女子，尽是姊妹之群"。太平天国的纲领性文件《天朝田亩制度》也规定："凡分田，照人口"①，为实现男女平等创造了经济上的保障。洪秀全还一反女子无才便是德以及女子足不出户的封建礼法，重视对妇女的宣传和组织工作。在金田起义的时候，还专门建立了"女营"，各级领导职务全部由妇女担任。起义初期，太平天国女军人数近 3000 人，打到天京时增加到 40 个军，达 10 万人之多，这在历史上几乎是前所未有的。在婚姻制度上，太平天国也进行过重要改革，《天朝田亩制度》中有一条重要规定："凡天下婚姻不论财"②，矛头直指封建买卖婚姻。《天朝田亩制度》还规定，男婚女嫁的各项费用，由基层政权所设立的国库按定供给。另外，太平天国还发布命令规定，举行结婚，由男女媒官各一人主持。在事实上废除了"六礼"制度，否定了父母包办婚姻。为了杜绝荒淫丑行，针对不合理的婚姻造成的性混乱及卖淫活动，太平天国还发布文件禁止纳妾、卖淫。太平天国女军人多为广西

---

① 《太平天国印书》，江苏人民出版社 1979 年版，第 60—62 页。
② 《太平天国印书》，江苏人民出版社 1979 年版，第 60—62 页。

一带的劳动妇女，这一带的妇女因参加生产劳动多不缠足，参加太平军后也因此能够和男子一样的行军打仗。为此，每到一地，太平军就动员妇女放足。1853年春末，洪秀全颁布诏书，开科取士，同时打破常规，增加"女科"；这在中国历史上是破天荒的。当时参加科考的男女士子有600多人，男科女科试题一样。当时一位叫傅善祥（1833—1856年）的女子考中第一名，成为中国历史上第一个也是唯一的女状元。

虽然由于缺乏正确的思想指导，太平天国运动最终以失败告终，但太平天国进步的妇女政策和婚姻思想却对封建社会起到了一定的瓦解作用，在一定程度上也推动了清代的社会与家庭变革。

1898年6月至9月，以康有为、梁启超为主要领导人物的资产阶级改良主义者通过光绪帝进行倡导学习西方，提倡科学文化，改革政治、教育制度，发展农、工、商业等的政治改良运动，史称百日维新。康有为（1858—1927年）、梁启超（1873—1929年）、谭嗣同（1864—1898年）以及严复（1854—1921年）等资产阶级维新派人士都曾是婚姻、家庭改革的倡导者。他们以天赋人权、自由、平等、个性解放等西方民主思想为武器，猛烈抨击封建等级制度，同时也开始关注妇女问题，提出了男女平权的思想主张。维新派在主张社会改良的过程中，提出了禁缠足、兴女学和男女平等的新思想。一批进步女性开始成立组织，创办报刊，为唤起妇女觉醒，争取教育权和参政权发出了呐喊的先声。

首先是禁缠足。最早在民众中倡导不缠足的是康有为，他的两个女儿都不缠足，在当时的社会氛围以及亲朋的冷嘲热讽中，这种举动是需要很大勇气的。1882年，康有为在广东发起女子"不缠足会"，后来由他弟弟康广仁主持，在广东成立我国第一个"不缠足会"。不久，其他地方也纷纷响应，出现了类似组织。梁启超在其宣传变法的重要文章《变法通议》中，深刻揭露了对无辜女子施以缠脚这种肉刑的残忍。此后，改良派号召女子不缠脚，男子不娶缠脚女子为妻；已经缠脚的女子，8岁以下的应终止缠脚，9岁以上已经缠脚成形的，应将其情况予以登记。1903年，上海的中国天足会还专门出版了报纸，进行不缠足的宣传。1906年，慈禧太后下禁缠足令，推动了禁缠足运动的开展。

何香凝（1878—1972年）就是不缠足女性的杰出代表。她从小性格刚毅有主见，喜欢太平天国女兵的故事。母亲给她缠脚，她等母亲转背就剪开，坚决反抗，不惧打骂。父母只得放弃。何香凝还不爱女红酷爱读书。在"女子无才便是德"的社会氛围里，她不能进私塾读书。于是天天软磨硬求父亲，终于进"女馆"读了几个月。后来，她又找来哥哥们的读本自学，认识了不少字，并接触到一些资产阶级维新派宣传的妇女解放等新知识。后来她与廖仲恺喜结良缘，竟然也是得益于一双天足。

廖仲恺的父亲廖竹宾是客家后代，侨居旧金山多年，亲身经历了旅美华侨所遭受的种种歧视，深知小脚女人是中国的一种耻辱，所以曾留下遗嘱：儿子必须娶个大脚女做媳妇。可是，在19世纪末年，中国的妇女几乎都裹着小脚，社会上见不到多少大脚妇女，尤其是上层社会里，不缠足的大家闺秀更难找到。正为女儿脚大难找婆家而忧心忡忡的何家，碰上廖仲恺要遵照父亲的遗嘱选择天足女性为配偶，不仅何香凝的"天足"正符合要求，更有吸引力的是何香凝出众的智慧和人品，二人因此结为夫妻。

其次是兴女学。中国的第一所女学是由外国传教士于1884年在宁波创设的女子教会学校。中国人首先倡导办女学的是郑观应。梁启超从1896年到1897年连续在《时务报》上发表文章，阐明变法派的妇女解放观点。他认为妇女之所以处于劣境，是因为妇女没有接受教育、没有参加社会生产，因此，只能依赖男子，受男子的供养。他强烈批判了"女子无才便是德"的妇女观，主张开阔妇女的视野，让她们知道古今的历史、世界的地理、各国人民的生活方式以及从事职业的知识，使她们不被家庭内的琐事挡住视线。他还把妇女解放同富国强兵的目标联系起来，认为妇女受到教育，有了知识，就能对下一代进行良好的家庭教育，有利于儿童健康成长。在这种思想指导下，改良派人士积极倡导设立女子学校，提倡普及教育和男女享受同等教育权利。

改良派还在慈禧太后的默许下，开办女子学校，教授新学，使女学逐渐风行于开埠较早之上海、广州等沿海城市。慈禧之举尽管与"男女平等"、解放妇女的距离相差甚远，但是在其影响下，女学逐渐兴办起来。

再次是主张婚姻自由，实行一夫一妻制。严复曾在英国留学，资产阶级的婚姻制度给他留下深刻印象。他认为"男女自行择偶"和"妇女之出门晋接"即参加社交活动，"实为天理之所宜，而又为将来必行之俗"。严复还主张婚姻自主。他说："昏嫁之事，宜用自由，使自择对。"① 这是对中国几千年"父母之命，媒妁之言"婚姻模式的叛逆，具有启蒙意义。维新派还主张妇女在经济上独立，他们认为妇女经济上不独立就无法实现人格独立。他们也提倡妇女社交公开，开展性教育。谭嗣同在《仁学》中说，淫起源于对"淫器"的神秘感。如果"淫器"是生在额头上，为人们所习见，没有神秘感，就不至于淫乱了。康有为在其《大同书》中还首次提出了"去家界"的思想。他认为自从有了家庭以后，人们一切要从家出发，一切都"私于家"，因此，应该"去家"，"去家界"。他提出"无家—有家—无家"是历史发展的趋势。康有为对于去家庭之后的设想是，妇女怀孕就入"人本院"，有人专门照管，进行胎教。婴儿出生以后，产母出院，要入"育婴院"。此后，依次入怀幼院、蒙学院，一直到进公立大学，全都由公家负责，无须父母过问。人到六十岁，则进"养老院"，在里面终其天年，死时送"化人院"火葬。

最后进步女性开始建立组织，兴办女性报刊。在维新运动阶段，一些进步知识女性在民主思想的启蒙下开始觉醒，通过建组织、办报刊等方式，大力宣传男女平等思想，积极探求解决妇女问题的路径。1897 年，李闰、黄谨娱等知识女性创办了维新变法时期的第一个女子团体——中国女学会，旨在提倡女学与商讨女子问题。次年，康同薇与李惠仙共同创办了近代中国第一份妇女报刊——《女学报》。② 学报从主编至主笔均由妇女担任，她们通过口诛笔伐，深刻揭露男女不平等的社会现象，积极争取男女平等的权利和地位，同时还广泛宣传妇女在挽救民族危亡中的社会责任。

2. 近代西方思想对中国家庭文化的影响

第二次鸦片战争后，清朝统治者在内政外交上面临很多棘手的问题，一些较为开明的官员主张学习外国先进技术，强兵富国，摆脱困境，维护清朝统治，这些官员被称为"洋务派"。洋务派为了镇压人民，维护封建统治，从19 世纪 60 年代到 90 年代，掀起一场"师夷长技"的自救运动，内容主要是外交、通商、编练新军、开办工厂、矿山、铁路和学堂，产生了相应影响。

从 19 世纪 70 年代，因办"洋务"的需要，清政府开始派出使大员和成

---

① 王木式主编：《严复集》，中华书局 1986 年版。
② 中国最早的妇女报纸，1898 年 7 月 24 日创刊于上海。

批学生出国留学，使从小生活在封建家庭，满脑子都是封建礼教的国人置身于风俗习惯完全不同的资本主义世界，亲眼目睹西方妇女公开参加社会生产和社交活动，甚至公开接吻，也看到外国高级官员实行一夫一妻生活，等等。受西方文化的影响，一些人开始入乡随俗，如让随同出国的子女穿洋服，上洋学，让他们的夫人参加一些社交活动等。裕德龄（1885—1944 年）①等就因曾担任慈禧太后的御前女官，父亲裕庚曾于 1895 年开始任出使日本特命全权大臣 3 年，后又任驻法公使 6 年，母亲是法国人。德龄随父在日本、法国生活 6 年，不但会外语，还具有开阔的视野和渊博的学识，精通各国国情，曾是现代舞蹈大师邓肯的弟子。17 岁的德龄随父回京。此时列强入侵，慈禧太后急欲讨好各国使节和他们的夫人，她从庆亲王口中得知裕庚的女儿通晓外文及西方礼仪，便下旨召裕庚夫人带德龄、容龄姊妹入宫觐见，后来德龄与容龄一起成为紫禁城八大女官之一，为慈禧与西方国家使节夫人们交往担任翻译。然而"洋务派"做这一切，都并未真正涉及婚姻家庭的改革，影响范围也很有限，但总还是让人们见了点世面，促进了人们对这个问题的思考。

在这些新思想和生活方式的影响下，自由择偶以及举行西式婚礼也渐成时尚。蔡元培（1868—1940 年）则成为倡导男女平等、践行婚姻自由思想的先行者。1900 年，蔡元培的第一任妻子去世后，1902 年意欲再婚的蔡元培提出了五个条件：第一是不缠足的女性；第二是识字的；第三是男子不得娶妾、不能娶姨太太；第四，如果丈夫先死那么妻子可以改嫁；第五，意见不合可以离婚。消息传开来，媒人们顿时个个退避三舍。

同时，蔡元培重视女子教育，为女子争取平等的就业权利。1902 年蔡元培与蒋智由、陈梦坡、林少泉等教育进步人士在上海创办了女学，主张"女校不取贤妻良母之教育，而欲培养革命之女性"。在蔡元培出任教育总长之后颁布的《普通教育暂行办法》中规定，"初等小学校，可以男女同校"，1917 年蔡元培等人创立孔德学校，采取男女兼收的办法，同时，蔡元培在北京大学任职期间招生女生入学，首创高校男女同校。

---

① 裕德龄，笔名德龄公主，旅美作家，满洲汉军正白旗人，被封郡主，又称德龄公主或德龄郡主。代表作品有《紫禁城两年》、《清末政局回忆录》、《御苑兰馨记》、《瀛台泣血记》、《御香缥缈录》等反映晚清宫廷及社会政治生活的作品，一时间风靡海内外。

3. 辛亥革命对家庭文化的影响

19 世纪末 20 世纪初，一些辛亥革命志士进一步关注人权与妇女权利，并将妇女解放作为资产阶级民主革命的一项重要任务。孙中山（1866—1925年）曾指出，"天赋人权，男女本非悬殊，平等大公，心同此理"，主张女子在政治、经济、社会、教育等方面享有与男子同等的权利；还鼓励妇女参加革命斗争，充分肯定妇女的才能，高度评价妇女对革命的贡献。

辛亥革命是资产阶级领导的一场反对封建统治的政治大革命。在革命中，资产阶级的各种派别，在反对封建专制主义的同时，曾从不同角度继续为男女平权而大声呼喊。在 1905 年创立同盟会时，孙中山便宣扬男女同胞一切平等，号召妇女与男子共同奋起"卫国保种"，并明确提出要取消蓄养奴婢和改革缠足恶习，鼓励妇女走出家庭参加革命斗争，还提出了与"家天下"相对立的"天下为公"思想，即"人人不独亲其亲，人人不独子其子，是为大同世界；大同世界，即所谓天下为公"。这些主张都加速了婚姻家庭制度变革的进程。

在这期间，涌现出一批投入民主革命的杰出女性代表。资产阶级民主主义女革命家秋瑾（1875—1907 年）是最杰出的代表。秋瑾在积极投身辛亥革命的同时，还积极办女报，倡导新婚姻文化和妇女解放新思想。在婚姻家庭问题上，秋瑾从自己及其他妇女的不幸遭遇上深感包办婚姻的违背人性，反对"到了择亲的时光，只凭着两个不要脸媒人的话，只要男家有钱有势，不问身家清白，男人性情的好坏、学问高低，就不知不觉应了"的婚姻缔结形式，希望中国女同胞"此生若是结婚姻，自由自主不因亲，男女无分堪作友，互相敬重不相轻"。她还主张妇女有离婚的自由。秋瑾正视自己的不幸婚姻，对于丈夫充满"铜臭纹绮之恶习丑态"深恶痛绝，1904 年毅然冲破封建家庭的牢笼，留下两个孩子到日本求学参加革命，还在与丈夫分居后，提出要"例之今日文明世界，与之开谈判离婚"①。

秋瑾提倡男女平等，常以花木兰、秦良玉自喻。她爱好诗词，留有"今古争传女状头，红颜谁说不封侯？""莫重男儿薄女儿，始信英雄亦有雌"等诗词佳作。后留学日本接受了先进的思想，积极参加革命斗争。同盟会成立

---

① 夏晓虹：《闺中苦闷：秋瑾悔恨不已的一段包办婚姻》，《看历史》2013 年 2 月刊。

后，她被推为同盟会评议部评议员和浙江省主盟人。1906 年，她由徐锡麟介绍，加入了光复会。她和一些同志在上海设立革命机关，并主持《中国女报》，第一个提出创建"妇人协会"，为近代妇女解放吹响了第一声号角；号召女同胞要奋起斗争，争取自由与解放；认为女子应当有知识学问求自立，不应事事依赖男人，做男人的附属品。"革命当自家庭始，所谓男女平权是也"是秋瑾的一句名言。所以她号召女性同男性一样，积极参加到推翻清王朝统治的革命行列，认为只有国家与民族获得解放，女性才能真正获得解放，只有女性发挥出自己的力量才能让社会认可自己，才能在根本上提高自己的地位。这在当时是非常先进的思想，而且具有很强的可行性。因此可以说，她是一个思想家，也是很有时局观的革命家。

辛亥革命时期，随着女性的觉醒，女子参军、参政成为一种时代潮流。武昌起义后，一些先进女性积极投身革命运动。她们或组织女子光复军、女子北伐队、女子决死队，直接参加革命战争；或组织女子医疗队，参与革命救护工作；或组织女子后援会，为革命军队募捐筹饷；等等。据不完全统计，辛亥革命前后参加各种革命工作的妇女，有姓名可查者约 380 多人，其中有 54 人参加了同盟会。民国初年，广大妇女纷纷组织女子参政同志会、男女平权维持会、神州女界共和协济社、中华女子竞进会、女子参政同盟会等参政团体，积极要求参政议政，并为争取女子参政权做出了不懈的努力。1912 年，孙中山提出男女平等被议会否决，引发中国历史上第一次妇女参政的浪潮，人们常用妇女参政表示妇女运动的成熟，因此，通常将妇女参政作为妇女运动的开端。同年 4 月，女子参政同盟会在南京正式成立，提出男女权利平等、实行普及女子教育、改良家庭习惯、禁止买卖奴婢、实行一夫一妻制、禁止无故离婚、提倡女子实业、实行慈善、实行强迫放脚、改良女子装束、禁止卖娼等 11 条政纲作为妇女解放的纲领。

4. 五四新文化运动对家庭文化的重构

1915 年，中国新文化运动发出抨击封建宗法制度的号角，倡导婚姻自由和个性解放，反对封建婚姻及家庭文化，至 1919 年 5 月 4 日五四运动爆发，争取婚姻自由、个性解放的新文化运动与反帝反封建的五四运动相交融，并最终走上与工农相结合、在民族民主革命的浪潮中谋求婚姻文化变革的新征程。

1915 年 9 月，陈独秀（1879—1942 年）创办《新青年》杂志，成为中国近现代历史上影响最大的刊物，对教育、引导青年觉醒起到了很大的思想启蒙的作用，在传播马列主义、推动西学东渐中发挥了主阵地作用，是任何其他报刊不能替代的，毛泽东等一批革命志士正是沐浴着《新青年》的阳光走上职业革命家道路的。陈独秀曾提出，"自人权平等之说兴，奴隶之名非血气所忍受。也称近世欧洲历史为'解放历史'。破坏君权，求政治之解救也；否定教权，求宗教之解救也；均产说兴，求经济之解救也；女子参政运动，求男权之解放也。解放云者，脱离夫奴隶之羁绊，以完其自主自由之人格之谓也。"[1] 陈独秀关于妇女解放和男女平等的思想，从思想上为新青年摆脱封建婚姻的桎梏，追求婚姻自由和个性解放提供了新的指南。

与陈独秀一起热心于马列主义传播的另一位导师是李大钊（1889—1927 年），史称"南陈北李"。他们不仅为新文化运动呐喊，也为中国共产党的成立进行了新文化铺垫，并成为中国共产党的主要缔造者和早期领导人。李大钊从反封建和宣传马克思主义唯物史观的立场出发，对封建伦理道德进行了彻底的批判，他把"真正之爱情"作为家庭成立的条件，指出家庭"首以自由结婚为之根据"，无情地鞭挞了以政治目的、家世利益为联姻决定性因素的旧式婚姻，认为这种没有爱情的婚姻是造成无数家庭悲剧的根源。针对"有发生爱，未必能结婚，结婚者未必有爱情；或结婚以后，尚有其他恋爱者"这种爱情与结婚不一致的矛盾现象，他公开主张："吾人苟遇有如此情形，皆应彻底离婚或结婚，以实现爱与结婚一致，使一家之中，全充满爱之空气。"同时，他还主张男女社交公开，广泛接触，加深了解，从众多的人中间选择，即"利用最多之机会，为丰富之交际，于千百中选一耳"。李大钊也主张离婚自由，认为"应该让人知道爱情是有变动的"，"爱情一有转移，婚姻关系可以自由解除与缔结"。李大钊竭力支持对于敢于反抗封建包办婚姻的青年，不仅鼓励青年婚姻自由，也赞成寡妇、鳏夫有再婚自由。[2]

1918 年 5 月 15 日《新青年》4 卷 4 号还发表了周作人（1885—1967 年）的译作《贞操论》，在舆论界、思想界、文化教育界引起了广泛的响应。胡适

---

① 《敬告青年》原载 1915 年 9 月 15 日《青年杂志》1 卷 1 号，是陈独秀为自己主编的《青年杂志》所写的发刊词，又见《独秀文存》卷 1。《青年杂志》后改名为《新青年》。

② 吴美华、刘星星：《李大钊的婚姻家庭观》，中国共产党新闻网，2006 年 11 月 5 日。

在同年 7 月 15 日出版的《新青年》5 卷 1 号上发表《贞操问题》一文，热烈赞扬《贞操论》的发表，称"这是东方文明史上一件极可贺的事"。胡适敏感到婚姻关系是一个有关"人"的生命及"人生"的重要问题，认为这是一个终于找到的缺口，由此可望导致整个封建伦理体系的崩溃。为扩大战果，胡适认为，"贞操问题中，第一无道理的，便是这个替未婚夫守节和殉烈的风俗。"鲁迅也积极行动，在《新青年》5 卷 2 号发表《我之节烈观》，明确提出了"自他两利"的新道德原则，大声疾呼："要除去于人生毫无意义的苦痛。要除去制造并赏玩别人痛苦的昏迷和强暴"，"要人类都受正当的幸福!"① 这些新思想犹如投向封建婚姻的匕首，影响极其深远。

鲁迅还创作了《祝福》，批判封建伦理压迫妇女的非人性实质。在鲁迅的笔下，《祝福》中的主人公祥林嫂，是中国妇女不幸的化身，虽然勤劳、善良、质朴，但悲惨命运一次又一次地打击她，虽几经抗争，反而被践踏、被愚弄、被鄙视，最终被封建社会所扼杀。鲁迅安排祥林嫂一步一步走向死亡，无疑是对封建宗法制度下的政权、族权、夫权、神权的彻底批判与否定。②

在五四运动时期，毛泽东也对中国传统婚姻、家庭制度进行了深刻剖析和猛烈批判。在他看来，中国的传统婚姻制度有三大弊端：一是父母包办制度；二是迷信制度；三是媒人拉合制度。他在《恋爱问题——少年人与老年人》中指出："恋爱这个问题，少年人看得很重，在老头子则视为无足介意。原是夫妻关系，完全是以恋爱为中心，余事种种都系附属。中国则独将这个问题撇开到一边。"这样受"父母之命、媒妁之言"摆布的婚姻，毫无恋爱自由和人身自由可言。毛泽东认为封建家庭中所谓的伦理关系，深深扎根于每个家庭中，维系着整个社会秩序。号召生活在家庭生活最底层的广大妇女，团结起来进行反抗。毛泽东对于婚姻中的迷信制度也进行了剖析，他指出：婚姻命定说是个"总迷信"，还附着许多"小迷信"，一是"合八字"，二是"订庚"，此外，还有"择吉""发轿""迎喜神""拜堂"等。毛泽东认为，"这些迷信，只算是婚姻上的一些把戏，不外把一对男女用这些迷信做绳索，将他们深深地捆住。"因此，呼吁："全中国的青年男女诸君! 你们都不是些聋子瞎子，眼见着这么一件'血洒长沙城'的惨事，就应该惊心动魄；

---

① 钱理群：《周作人传》，北京十月文艺出版社 2005 年版。
② 雷俊涛：《试论〈祝福〉中祥林嫂的悲剧形象》，百度文库。

有一个彻底的觉悟。你们自己的婚姻，应由你们自己去办。父母代办政策，应该绝对否认。恋爱是神圣的，是绝对不能代办，不能威迫，不能利诱的!"毛泽东极力倡言以爱情为基础的新的婚恋观和婚姻制度，主张"新式婚姻的成立，都只要男女两下的心知"，为此，他还给"恋爱"作出了界定，"所谓恋爱，不仅只有生理的肉欲满足，尚有精神的及社交的高尚欲望的满足"①。

1919 年 11 月，湖南出现了新娘赵五贞抗婚于花轿中自杀的事件后，毛泽东在肯定赵五贞反抗精神的同时，鲜明地提出了妇女解放应"排斥自杀"和"求之于奋斗"，同时他还对妇女解放的具体途径和措施做了有益探索，主张妇女解放的首要条件是经济独立，妇女应当追求独立的人格和自由的意志，强调从根本上解决这一问题，应从"教育普及"入手，在毛泽东看来，文盲是迷信的土壤，中国妇女的精神世界之所以能够被迷信及封建礼教所束缚，根本之点在于"全国二万万女子一字不识"，因此，要冲破重重旧思想的藩篱，打碎迷信的精神枷锁，最重要的就是在教育中把理论的探讨和实际问题的研究统一起来，让妇女走出家庭，走向社会。

在五四运动期间，毛泽东因"驱张"运动赴京，并经恩师杨昌济介绍，曾在北京大学图书馆任助理员，还有缘与杨昌济之女杨开慧相爱。1920 年年初，杨昌济不幸病逝，杨开慧随母亲回湖南，在李淑一父亲的帮助下进湘福女中。同年年末，她与毛泽东结婚，婚事新办，没有坐轿，也没有婚礼，以示"不作俗人之举"。

5. 中国共产党对新家庭文化的践行

中国共产党从成立之日，就对马克思主义婚恋观情有独钟。1926 年，毛泽东在《湖南农民运动考察报告》中指出妇女受"政权、族权、神权、夫权"四条绳索的压迫，认为废除封建"四权"压迫是解放妇女实现婚姻自由和离婚自由的基础，也是中国革命赖以成功的基础，这些新思想在井冈山根据地立法中得到了充分体现。中华苏维埃在江西瑞金建立后，中国共产党就开始了男女平等制度化的探索与实践，形成了中国特色的妇女解放与男女平等的新思想，并颁布了一系列推动妇女解放和男女平等的法规政策。

---

① 《恋爱问题——少年人与老年人》，载 1919 年 11 月 25 日长沙《大公报》，《毛泽东选集》补卷，第 1 卷，第 162 页。

　　各根据地也都在创建之初就提出了"解除封建婚姻""婚姻自由"的口号，在婚姻制度改革方面进行了反复探索。1928年，中共江西遂川县委拟定《施政大纲》，就作出"废除聘金聘礼，反对买卖婚姻"的规定。1931年，苏区颁布《中华苏维埃共和国婚姻条例》，正式宣告"男女婚姻，以自由为原则，废除一切封建的包办强迫和买卖的婚姻制度"，"确定离婚自由，凡男女双方同意离婚，即行离婚"。① 关于该条例，中央执行委员会还特别强调："女子刚从封建压迫之下解放出来，她们的身体，许多受了很大的损害（如缠足），尚未恢复，她们的经济尚未能完全独立，所以现时离婚问题，应偏于保护女子，而把因离婚而起的义务和责任，多交男子负担。"② 经过大规模的宣传倡导，这一法规冲破种种阻力，得到良好的贯彻执行，基本实现了结婚和离婚自由。1934年毛泽东在第二次全国苏维埃代表大会上的报告中指出，"两年来在一切苏维埃管辖区域是一般地实行了这一法令"，这种男女平等的婚姻制度，"打碎了数千年束缚人类尤其是束缚女子的封建链锁，建立了适合人性的新规律"。③

　　在关注妇女婚姻问题的同时，根据地还积极开展学文化运动，繁荣妇女群众生活。1932年，临时中央政府发出第六号训令，明确提出："各级的文化部应设立妇女半日学校，组织妇女识字班，可办家庭临时训练班、田间流动班，教员由政府及各地学校教员及群众团体的干部来担任。"④ 之后，各根据地迅速掀起了妇女学文化的热潮，大批妇女群众进入夜校和识字班学习，妇女的识字场所遍布于灶台、田间和地头，渗透到日常生活的各个方面。据统计，1934年江西兴国县就有夜校学生15740人，女子占69%；有识字运动小组3378个，组员22519人，女子比例达60%。⑤ 与此同时，苏区的学龄儿童教育也取得显著进展，大量女童获得接受学校教育的机会。根据规定，7—14

---

　　① 江西省妇女联合会、江西省档案馆选编：《江西苏区妇女运动史料选编》，江西人民出版社1982年版，第33—34页。

　　② 江西省妇女联合会、江西省档案馆选编：《江西苏区妇女运动史料选编》，江西人民出版社1982年版，第33页。

　　③ 中华全国妇女联合会编：《毛泽东周恩来刘少奇朱德论妇女解放》，人民出版社1988年版，第42页。

　　④ 中国妇女管理干部学院编：《中国妇女运动文献资料汇编》（第一册），中国妇女出版社1987年版，第282页。

　　⑤ 中国妇女管理干部学院编：《中国妇女运动文献资料汇编》（第一册），中国妇女出版社1987年版，第310页。

岁的女童可进入全日制列宁小学接受免费教育。1934年，兴国县学龄女童的入学率达到44.8%。[①] 解放区妇女识字运动得到进一步发展，各地广泛设立了识字班、夜校、冬学、读书读报班等。

中国共产党在党内践行新家庭文化和妇女解放思想的同时，还积极推动全国抗日统一战线，宣传抗日救国、匹夫匹妇同责的救国思想。早在淞沪会战时期，宋庆龄、何香凝等女界知名人士就曾多次奔赴前线，慰劳和勉励作战官兵，还发起募捐活动，为抗日将士募集物资。1937年，宋美龄召集成立了中国妇女慰劳自卫抗战将士总会，呼吁妇女"要尽量地贡献她的力量来救国"。1938年，在邓颖超等妇女领袖的倡导和推动下，各党派女界领袖齐聚庐山，出席了为期5天的妇女工作谈话会。这次会议制定了全国性的妇女工作纲领，成立了全国性的妇女抗日组织，将改组扩大后的"新生活运动促进总会妇女指导委员会"确立为全国性妇女领导机构。在号召妇女界联合抗战的同时，"新生活运动"还积极改善劳动妇女生活状况，改革束缚妇女的旧风俗制度。"新生活运动"将"生活艺术化、生活生产化、生活军事化"作为行动指引，目的是改造全面生活。宋美龄曾提出，妇女是改造家庭生活的原动力，号召知识较高的妇女应当去指导邻居，如何管教儿女、如何处理家务，并教授周围的妇女读书识字。"新生活运动"虽然具有局限性，最终走向了失败，但其倡导的一些新理念对当时的家庭与社会生活都产生了一定的积极影响。

中国国民党关于男女平等的制度性探索，始自1930年（中华民国19年）。当时的中华民国民法规定"配偶，有相互继承遗产之权"，成为世界上较早规定男女继承权平等的国家。1946年（中华民国35年）12月25日国民大会通过《中华民国宪法》，规定"中华民国人民，无分男女、宗教、种族、阶级、党派，在法律上一律平等"。但是求索的道路并不平坦，1940年在抗日战争进入相持阶段的关键时期，国民党浙江执行委员会就逆历史而动，制订了"非法妇运防止办法"，严密考查和防范所谓"某党非法妇运活动"。此办法推广到国统区各地，致使许多职业妇女被迫离开工作岗位回到家庭，为日后"妇女回家论"的活跃提供了依据。1941年1月，国民党中央组织部召开

---

① 中华全国妇女联合会妇女运动历史研究室编：《中国妇女运动历史资料（1927—1937）》，中国妇女出版社1991年版，第383页。

全国妇女运动干部会议，再次将三民主义确定为全国妇女运动的最高指导方针，并提出"妇女回家、生育更多孩子"的主张。国民党的妇女政策不仅助长了社会上歧视和裁撤女职员的风气，而且成为"妇女回家论"的官方立场。中国共产党对此持批判态度，邓颖超就针对端木露西提出的妇女应该回家做好家庭主妇的言论，撰写了《关于〈蔚蓝中一点黯澹〉的批判》一文，指出端木露西的言论正代表着大资产阶级中的一部分悲观失望的没落反动情绪，其目的是将妇女解放和国家社会解放分开来，在抗战的伟大时代，幻想做小我家庭的个人主义的新贤妻良母。此外，沈兹九、胡子婴等也写文章有力地反击了端木露西的"妇女回家论"①，反复论证新"国家兴亡匹夫有责"，"匹妇也有责"，以及"倾巢之下安有完卵"的思想，提出在全民抗战的浪潮中，妇女的出路不是回家，而是积极投身抗日战争和社会解放运动，舍小家、救大国。

抗日战争爆发后，广大妇女纷纷参军参战，为维护民族独立谱写了可歌可泣的历史篇章。各界妇女团结一心，浴血奋战，涌现出大批抗日女英雄。赵一曼和"八女投江"就是其中的代表。1931 年九一八事变爆发后，赵一曼舍子从戎、奔赴东北，带领一支游击队驰骋于白山黑水之间，"红衣白马"的英姿曾令日寇闻风丧胆。同时，东北抗联妇女团的八名女官兵跟随部队踏上抗日征程，出征时，政治指导员冷云正经受着丈夫英勇牺牲的巨大悲痛，还告别了出生仅两个月的婴儿，为掩护大部队突围，八位女战士在一次抗击日本侵略军的战斗中弹尽路绝，宁死不屈，投江殉国。她们中年龄最大的 23 岁，最小的仅 13 岁。②

抗战胜利后，国民党悍然发动内战，各界妇女积极行动，投身于反饥饿、反内战、反独裁与求和平、求民主的爱国运动。解放区妇女纷纷参加武装斗争，成为中国革命胜利不可缺少的力量。据统计，仅冀鲁豫一次扩军，妇女参军就达 3000 人。③

广大妇女还积极投身支前活动，送子送夫上前线。"母亲叫儿打东洋，妻

---

①　何黎萍：《20 世纪 40 年代初关于"妇女回家"问题的论战》，《四川师范大学学报》2006 年第 3 期。

②　中华全国妇女联合会妇女运动历史研究室：《中华女英烈》（第二集），人民出版社 1984 年版，第 207—217 页。

③　中华全国妇女联合会：《中国妇女运动史》，春秋出版社 1989 年版，第 558 页。

子送郎上战场"，就是这种奉献精神的真实写照。山东日照县有一位范大娘，在长子和次子相继牺牲在抗日战场上后，又义无反顾地将三子送上了战场。解放战争时期，广大妇女还提出"男人参军，女人光荣""模范妻，模范娘，送郎送子上战场"等口号，积极鼓励亲人参军参战。据不完全统计，山东 10 个县、冀中 7 个县在一次参军运动中，就有 5200 多个妇女送郎送子送弟兄参军。① 另据统计，1948 年解放区参加农业生产的妇女约占劳动妇女总数的 40%—50%，有的高达 70%—90%。② 根据地妇女广泛参加生产劳动，不仅有力地支援了革命战争，也推动了自身的发展。1946 年，山东省就建立妇女学习班 22834 处，陕甘宁地区有妇女夜校 303 所，对唤醒妇女觉悟、培养女干部、推动妇女运动健康发展发挥了重要作用。妇女在生产、支援前线和解放区建设中的贡献，得到了社会的高度认可，毛泽东曾豪情满怀地指出，打日本，没有妇女不行，还指出，"妇女的伟大作用第一在经济方面，没有她们，生产就不能进行，而边区的妇女工作之少成绩，我看主要在没有注意经济方面，提高妇女在经济、生产上的作用，这就能取得男子同情的，这是与男子利益不冲突的，从这里出发，引导到政治上，文化上的活动，男子们也就可以逐渐同意了。"③ 通过参加生产、支援前线，妇女不仅创造了财富，实现了经济独立，也逐步挣脱了封建主义制度和封建思想的基调，家庭地位和社会地位不断提高。

---

① 中华全国妇女联合会：《中国妇女运动史》，春秋出版社 1989 年版，第 563 页。
② 中华全国妇女联合会编：《中国妇女运动重要文献》，人民出版社 1979 年版，第 33 页。
③ 中华全国妇女联合会编：《毛泽东周恩来刘少奇朱德论妇女解放》，人民出版社 1988 年版，第 56 页。

第三章　新中国婚姻家庭文化的创新与发展

新中国成立后，广大妇女获得了政治解放，实现了经济独立，纷纷走出家庭，在社会主义建设中越来越好地发挥了"半边天"作用，改变了传统社会分工模式，也引起了家庭结构和家庭文化的变化。改革开放以来，婚姻家庭文化的创新发展及其培育践行，集中体现在新中国婚姻法的制定与修订过程，事实证明，社会主义婚姻家庭制度的确立，为婚姻家庭生活的幸福美满、健康和谐奠定了坚实的文化基础和制度保障。

一、新中国婚姻制度和新家庭文化的确立

家庭是社会的缩影，婚姻家庭文化也在很大程度上是社会文化的缩影，或者是社会制度变革的"晴雨表"。回顾历史我们可以发现，受传统"家国同构"和"家天下"思想的影响，旧式婚姻家庭虽然在满足人们生活基本需要方面发挥了重要的历史作用，但也在很大程度上禁锢着人们的思想和自由，其中父权和夫权至上的思想观念更是严重阻碍着性别平等家庭关系的建构，并制约着家庭成员的个性发展。从这个角度可以说，构建新型的社会主义婚姻家庭制度首先应该废除封建主义的婚姻家庭制度，并肃清封建主义婚姻家庭文化对社会和人的思想的影响。

1. 新中国婚姻家庭制度的确立

新中国成立后，国家颁布的第一部法律即是《中华人民共和国婚姻法》。该法于 1950 年 3 月 3 日由政务院第二十二次政务会议通过，4 月 13 日中央人民政府委员会第七次会议通过，5 月 1 日起开始实施。该法共计 8 章 27 条，包括原则、结婚、夫妻间的权利和义务、父母子女间的关系、离婚、离婚后子女的抚养和教育、离婚后的财产和生活、附则等章节。

婚姻法颁布后，中央政府通过大规模的宣传教育和各种行政手段，推动

婚姻法的贯彻实施。1950 年 4 月 30 日，中共中央发出《关于保证执行婚姻法给全党的通知》，要求全党同志应"把保证婚姻法正确执行的宣传工作和组织工作，当作目前的和经常的重要工作任务之一"①。从 1950 年到 1952 年，政务院和最高人民法院等有关部门都曾多次发出贯彻婚姻法、检查婚姻法执行情况的通知。

1951 年 9 月 26 日，政务院发出周恩来签署的《中央人民政府关于检查婚姻法执行情况的指示》，要求各地政府有领导、有重点地组织一次关于《婚姻法》执行情况的检查。② 1952 年 7 月 25 日，中央人民政府内务部、司法部发出《关于"继续贯彻婚姻法"的指示》，要求各级人民代表会议及其协商委员会或常务委员会在开会时必须在会上报告和讨论《婚姻法》的贯彻与执行情况，并且要将讨论结果逐级上报。

1952 年 11 月 26 日和 1953 年 2 月 1 日，中共中央和中央人民政府政务院分别发出《关于贯彻婚姻法的指示》，并于 1953 年开展了大规模、群众性的贯彻婚姻法运动，推动了婚姻自主的进程，解除了一大批不合法的婚姻，办理离婚数达 100 多万件。目的是"根本摧毁包办强迫、男尊女卑的封建主义婚姻制度；树立男女权利平等、婚姻自由的新民主主义婚姻制度，从而建立民主和睦、团结生产的新式家庭，以增强国家经济建设与文化建设的力量"③，同时，通过批判封建主义婚姻家庭文化，以及各种旧思想、旧风俗和旧习惯，倡导新思想、新风尚，使广大人民特别是妇女群众从封建婚姻制度中解脱出来，经过大面积高强度的宣传倡导，20 世纪 50 年代中期以后，婚姻自主和自由已蔚然成风。根据 1954 年对 11 个大城市和 1955 年对 27 个省市的统计，符合《婚姻法》规定的家庭已占 95%—97%。④ 1955 年 6 月，《婚姻登记办法》公布，进而确立了以婚姻登记为中心的婚姻管理制度。群众评价新中国婚姻家庭制度的建立使婚姻关系旧貌换新颜，"换了人间"。

2. 新中国婚姻家庭制度的基本原则

《中华人民共和国婚姻法》在彻底推翻封建主义婚姻制度、完成反封建斗

① 《中共中央关于保证执行婚姻法给全党的通知》，《新中国妇女》1950 年第 11 期。
② 中华全国妇女联合会编：《中国妇女运动重要文献》，人民出版社 1979 年版，第 211 页。
③ 《中央人民政府政务院关于贯彻婚姻法的指示》，《人民日报》1953 年 2 月 2 日。
④ 巫昌祯：《我与婚姻法》，法律出版社 2001 年版，第 8 页。

争伟大历史使命的同时，为建立新中国婚姻家庭制度和婚姻家庭文化的实施与普及奠定了坚实基础。《婚姻法》第 1 条就开宗明义地宣告："废除包办强迫、男尊女卑、漠视子女利益的封建主义婚姻制度，实行男女婚姻自由、一夫一妻、男女权利平等、保护妇女和子女合法利益的新民主主义婚姻家庭制度。"《婚姻法》第 2 条规定：禁止重婚、纳妾，禁止童养媳，禁止干涉寡妇婚姻自由，禁止任何人借婚姻关系问题索取财物、离婚自由。[1] 此外，《婚姻法》第 9 条规定："夫妻双方均有选择职业、参加工作和参加社会活动的自由"，这一规定对妇女积极参加生产和社会工作起到了积极的促进作用。《婚姻法》第 11 条规定："夫妻有各用自己姓名的权利"，这就在一定程度上废除了在姓名问题上歧视妇女的传统，并且对于改变或抵制旧婚俗的影响以及对夫妻在家庭中平等地位的巩固有一定的现实意义。

婚姻法的这些基本原则，早在 1949 年 9 月 21 日至 30 日召开的全国人民政治协商会议上就得到确立，会议通过的《中国人民政治协商会议共同纲领》第六条规定：中华人民共和国废除束缚妇女的封建制度。妇女在政治的、经济的、文化教育的、社会的生活各方面，均有与男子平等的权利。实行男女婚姻自由。[2]

就是在这次会议上，伟大的爱国主义、民主主义、国际主义和共产主义战士，举世闻名的 20 世纪的伟大女性宋庆龄（1893—1981 年），当选为中华人民共和国中央人民政府副主席、中国人民政治协商会议第一届全国委员会常务委员，成为中国女性走出家庭、全面发展的典范。

在城市妇女走出家门，积极投身国家经济、政治和社会建设的同时，广大农村妇女也积极参加土地改革运动，分得自己名下的土地，真正成为国家的主人、土地的主人和家庭的主人。

土地改革是中国共产党在农村开展的最普遍、最成功的社会动员，对于农民来说，土地是最重要的生产资料，是国家主人的具体体现，但对于妇女来说，与自己的父兄、丈夫一起分得土地，还具有一重特殊的意义，就是对封建主义族权和夫权根基的动摇。从这个角度说，土地改革，男女平等分得

---

[1]　《建国以来重要文献选编》第 1 册，中央文献出版社 2011 年版，第 148 页。
[2]　《中国人民政治协商会议共同纲领》，新华网，http：//news. xinhuanet. com/ziliao/2004 - 12/07/content_ 2304465. htm。

土地，不仅是妇女实现家庭生活平等权利的基础，同时也是妇女全面解放和心灵解放的基础。最早的土地改革，发生在根据地和解放区。新中国成立时，全国还有三分之二的地区存在封建土地制度。为了废除地主阶级剥削农民的土地所有制，实行新土地所有制，解放农村生产力、解放农民和妇女，发展农业生产，推动工业化开辟道路，1950年6月30日，国家主席毛泽东签署命令，颁布《中华人民共和国土地改革法》，使全国新解放区的土地改革从1950年冬季起，有领导、有步骤、分阶段地开展起来。整个土地改革中，约7亿亩的土地分给了约3亿无地和少地的农民，免除了农民高达3000万吨以上粮食的地租，获得经济利益的农民约占农业人口的60%到70%。①

开展全国范围的土地改革运动，不仅彻底瓦解了农村数千年来的封建势力，而且大大地提高了农民的阶级觉悟和政治积极性。其中，劳动妇女的伟大力量更是明显地表现出来了。她们在土地改革运动中，在生产战线上，在支援前线与担负后方勤务工作上，以及在农村里代替男子的各种工作岗位上，都表现了前所未有的规模与英雄的姿态。在斗争地主时，她们的诉苦往往起了带头作用；在检查地主浮财时，她们往往在一般人易于疏忽的地方，细致入微地击破了地主的诡计；甚至在有些地区男人在前方打残匪，女人在后方分田地；有些地区广大的妇女成为生产的主力军；有些地区劳动妇女在乡村中已站在当权的地位。同时，在分得土地的家庭中，男女平等的经济基础也得以确立，妇女是家庭主人的地位自然得到实现，为更好发挥妇女的生产和生活作用，开辟了广阔的社会舞台和家庭舞台。

在积极为妇女参政、参加生产劳动创造条件的同时，国家还在切实贯彻一夫一妻的婚姻家庭原则、禁止重婚纳妾的同时，出台了废除娼妓制度的规定，开展了全国范围的取缔娼妓制度的活动。有数据统计，新中国成立之前，旧中国有妓院近万家，其中上海登记在册的有800多家，妓女9000余人；天津有530家，妓女1669人；北平有230多家，妓女2000余人。②旧社会遗留下来的这种丑恶社会现象不仅对妇女的身心健康具有极其严重的危害性，而

---

① 张樵苏：《新中国成就档案：基本完成新解放区土地制度的改革》，新华网，2014年9月26日。

② 吕晨曦：《略论建国初期的城市社会问题》，《四川大学学报》（哲学社会科学版）2004年增刊，第114页。

且泛滥盛行的娼妓问题还严重影响着当时的社会稳定和谐，败坏社会风气，扰乱社会治安，严重影响着社会的安定与团结。

同时，为彻底消除婚姻领域的人身依附和经济依附关系，国家还倡导妇女走出家庭参加社会劳动。据统计，旧中国女性就业人数只占妇女总数的0.22%。1949年，全国只有女职工60余万人，占职工总数的7.5%；而到了1978年女职工数量则达到了3128万人，占到了当年职工总数的32.6%。在农村，妇女出工率也达到了90%以上。为提高妇女参加生产的积极性并进一步改善劳动妇女的处境，提高职业妇女的待遇，新中国还先后于1951年颁布了《中华人民共和国劳动保险条例》、1955年颁布了《关于女工作人员生产假期的通知》、1956年颁布了《工人安全卫生规程》等，规定男女同工同酬、职业妇女享有带薪产假以及经期、孕期、产期、哺乳期的特殊保护。国家还大力兴办托幼园所，解决职业妇女家务劳动的后顾之忧。

3. 新中国婚姻家庭文化的社会培育

新中国婚姻家庭制度的确立，为新婚姻家庭文化的培育与践行开辟了广阔的前景。这些新文化的建构在恋爱、择偶、夫妻关系、子女关系中有着广泛的表现。

在婚恋和择偶领域，政府积极倡导爱情至上、自主择偶及婚礼简办的新风尚。为了提倡自由恋爱，新中国将根据赵树理同名小说改编的故事片《小二黑结婚》搬上了荧幕。这部影片描写在抗日战争时期，根据地刘家峧村的青年队长、杀敌英雄小二黑，与姑娘小芹相爱至结婚的故事。剧中，主人公之间的自由恋爱，因违背了封建迷信思想严重的父母亲的意志，遭到了各自家长二诸葛和三仙姑的强烈反对。其时，担任村干部的流氓恶棍金旺，亦凭借手中职权，兴风作浪，罗织罪名，趁火打劫，对小二黑和小芹进行残酷迫害，几乎使这对恋人的爱情夭折。后来，抗日民主区政府区长出面支持，经过一番斗争，惩办了流氓恶棍金旺，教育了封建愚昧的落后群众，家长二诸葛和三仙姑也表示愿意支持儿女的婚事。① 至此，这对追求婚姻自主、向往美好生活的情侣，终于如愿以偿，结为伉俪。在这部影片的倡导下，新中国一代青年以自由恋爱为荣，对封建家长制下的媒妁制度形成巨大冲击。

----

① 《小二黑结婚》，光影久久电影资料库，2013－03－24。

在新中国，旧式烦琐的婚礼程序也受到了婚礼简办新文化的冲击。人们的婚礼不再坚守换帖、查八字、送聘礼、订婚仪式、结婚仪式等一系列的复杂程序，转而代之以婚事新办和简办的新形式。毛岸英的婚礼就是简办新办的典型代表，没有鞭炮迎亲，没有鼓乐齐鸣，没有唢呐助兴，甚至没有新的衣服，只有简朴和温馨。这种婚礼新形式在当时的城市十分普及，一般的青年男女结婚也就是在家里吃顿饭、买点糖块，同事之间送个脸盆或暖瓶以示祝贺，十分简单朴素也有情趣。

新中国早期，在倡导婚事新办的同时，恋爱择偶也十分强调政治理想和志同道合。1951 年 4 月 30 日，许德珩在《人民日报》上发表了一篇文章：《正确执行婚姻法 消灭封建的婚姻制度》，举了一个例子："东北辽西省某县一妇女爱上了模范自卫队员，父亲因嫌对方贫穷而不同意，她以爱对方的'思想进步、劳动好'作理由，终于说服了父亲"。他还举了一个例子以此说明男女平等与志同道合开始成为择偶的一个重要原则。"平原省①林县有些妇女提出了要对方同意她'参加民校、参加冬学、参加各种会议、参加互助组'等作为结婚条件"。甚至不少青年男女找对象的条件是："在不在党团，思想进不进步，劳动好不好，长得好不好"②。"嫁汉嫁汉，穿衣吃饭"的思想逐渐演变成为"嫁汉嫁汉，结个伙伴。共同劳动，创造幸福"③，这一系列的观念演变集中反映了这一时期青年人婚姻观念的变化。在这些变化中，追求子弟兵成为新中国新女性特有的择偶情结，这个情结在抗美援朝时期被发展到极致。在魏巍的深情描绘下，志愿军的形象使人刻骨铭心。

为了提倡以志同道合为基础的爱情婚姻，20 世纪 60 年代，《中国妇女》杂志开辟专栏，展开了以"选择爱人的标准是什么"为主题的讨论。1964 年第 4—9 期登载了《爱忠于革命事业的人》《用革命的人生观对待恋爱婚姻问题》《青年人要有革命的生活内容》等 20 多篇文章，引导教育广大妇女树立明确的社会主义择偶观，摒弃资产阶级腐朽思想文化。在介绍大讨论缘由时，《中国妇女》杂志写道："选择爱人时，应首先注意双方的政治条件、思想进步，用无产阶级的恋爱观点对待恋爱婚姻问题"；"选择爱人的标准问题，不

---

① 旧省名，1952 年 11 月，平原省撤销。
② 《婚姻法执行情况中央检查组检查报告》，《中央政法公报》1952 年第 42 期。
③ 《我国婚姻家庭关系的巨大变化》，全国妇联档案（1960 年卷）。

是个人生活琐事，而是关系用什么立场、观点、方法对待恋爱婚姻的大事情。在恋爱婚姻问题上，也存在着两种世界观、两种思想的斗争。用无产阶级的立场、观点、方法去处理这一问题，可以增强革命意志，为党为人民更好的工作；用资产阶级的立场、观点、方法去处理这一问题，使人革命意志衰退，影响进步。"① 这场影响至深的大讨论对现实生活中的资产阶级婚姻家庭观念的各种不同表现，均进行了较为全面和彻底的批判，对社会主义婚姻家庭观念带来的幸福生活进行了褒扬，为日后广大妇女树立正确的婚姻家庭观念起到了至关重要的作用。在追求婚姻自由的同时，传统婚姻文化中男主女从的传统文化也受到挑战，夫妻互敬互爱比翼齐飞的新文化得到弘扬。

　　新中国婚姻家庭文化的另一个突出变化，就是婆媳关系从父系传统的禁锢下摆脱出来，平等和谐的新婆媳关系得到建构。1955 年第 12 期的《新中国妇女》就记载了一个新婆媳关系建构的故事。故事谈到山东省城武县西洼农业合作社中的一位社员王凤云，过去经常受家婆、丈夫的虐打。婆婆认为她"吃闲饭"，新中国成立后，她走出家庭，积极参加集体劳动，不仅提高了社会地位，也给家庭增加了经济收入，家人对她尊敬起来，婆婆的观念也发生了根本性变化。

　　与此同时，新中国还十分重视妇女的生育健康，提倡新法接生，主张夫妻共同承担家务劳动。旧社会妇女的生命历程中有两大关口，即择偶和生育。如果说择偶关系到穿衣吃饭问题，生育则关系到健康和生命。新中国成立前，妇女生小孩采取坐式分娩，由接生婆接生或自产自接，都是在没有任何消毒措施，冒着被感染的危险下进行的，经常出现两种病。一种是新生儿破伤风，一种是产妇的产褥感染，产妇因为感染而死于生孩子的事经常发生；同样，新生儿破伤风，也比比皆是。一个妇女，一辈子能生五六个甚至十几个孩子，但能活下来的可能只是少数，甚至有的一个也活不了。妇女生孩子，要从结婚后一直生到失去生育能力，指望生得多了，剩下的就多。新中国成立后，人民政府积极推广新法接生，快速普及和填补了中国产科的医学空白，从城市街道到农村偏远山区，村村培训和配备至少一名新法接生员，从而大面积地消除了产妇的产后感染和"新生儿破伤风（俗称四六风）"，新生儿的成活

---

① 《问题讨论：选择爱人的标准是什么?》，《中国妇女》1964 年第 4 期。

率便极大地提高起来。因此，从新法接生开始，中国出现了从未有过的人口急剧增长的新情况和新问题。20 世纪 50 年代，著名人口学家马寅初先生根据中国人口激增的新情况，科学预见了"人口爆炸"的未来，提出了节育和控制人口增长的新人口理论。但在新中国早期，信奉人多力量大的观念依然十分牢固，致使马寅初因提出人口控制学说而饱受批评甚至责难。但是，在人口几何级数增长的压力下，政府还是从 20 世纪 60 年代开始宣传酝酿计划生育，到 70 年代后期，先后提出"一对夫妻一对孩"，以及实施计划生育和独生子女政策，避免了中国人口过度增长。

二、改革开放与 1980 年婚姻法修改

1978 年，党的十一届三中全会召开，中国步入改革开放新时代。"实践是检验真理的唯一标准"大讨论，促使人们从"两个凡是"的思维框架中解脱出来，重新确立了实事求是、具体问题具体分析的思想路线，社会生活的航船，也从单一的政治航道上被扭转过来，还原了生活丰富多彩、脚踏实地的本来面貌。在这个新旧交织，社会经济转型和利益格局调整的新时期，社会经历了深刻的思想动荡。人们在思考，社会向何处去，还要不要坚持社会主义道路以及什么是社会主义，怎么建设社会主义。与此同时，人们也在思考，婚姻还要不要以爱情为基础，什么是爱情，以及离婚究竟是社会的进步还是倒退，妇女应该全面发展，还是应退回家庭，相夫教子，这些问题曾众说纷纭，莫衷一是，但在邓小平理论、"三个代表"重要思想、科学发展观和振兴中华民族复兴伟大梦想的指导和统领下，中国在深思中不断成熟。中国共产党领导中国人民积极探索，交出了坚持社会主义制度、社会主义道路和社会主义理论的历史新答卷，也领导中国人民在构建社会主义先进文化的同时，加强了先进家庭文化的构建，使人民群众的文化生活和家庭生活日益丰富多彩，为中国梦的实现，搭建了牢固的基础平台。

1. 改革开放与婚姻家庭制度的完善

中国地大物博，人口众多，底子薄弱，但新中国人民意气风发，在历经帝国主义掠夺和战争苦难的基础上，白手起家，齐心协力地描绘了蓬勃发展的新中国蓝图。到 20 世纪 70 年代末，已经建立起一个独立而齐全的工业体系，截至 1978 年年底，国民生产总值达 3624 亿元，比 1965 年的 1716 亿元翻

了一倍多，年均递增率达 6.8%。但是，经济依然欠发达，技术比较落后，人民生活也不富裕，并且一度为中国早期经济恢复和发展做出贡献的计划经济体制也面临巨大的挑战，单一的生产资料公有制和大锅饭的就业模式更是在很大程度上影响着劳动者积极性的发挥。因此，在坚持社会主义制度的前提下，改革生产中不适应经济发展的管理体制和政策，建立社会主义市场经济，势在必行。

1978 年 11 月，安徽凤阳县小岗村率先实行"农村家庭联产承包责任制"，拉开了农村改革的帷幕，之后，改革向城市发展，打破了终身就业的铁饭碗，建立了公有制为基础，多种经济并存的新经济格局。在农村，富裕生产者开始"洗脚上天"，向非农经济转移，或者流动到城市，成为新的产业大军；在城市，随着产业结构调整以及铁饭碗的被打碎，出现了在新中国历史上不曾存在的下岗和失业队伍①。这些结构性的调整和变化造成的城市就业岗位的不足，给人们的现实生活和与计划经济相适应的价值观体系，带来很大冲击，同时，也给家庭生活、家庭理念带来多方面的挑战。

经济发展模式的调整，不可避免地给家庭的功能带来新变化，与新中国早期，家庭经济功能在合作化与人民公社化浪潮中一度日趋衰落的态势有所不同，改革开放后，一些家庭的生产功能逆向复归，由社会重新转向家庭。在城市，一些职工在面临下岗失业再就业困难的挑战后，转向个体经营或者成为自雇者；在农村，随着人民公社和大队、生产队三级所有，队为基础生产关系的变革，特别是家庭联产承包责任制的兴起，家庭重新成为基本生产单位。

伴随着对内搞活经济政策的实施，国家还采取了对外开放的发展战略。1971 年，在发展中国家的支持下，中国在联合国的合法席位得到恢复。1972 年美国总统尼克松访华，进一步清除了对外开放的障碍，加速了中西方的经济合作、科技交流以及文化沟通的进程。但是，在对外开放的过程中，西方文化良莠不齐的涌入，一度引起了"西方文化是否可以照搬"，甚至"中国发展要不要全盘西化"的争论和思考。在这个过程中，跨国婚姻现象也屡见不鲜。

---

① 也有研究指出，在 20 世纪 60 年代前后的经济结构调整中，也出现过特有的下岗问题，解决的出路是一部分城镇职工，重新退回农村务农。

这些新生活方式和文化理念的交织作用，对新时期婚姻家庭生活产生了深刻影响。一方面家庭职能有所强化、恋爱择偶观念变化、通婚半径加长；另一方面，西方的个人至上、唯利是图以及性开放、性解放的思想和生活模式也穿越国界鱼贯而入，对转型时期家庭关系和夫妻关系带来多方面的影响。

与此同时，人们生活节奏的不断加快，还对新中国打造出来的夫妻共同承担家务劳动的分工模式提出挑战，致使传统文化中"男主外女主内"以及妇女居家"相夫教子"的旧观念强势回归，对男女比翼齐飞的新观念构成冲击。而社会发展的快速化，使新中国一度绝迹的嫖娼卖淫死灰复燃，拐卖妇女、儿童，对儿童性侵犯、性剥削的旧社会毒瘤也死灰复燃，不断吞噬婚姻以及社会公平正义的公序良俗。

在这些新旧交织、利益关系日益多元的背景下，原有的婚姻法已经很难完全满足调整改革开放新时期婚姻关系的需求。因此，国家在建构民主法制新机制的同时，启动了婚姻法的修改程序。

1980 年 9 月 10 日，第五届全国人民代表大会第三次会议正式通过了新修改的《中华人民共和国婚姻法》，并宣布自 1981 年 1 月 1 日起开始实施。在这个过程中，国家还先后对宪法、刑法、刑诉法、行政诉讼法和民法通则等法律进行了修订和制定。在 1982 年修改宪法的过程中，国家对 1975 年宪法和 1978 年宪法一度删除的、1954 年宪法中关于"法律面前人人平等"的规定进行了恢复，重新确立了社会主义宪法的灵魂，奠定了新时期民主法制建设的思想基础。1982 年宪法还更加强调了公民的权利，第 41 条规定，中华人民共和国公民对于任何国家机关和国家工作人员，有提出批评和建议的权利；对于任何国家机关和国家工作人员的违法失职行为，有向有关国家机关提出申诉、控告或者检举的权利。这一规定成为日后"民告官"行政诉讼的宪法依据，也是以人为中心原则在公民权领域的突破性进展。与人民群众生活密切相关的另一个变化，是在 1979 年修改的刑法中，通奸罪作为一个独立罪名被取消。根据新刑法的有关规定，侵害妇女合法权益的犯罪可分为以女性为特定犯罪对象的犯罪和危害妇女权益的其他犯罪。

新时期的民主法制建设，特别是婚姻法的修改对改变 20 世纪中后期婚姻法建设的滞后现象、完善公民婚姻家庭权利以及妇女儿童、老人的权益保障机制发挥了重要作用。

2.1980 年婚姻法修改的主要内容

1980 年婚姻法的修改颁行，既秉承了一夫一妻、男女平等的基本原则，立足新时期的生活背景和家庭关系状况，对 1950 年的婚姻法进行了相应修改。在法律结构上，1980 年婚姻法由 1950 年婚姻法的 8 章 27 条改为 5 章 37 条，具体条款有了明显增加；在具体章节上，将 1950 年婚姻法第三章"夫妻间的权利和义务"与第四章"父母子女之间的关系"，合并为家庭关系一章；将 1950 年婚姻法的第六章"离婚后子女的抚养和教育"、第七章"离婚后的财产和生活"，并入离婚一章。具体内容的变化主要表现在以下方面：

一是在总则中删除了废除"男尊女卑"以及禁止"纳妾""童养媳"和"干涉寡妇婚姻自由"的内容；在保护妇女、儿童合法权益一款中增加了"保护老人合法利益""实行计划生育""三代以内的旁系血亲"禁止结婚，即表兄妹、堂兄妹将不能结婚，以及"男方也可以成为女方家庭的成员"等条款。

二是在结婚年龄和离婚程序方面。在结婚年龄方面，修改后的婚姻法规定，男 22 岁、女 20 岁始得结婚，男女各比 1950 年婚姻法的法定结婚年龄推迟了两岁。在离婚方面，离婚的标准内容没有大的变化，而离婚程序上则规定"一方坚决要求离婚的，经区人民政府和司法机关调解无效时，亦准予离婚"。

三是在夫妻关系和亲子关系方面。关于夫妻关系，保留了原来夫妻平等权利的规定，增加了"夫妻双方都有实行计划生育的义务"，删除了原规定的"夫妻为共同生活的伴侣"和"夫妻有互爱互敬、互相帮助……"等规定。关于亲子关系，除重申亲子之间互有抚养教育和赡养扶助的义务外，增加了"父母不履行抚养义务时，未成年的或不能独立生活的子女，有要求父母付给抚养费的权利。""子女不履行赡养义务时，无劳动能力的或生活困难的父母，有要求子女付给赡养费的权利。"同时明确规定"父母有管教和保护未成年子女的权利和义务。在未成年子女对国家、集体或他人造成损害时，父母有赔偿经济损失的义务。"还增加规定"子女可以随父姓，也可以随母姓。"同时，还将收养关系和继父与继子女的关系，单独列出为第二十条和第二十一条、将祖父和兄弟姊妹关系列入新婚姻法的调整范围。即第二十二条"有负担能力的祖父母、外祖父母，对于父母已经死亡的未成年孙子女、外孙子女，有抚养的义务。有负担能力的孙子女、外孙子女，对于子女已经死亡的祖父母、外祖父母，有赡养的义务。"第二十二条"有负担能力的兄、姊，对于父母已经死亡或父母无力抚养的未成年的弟、妹，有抚养的义务。"①

3. 婚姻法修改对家庭文化发展的影响

在修改和贯彻婚姻法的过程中，关于婚姻破裂的基础是婚姻关系还是夫妻感情以及婚姻的基础是什么、什么是爱情等问题，在社会各界引发了广泛的讨论和思考。支持感情说的人认为，婚姻的基础是爱情，爱情就是感情，当两情不再相悦时即感情破裂，应准予离婚。反对者则认为，感情破裂是一个主观性判定标准，在实践中可能为见异思迁者提供了离婚的借口，主张用婚姻关系破裂替代感情破裂。还有一种观点认为，感情破裂和婚姻关系破裂并不是截然不同的一枚硬币的正反面，事实上婚姻关系破裂也就是感情破裂。虽然婚姻法坚持了感情破裂的标准，但是，在思想文化上还是引发了人们对婚姻基础的讨论，引发了人们对夫妻感情如何保鲜和发展的思考。这与 20 世纪 80 年代人们生活水平提高以及计划生育带来生育子女数量的减少具有密切的关系。在生活贫困和多子女的状态下，谈论感情在很大程度上是奢求，在人们为五斗米折腰或者为五六个、七八个、十几个孩子奔忙的生活状况下，客观上就很少再有思考情感和浪漫的时间与空间了。改革开放后，人们生活水平提高，子女减少，使夫妻有时间单独相处，谈情说爱，探讨性问题和性生活质量，也有了大段的空闲时间。但遗憾的是，人们的情感素质和生活习惯还不足以支持这种快速到来的"情感春天"。从这个角度说，生活水平与生育模式的变化对夫妻情感的经营和发展提出了新的要求，也使婚姻建立在爱情基础上的理论日益转化为社会普遍接受的文化理念。

在人们为婚姻的基础和生育方式的变化而纠结和困惑的过程中，离婚高潮以及情感出轨、一夜情等现象交织出现，使婚姻的稳定性受到很大挑战。在新中国历史上，有两次离婚潮都与婚姻法的修改密切相关。有的专家认为，是离婚需求催生了婚姻法还是婚姻法启蒙了离婚行为，这一问题很值得研究和思考。关于这一点，马克思在《论离婚法草案》一文中提出："立法者对于婚姻所能规定的，只是这样一些条件：在什么条件下婚姻是允许离异的，也

---

① 张希坡：《中国婚姻立法史》，人民出版社 2004 年版，第 232 页。

就是说，在什么条件下婚姻按其实质来说是已经离异了。法院判决的离婚只能是婚姻内部崩溃的记录。立法者的观点是必然性的观点。因此，如果立法者认为婚姻足以承受种种冲突而不致丧失其本质，那他就是尊重婚姻，承认它的深刻的合乎伦理的本质。对于个人愿望的软弱就会变成对于这些个人本质的残酷，变成对于体现在伦理关系中的个人的伦理理性的残酷。"① 据统计，1980 年婚姻法颁布后，一场持续 10 年的离婚潮随之而来。其中，1978 年至1982 年，全国离婚人数就从一年 28.5 万对增长到 42.8 万对，提高 50%。在20 世纪 80 年代的离婚事件中，女性主动提出诉讼的居多，约占 71%，其中知识女性主动提出离婚的多达 86.1%。中老年人离婚占有相当的比重，60 多岁的老夫老妻离婚也不罕见，其中大部分当事人是"文革"后获得平反的知识分子。这些变化，一度引发了离婚是进步还是倒退的社会论争。

计划生育和优生优育也是新时期家庭文化发展的新事物。从社会发展的角度着眼，计划生育是社会物质生产与人口生产相适应的内在要求。新中国成立前，受战乱、瘟疫以及自然灾害的影响，中国人口生产和再生产也一度受到影响。新中国成立前，我国有四万万人口。新中国成立后，随着战争的结束和生产力水平的提高，人们的生育环境不断改善，生育水平不断提高，到 1953 年人口发展到六万万，毛泽东曾深情满怀地写道："春风杨柳万千条，六亿神州尽舜尧"，讴歌社会和平、人口快速增长的盛况。尽管马寅初对这种快速增长的人口结构提出安全预警，但是，直到 20 世纪 80 年代初，面临改革开放以及与之适应的下岗失业、知青回城、农民进城务工等社会现象的出现，人们对于人口生产的相对过剩现象才有了正确的认识。正是在这样的背景下，党和政府提出了计划生育的新生育政策。起初，计划生育政策因冲击到"多子多福"的传统生育观念，曾经在很长的时间内不为人们所接受，1979 年，为控制人口快速增长，我国开始实行计划生育政策，提出"晚、稀、少"的具体举措，确立了严格控制人口增长、坚持优生优育、提高人口质量的新思想。

迄今为止，计划生育对有效控制人口增长发挥了重要作用，人口增速得到有效控制。但是，人口生育依然没有完全摆脱多子多福旧观念的影响，出

---

① 《马克思、恩格斯、列宁、斯大林论妇女》，选自《马克思恩格斯全集》第 1 卷，第 182—185 页。

生婴儿性别比失调以及非法性别鉴定的问题仍长期存在。据统计，2013 年年底，我国总人口中男女性别比为 105.1∶100，但新出生婴儿性别比达到了 117.6∶100。① 中国社会科学院发布的 2010 年《社会蓝皮书》指出，目前我国 19 岁以下年龄段的人口性别比严重失衡，到 2020 年，中国处于婚龄的男性人数将比女性多出 2400 万。

计划生育既包括生育数量的控制，也包括生育质量的提高，即优生优育。优生，是指生育一个体格健壮、智力健全的孩子；优育，是指根据新生儿和婴幼儿的特点，用科学的育儿知识和方法抚育孩子。同时，从社会观念来看，优生优育观念的产生一方面是计划生育政策的影响，另一方面也是女性广泛参与社会的影响。女性从家庭走向社会，和男性一样存在着个人的职业发展规划问题，但生育往往影响女性的职业发展，也使女性常常陷入了"生与不生"的选择困境。传统文化的影响使得女性不能不生，但在生育活动中，女性承担了大部分直接成本和几乎全部间接成本，包括体力付出、精力付出、情感付出、时间付出以及由于暂停工作而收入减少，失去学习提高、职务升迁或改善职业地位的机会等。因此，更多的女性尤其以职业发展为重的高知职业女性，选择推迟生育，有人甚至选择不生育。

20 世纪 80 年代人们特别是农民对计划生育还有着相当的抵触心理，认为计划生育不符合多子多福的传统文化，担心子女少了对养老会构成挑战，还担心子女少了会影响家庭致富和家族势力的扩展，其中最大的文化障碍还来自于"不孝有三，无后为大"及家"无男丁不为后"的旧观念。所以独生子女政策实施后，生女无儿户便面临着巨大的世俗文化压力。这种对不生育家庭和生女孩家庭的文化歧视，在日常生活的话语中就有着广泛的表现，一些人关于生女孩"断子绝孙"的指责常常使得这些家庭感到低人一等，或者人前抬不起头，给他们带来了极大的心理伤害。为了摆脱这种伤害，一些人不惜违反政策，不惜高额罚款，甚至为逃避计划生育而加入"超生游击队"。为了改变无子为后的文化传统，为计划生育营造良好的社会环境，使人们接受优生优育的现代理念，基层群众创造了好多喜闻乐见的新文化理念和宣传口号，如"生男生女都一样""只生一个好""女儿也一样养家""女儿是妈妈

① 《2013 年我国新生儿男女性别比近 118∶100》，人民网，2014 年 1 月 22 日。

的贴心小棉袄""优生优育奔致富""少生孩子多种树"等。这些新文化的打造和传播，推动了计划生育国策日益深入人心，也对先进性别观念的建构起了文化先锋的作用。

与此同时，为了改变长期存在的出生人口性别比升高问题，普及新的婚育观念，消除性别歧视，原国家人口和计生委于 2003 年开始启动了"关爱女孩行动"。① 从 2002 年年底安徽实施"关爱女孩工程"开始，全国各地都开展了相关的活动与措施，即在全社会广泛宣传"男女平等、生男生女一样好"的新观念，普及相关的法律法规和生殖健康知识，依法维护生育女孩妇女及女孩的合法权益，促进各级党委政府建立有利于女孩及其家庭的利益导向政策和社会保障制度，严肃查处非法鉴定胎儿性别和选择性终止妊娠案件以及溺弃女婴、虐待生育女孩妇女的违法犯罪行为，推动社会各界各部门形成齐抓共管、综合治理出生人口性别比升高问题的良好机制，进一步营造关爱女孩的舆论环境、政策环境、法制环境和工作氛围，在生殖健康服务、医疗报销、低保救助、职业培训等方面优先考虑独女户或双女户，多层次、全方位对独女户或双女户给予优先优惠或奖励。这从政策和社会保障层面有助于改变家庭中性别偏好的文化。

近年来，计生部门的工作职能也在由以前的"管理"向"服务"转变。以前的计划生育政策主要以严格控制人口数量为目的，现在已经逐步向提高人口素质转变。随着以人为本发展理念的深入，计生部门的工作职能已经逐步发生了变化，已经不像以前那样采取一系列"抓、罚、管"等强制性措施，转而逐步向"服务"方向转变，开展"送政策、送服务"和生育文化下乡等宣传活动，为群众提供优生优育、生殖健康和避孕知情选择等方面的咨询服务、免费发放避孕药具和各种宣传资料等，以及提倡计生避孕、孕前体检、孕期检查、育婴方法等优生优育技术普及、提高人口素质的慈善性活动等。

目前，经过改革开放 30 多年的宣传倡导，优生优育已经成为人们日益接受的新生活方式，为控制人口、优化人口、推动人口再生产和物质再生产的

---

① "关爱女孩行动"是在《人口与计划生育法》《母婴保健法》《计划生育技术服务管理条例》《关于禁止非医学需要的胎儿性别鉴定和选择性别的人工终止妊娠的规定》和《关于综合治理出生人口性别比升高问题的意见》等法律法规指导下，"禁止歧视、虐待生育女婴的妇女和不育的妇女"，"禁止歧视、虐待、遗弃女婴"，"严禁利用超声技术和其他技术手段进行非医学需要的胎儿性别鉴定"，"严禁非医学需要的选择性别的人工终止妊娠"。

协调发展发挥了巨大作用。为此，2013 年国家对生育政策进行新的调整，中共十八届三中全会审议通过了《中共中央关于全面深化改革若干重大问题的决定》，"单独二孩"政策开始实施。2015 年，为应对人口老龄化趋势，党的十八届五中全会决定，全面实施一对夫妇可生育两个孩子的政策。同年 12 月，国务院常务会议通过《中华人民共和国人口与计划生育法修正案〈草案〉》，对生育二孩及其保障配套制度进行了相应调整。

三、法治体系建设与 2001 年婚姻法修改

截至 2013 年年底，中国现行有效的法律已达 229 件，涵盖宪法等七大法律部门；现行有效的行政法规近 600 件，地方性法规 7000 多件。以宪法为基础的法律体系的建设，为世纪之交婚姻家庭文化坚持社会主义基本原则，在培育和践行社会主义核心价值观的基础上蓬勃发展，开辟了新的制度境界和文化境界。

1. 法治体系建设与婚姻立法政策的完善

改革开放后，随着物质文明和精神文明建设的发展，1984 年党的十二届三中全会讨论通过《关于经济体制改革的决议》，提出了建设具有中国特色的、充满生机活力的现代社会主义经济体制的新目标。1992 年，改革开放发展到更高阶段，在这关键时刻，邓小平发表了著名的"南方谈话"，为改革开放的进一步发展奠定了新的基础。党的十四大明确提出了建设社会主义市场经济体制以及建立现代企业制度的新目标。1997 年党的十五大与时俱进，确定了我国以公有制为主、多种所有制经济共同发展的基本经济制度。与此同时，党的十五大还确立了"依法治国，建设社会主义法治国家"的宏伟目标。

为了深化改革，不断推动社会主义市场经济和民主法治建设的进程，党和国家多次对宪法进行了修改。经 2004 年修改的现行宪法，在将邓小平理论上升为宪法指导思想的同时，加强了国家对个体经济、私营经济合法权利的保护，将"公民的合法的私有财产不受侵犯"以及"国家尊重和保障人权"写入宪法，凸显出国家对人权的重视。党的十八大提出"全面推进依法治国""法治是治国理政的基本方式"，2013 年召开的党的十八届三中全会提出，全面深化改革的总目标是完善和发展中国特色社会主义制度，推进国家治理体系和治理能力现代化。必须更加注重改革的系统性、整体性、协同性，

加快发展社会主义市场经济、民主政治、先进文化、和谐社会、生态文明，让一切劳动、知识、技术、管理、资本的活力竞相迸发，让一切创造社会财富的源泉充分涌流，让发展成果更多更公平惠及全体人民。2014 年召开的党的十八届四中全会专题讨论依法治国问题，明确全面推进依法治国的重大任务，是完善以宪法为核心的中国特色社会主义法律体系，加强宪法实施；深入推进依法行政，加快建设法治政府；保证公正司法，提高司法公信力；增强全民法治观念，推进法治社会建设；加强法治工作队伍建设；加强和改进党对全面推进依法治国的领导。

与此适应，继承法和刑法也对保护妇女和儿童做了进一步规定。1985 年10 月 1 日起开始施行的国家继承法，第二章第九条中规定"继承权男女平等"。现行刑法第 236 条规定，以暴力、胁迫或者其他手段强奸妇女的，处三年以上十年以下有期徒刑。奸淫不满十四周岁的幼女的，以强奸论，从重处罚。强奸妇女、奸淫幼女，有下列情形之一的，处十年以上有期徒刑、无期徒刑或者死刑：（一）强奸妇女、奸淫幼女情节恶劣的；（二）强奸妇女、奸淫幼女多人的；（三）在公共场所当众强奸妇女的；（四）二人以上轮奸的；（五）致使被害人重伤、死亡或者造成其他严重后果的。第 242 条规定未聚众但以暴力、威胁方法阻碍国家机关工作人员解救被收买的妇女、儿童的，以及聚众阻碍国家机关工作人员解救被收买的妇女、儿童活动中使用暴力、威胁方法的非首要分子，均应以妨害公务罪论处。刑法第 49 条还规定：犯罪时不满十八周岁的人和审判时怀孕的妇女不适用死刑。同时，2005 年 8 月 28 日修改施行的《中华人民共和国妇女权益保障法》第三十九条规定："禁止拐卖、绑架妇女；禁止收买被拐卖、绑架的妇女；禁止阻碍解救被拐卖、绑架的妇女。各级人民政府和公安、民政、劳动和社会保障、卫生等部门按照其职责及时采取措施解救被拐卖、绑架的妇女，做好善后工作，妇女联合会协助和配合做好有关工作。任何人不得歧视被拐卖、绑架的妇女。"

这些原则，也体现在婚姻家庭法律政策中。2001 年 4 月 27 日通过的新婚姻法明文禁止实施家庭暴力，新修改的妇女权益保障法更加明确规定禁止对妇女实施家庭暴力。为指导司法实践，2001 年 12 月《最高人民法院关于适用〈中华人民共和国婚姻法〉若干问题的解释（一）》第 1 条对此作出了明确规定，即家庭暴力是指行为人以殴打、捆绑、残害、强行限制人身自由或者其他手段，给其家庭成员的身体、精神等方面造成一定伤害后果的行为。2008年，我国引入"人身安全保护令"制度，尽管当前实践规模有限，但对施暴人的震慑效果明显。所谓人身安全保护令，在国际上被公认为是预防和制止家庭暴力最有效的措施。即当家暴受害人感到人身安全受到威胁时，可以请求法院发出禁止加害人殴打、威胁、骚扰自己的民事保护令。据不完全统计，当前全国各地的法院已发出了约两百份人身安全保护令，其中仅有四例被违反，保护令被证明止暴有效。同时，最高人民法院中国应用法学研究所发布了《涉及家庭暴力婚姻案件审理指南》（以下简称《审理指南》），提出在涉及家庭暴力的婚姻案件审理过程中，法院有必要"对被害人采取保护性措施，包括以裁定的形式采取民事强制措施，保护受害人的人身安全"。根据《审理指南》，法院签发的裁定内容可以包括禁止被申请人殴打、威胁申请人或申请人的亲友，禁止骚扰、跟踪申请人；且在裁定生效期间，一方不得擅自处理价值较大的夫妻共同财产；有必要的且具备条件的，还可以责令被申请人暂时搬出双方共同住处，禁止被申请人在距离申请人住处、学校、工作单位等场所50米至200米内活动等。①

在长期探索的基础上，2015年国务院常务会议通过《中华人民共和国反家庭暴力法〈草案〉》，并提请全国人大常务会审议。

为了切实维护妇女儿童合法权利，1990年2月22日国务院成立了妇女儿童工作协调委员会，1993年8月4日，更名为国务院妇女儿童工作委员会，简称国务院妇儿工委。这是国务院负责妇女儿童工作的协调议事机构，负责协调和推动政府有关部门执行保护妇女儿童的各项法律法规和政策措施，发展妇女儿童事业。基本职能包括：协调和推动政府有关部门做好维护妇女儿童权益工作，协调和推动政府有关部门制定和实施妇女和儿童发展纲要，协调和推动政府有关部门为开展妇女儿童工作和发展妇女儿童事业提供必要的人力、财力、物力、指导、督促和检查各省、自治区、直辖市人民政府妇女儿童工作委员会的工作等。目前，该委员会由35个部委和社会团体组成，办公室设在全国妇联。成员单位包括：国家发展改革委、中央宣传部、外交部、教育部、科技部、工业和信息化部、国家民委、公安部、民政部、司法部、

① 最高人民法院中国应用法学研究所发布：《涉及家庭暴力婚姻案件审理指南》，2008年。

财政部、人力资源和社会保障部、环境保护部、住房和城乡建设部、交通运输部、水利部、农业部、商务部、文化部、国家卫生计生委、国家工商总局、国家质检总局、国家新闻出版广电总局、国家体育总局、国家统计局、国家林业局、国务院法制办、国务院新闻办、国务院扶贫办、全国总工会、共青团中央、全国妇联、中国残联、中国科协、中国关工委等。这些举措，使婚姻家庭法律和政策以及政府推动机制不断完善，也是婚姻家庭文化的制度创新结晶。

2. 2001 年婚姻法修改的主要内容

在国家法治建设的背景下，2001 年全国人大再一次对婚姻法进行了修订，逐步形成了以宪法为基础，以婚姻法为主干，包括其他法律政策在内的社会主义婚姻法体系。2001 年婚姻法修改的要点，是在体系结构上，将原来的 5 章 37 条修改为 6 章 51 条，增加第五章"救助措施与法律责任"；具体条文经过调整增删，净增 14 条。

有关"总则"的修改主要包括两条，一是第三条第二款，在"禁止重婚"之后，增加"禁止有配偶者与他人同居。禁止家庭暴力"；二是增加一条，即第四条："夫妻应当互相忠实，互相尊重；家庭成员间应当敬老爱幼，互相帮助，维护平等、和睦、文明的婚姻家庭关系。"[1] 其中，禁止家庭暴力的规定，是一项重要突破，它既是新婚姻法的一项基本原则，也是反映在新婚姻法诸多规范内容中的一项重要指导原则。新婚姻法之所以增补这一内容，主要有三个原因：一是反映了国际社会人权保障体系的共同呼声和压力，是中国用法律手段保护人权、履行对有关国际公约承诺的具体体现。二是中国社会基于历史的、现实的诸多因素的影响，确实存在家庭暴力问题，必须给予相应的法律对策。三是在我国现行法律体系中，虽然已有一些零散的惩治家庭暴力、保护受害人的规则，但"只见树木，不见森林"，需要加以集中、整合和明确。[2] 有关"夫妻关系"的修改主要包括以下方面：一是将第十三条改为第十七条，明确列出夫妻共同财产的 5 项内容；二是增加第十八条，具体列出归夫妻一方财产的 5 项内容；三是增加第十九条，规定夫妻可以约

---

① 张希坡：《中国婚姻立法史》，人民出版社 2004 年版，第 249 页。
② 目前，主张出台专项反家庭暴力法的观点已纳入全国人大立法范畴，取得了进一步的发展。

定婚姻关系存续期间所得的财产以及婚前财产归各自所有、共同所有或部分各自所有、部分共同所有。约定应当采用书面形式。没有约定或约定不明确的，适用本法第十七条、第十八条的规定。还规定，夫妻对婚姻关系存续期间所得的财产以及婚前财产的约定，对双方具有约束力；夫妻对婚姻关系存续期间所得的财产约定归各自所有的，夫或妻一方对外所负的债务，第三人知道该约定的，以夫或妻一方所有的财产清偿。本条关于夫妻约定财产制的规定，是在1980年婚姻法第十三条规定的基础上加以补充和完善形成的，是这次修改婚姻法完善我国夫妻财产制的一个重要方面。约定财产制与法定财产制相比较而言，其灵活性更强，更能适应复杂多样的夫妻财产关系，更能适应现代社会丰富多样的生活方式，也更能体现当事人的真实意愿和个性化需要。目前世界各国都愈来愈重视约定财产制的意义和作用。美国、英国、法国、德国、瑞士和俄罗斯等许多国家和地区都在法律中明文规定，夫妻双方可以在婚前或婚姻关系存续期间，约定采用某种财产制来支配他们之间的财产关系。关于扶养和赡养关系的修改主要有以下方面，一是在第二十条，关于"禁止溺婴"中增加了禁止"弃婴"的内容。二是第十七条改为第二十三条，将原规定"父母有管教和保护未成年子女的权利和义务"，修改为"父母有保护和教育未成年子女的权利和义务"；并将"父母有赔偿经济损失的义务"，修改为"父母有承担民事责任的义务"。三是第十九条改为第二十五条，将第二款"非婚生子女的生父，应负担子女必要的生活费和教育费的一部或者全部"，修改为"不直接抚养非婚生子女的生父或生母，应当负担子女的生活费和教育费"。四是第二十二条改为第二十八条，在"对于父母已经死亡"之后，增加"或父母无力抚养"的；在"对于子女已经死亡"之后，增加"或子女无力赡养"的，也应有抚养、赡养的义务。五是第二十三条改为第二十九条，增加以下规定："由兄、姐抚养长大的有负担能力的弟、妹，对于缺乏劳动能力又缺乏生活来源的兄、姐，有抚养的义务。"此外，新婚姻法还增加了子女应当尊重父母再婚权利的内容。

虽然2011年婚姻法有了更加完善的修改，但是，鉴于婚姻家庭问题的多发性与复杂性，新修改的婚姻法依然过于笼统。因此，2001年修订的婚姻法实施之后，最高人民法院先后又出台了三个婚姻法司法解释。2001年针对审判实践中遇到的法律适用疑难问题，最高人民法院于同年12月24日出台了

《关于适用〈中华人民共和国婚姻法〉若干问题的解释（一）》，针对婚姻法修改后的一些程序性和审判实践中急需解决的问题做出了解释，包括"无效婚姻"和"可撤销婚姻"的处理程序及法律后果、提出中止探望权的主体资格、子女抚养费、离婚损害赔偿等问题。2003 年 12 月 25 日，最高人民法院又出台了《关于适用〈中华人民共和国婚姻法〉若干问题的解释（二）》，主要针对彩礼应否返还、夫妻债务处理、住房公积金及知识产权收益等款项的认定、军人的复员费及自主择业费的处理等问题，提供了具有可操作性的裁判依据。婚姻法律政策的完善为处理婚姻家庭纠纷案件提供了日益完善的制度保障。据统计，2008 年全国法院一审受理婚姻家庭纠纷案件共计 1286437 件，2009 年为 1341029 件，2010 年为 1374136 件，呈逐年上升趋势。2010 年全国法院一审受理离婚案件 1164521 件，受理抚养、扶养关系纠纷案件 50499 件，受理抚育费纠纷案件 24020 件，受理婚约财产纠纷案件 24676 件。案件相对集中在婚前贷款买房、夫妻房产赠予、亲子鉴定等方面。[1] 为了更好地贯彻落实婚姻法，推动司法和执法进程，2011 年 8 月 13 日，最高人民法院进一步颁布实施《关于适用〈中华人民共和国婚姻法〉若干问题的解释（三）》，重点是对结婚登记程序中的救济手段、亲子关系诉讼中当事人拒绝鉴定的法律后果、夫妻一方个人财产婚后产生收益的认定、父母为子女结婚购买不动产的认定、离婚案件中一方婚前贷款购买不动产的处理、附协议离婚条件的财产分割协议效力的认定等问题做出解释。

3. 家庭文化发展的新走向

婚姻制度和家庭生活不仅内容复杂、结构庞杂，而且是一个大家都有话可说的社会现象。透视婚姻家庭发展的脉络，我们可以发现社会发展的走向和社会转折的阵痛都对人们的家庭生活产生着深刻的影响，表现为特有的社会心理的纠结或价值观困惑，正是在这些特有的困惑和纠结以及思考和探索中，人们的婚姻观念和家庭文化才会日益丰富和成熟，并伴随着社会文化的繁荣而更加健康地迈向未来。

当前，关于婚姻家庭制度的思考和争论焦点，主要围绕《婚姻法司法解释（三）》中婚前与婚后房产的归属展开。根据《婚姻法司法解释（二）》的

---

① 《最高法：全国法院去年一审受理116 万余件离婚案》，中国新闻网，2011 年 8 月 12 日。

规定，婚前由一方父母出资购买的房产，产权登记在出资人子女名下的，除有特别约定赠予夫妻双方的以外，可视为对自己子女一方的赠予；婚后由一方父母出资购买的房产，产权登记在出资人子女名下的，除有特别约定赠予自己子女个人的以外，可视为对夫妻双方的共同赠予。但是，《婚姻法司法解释（三）》则将结婚后买房的情况与结婚前买房的情况等同了起来。也就是说，即使两人先领了结婚证书，夫妻一方的父母再给孩子买婚房的，这套房产也不再属于婚姻存续间取得的共同财产。而如果是婚后双方父母共同出资买房的话，则按照双方出资比例分配房屋产权，这显然有利于保护实际出资购房以及出资多的一方的利益。

支持这项规定的人认为该项条款体现了宪法和物权法中保护公民私有财产不可侵犯，体现了司法中立的基本原则，改变了因婚姻关系可以变更物权关系的传统。对这项规定持质疑态度的人则认为，该项规定貌似司法中立，但是在实际上却有可能构成对社会弱势群体特别是女性的利益损害，有专家指出这种损害不仅是立法对弱势群体的利益的盲视，也是对弱势群体的间接歧视。

在实际生活中，从性别的视角审视，男性更多的支持上述内容，而女性则更多的持保留意见。这是因为在中国传统文化和约定俗成的现实语境中，结婚买房似乎历来都是男方的责任，女方则主要承担装修、家电、汽车等嫁妆，民间也常有"男孩是建设银行，女儿是招商银行"的形象说法。鉴于此，《婚姻法司法解释（三）》中关于离婚时房产分割的规定很可能在实际上更多保障男方及其父母的权益，而女方的嫁妆投入则更多属于动产和消耗品，会随着日常生活被消耗。以下案例具有一定的代表性。

> 王萌，35岁，有一对三岁的双胞胎女儿，公婆家境殷实，丈夫是一家企业的中层管理者，婚后王萌与公婆同住，生育后辞去工作做起了全职太太，对公婆和丈夫体贴入微，公婆用自己的积蓄买了一套价值近千万的别墅，落在儿子名下。根据《婚姻法司法解释（二）》，王萌对该套房产拥有一半产权，但根据《婚姻法司法解释（三）》，万一王萌离婚，这套房产将归王萌丈夫所有，而王萌因辞职造成的发展机会丧失，以及家务劳动无报酬的问题却很难得到相应的补偿。王萌感到新司法解释使她没有了安全感。

对于父母购买的房产怎样保全，下面一例也值得关注。

　　某男张建国，新婚不久，公婆对儿媳很满意，看到小两口十分恩爱，便出资给儿子儿媳购买了一套五百多万元的房产，写在儿子名下。不久，张建国出差返家，为给妻子惊喜就没有提前通知，但张建国乐悠悠打开房门后却立时惊呆了，看到妻子正和一陌生男子在沙发上衣冠不整相拥而坐。张建国遂提出离婚。但是，令他没有想到的是妻子先是不同意离婚，随后又提出离婚的条件是分割一半房产。对法律不很清晰的张建国为了房产问题聘请律师，帮助诉讼。律师根据《婚姻法司法解释（三）》第七条，"婚后由一方父母出资为子女购买的不动产，产权登记在出资人子女名下的，可按照婚姻法第十八条第（三）项的规定，视为只对自己子女一方的赠予，该不动产应认定为夫妻一方的个人财产"，提出房产应归张建国所有。但是，女方却认为该房产是公婆赠予他们夫妻的共同财产。但根据法律，这套房屋是否归男方占有，一是看是否登记在父母自己子女一方的名下，二是看父母是否全额出资。在律师的帮助下，张建国提供了父母全额购房的支付证明。相反，如果父母未出全资，将按照出资份额扣除父母产权份额后，在张建国与妻子之间共同分配。

　　像王萌的这种情况，如果发生在农村，妇女一旦离婚，则有可能面临"净身出户"的风险，因为房子和土地一般都是丈夫的婚前财产。面对这种困惑，一些女性甚至提前行动，在婚前提出将男方购买的房产或者婚后公婆出资购买的房产上署上自己的名字。

　　在为婚姻财产的增值和离异分割苦恼的同时，人们还不得不在更大程度上面对离婚率居高不下，以及婚内情感出轨、"第三者"插足等社会现象的频发，进而对爱情的持久性和婚姻的忠实性产生了困惑。2001年婚姻法在总则中增设了第四条"夫妻应当互相忠实，互相尊重；家庭成员间应当敬老爱幼，互相帮助，维护平等、和睦、文明的婚姻家庭关系"。这是我国家庭建设的重要特色，也是中国社会主义制度兼具法治和德治功能的重要体现。婚姻家庭关系十分复杂，涉及公民人身权、财产权，以及社会秩序维护等问题，这些问题的处理，又从多方面涉及人的思想品行和生活习俗，需要广大群众树立正确的世界观、人生观、价值观，形成健康和谐、积极向上的思想道德规范，这些价值观的树立，对于建立和维护平等、和睦、文明的婚姻家庭关系至关重要，也是法治所不能包办代替的。因此，新修改的婚姻法规定夫妻双方应当互相忠实，目的是提倡男女平等，建立互爱互助、和睦团结的婚姻家庭关系。其实，即使在封建社会，一般的平民百姓如果违反了夫妻忠实的义务，也通常会受到通奸罪的处罚，我国取消通奸罪后，对夫妻不忠实的法律约束已在实际上趋于淡化。

在重视夫妻关系的同时，父母与子女以及兄弟姐妹的关系也在市场经济下，出现了一些不和谐的音符，对孝敬父母、兄友弟恭、姐妹相让的文化传统提出了挑战。为了弘扬社会主义核心价值观，张扬公平正义的基本原则，北京电视台开辟了一个第三调解室节目。据统计，不论是夫妻之争还是兄弟姐妹抑或是父母与子女之间的矛盾，基本上都与财产相关。在房价低微的年代，一套小房产少则十几万多则二三十万，兄弟姐妹之间基本还能互相理解谦让，即使有矛盾也可以私下调解分配，但是，到了21世纪大城市城区的房价奇高，一套二十万的房产转瞬之间翻成数百万，迅猛增长的房价使一些人追逐个人利益的冲动迅速膨胀，怎么样分割这块增值的财富"蛋糕"，使一些家庭成员丧失了基本的亲情伦理原则，甚至不惜践踏法律。尽管一些人为夫妻不忠实和财产分割打得不可开交，但多数家庭则依然平安地过着自己的日子。

困扰家庭财力和情商建设的另一个问题是望子成龙，渴望子女学业有成、事业发达。为了这个梦想，一些家庭省吃俭用，甚至不惜缴纳高额赞助费，或者贴现将家庭住房换为好学区住房。而一些教育和培训机构，也精于算计，引诱家长透支育儿教育经费，特别是一些私立幼儿园，更是巧立名目，增加收费或提高收费标准。一些培训机构还举办名目繁多的各类兴趣班、提高班，或者倡导各种体育与艺术考级，不仅增加了家庭负担，扰乱了教育秩序，还加重了孩子的负担，使孩子失去了自由发展的机会和童年的乐趣。也有一些家长，为了子女有个好前程，不惜干涉孩子的爱好，强迫子女进不感兴趣的学校或接受不感兴趣的专业，影响子女的身心健康。

随着大学教育由精英教育转为大众教育，以及高考升学比例的提高，教育个性化发展的趋势显著，这就要求我们的家长，在子女教育包括职业选择上，要充分尊重子女的兴趣和爱好，引导子女将个人发展与社会需要相结合，设计自己的学习和工作方案，淡化望子成龙的期待，关注子女的全面发展和身心健康。

第四章　恋爱与婚姻

人们常用良辰美景和洞房花烛来形容婚姻的缔结和美好，这是因为婚姻不仅是家庭的基础，更是恋爱的重要目标和情感归宿。在传统社会，家庭文化往往更加重视家庭血缘关系以及代际传承，而在很大程度上忽略夫妻关系的构建和经营，以至人们在形容一个婚姻缔结的时候，通常描述"在欢乐的鞭炮声中，一个新的家庭诞生了"。改革开放之后，特别是21世纪以来，恋爱婚姻在家庭中的重要性前移，婚姻以爱情为基础，婚姻是爱情发展的新起点，以及无爱情婚姻应文明离婚的现代理念，已经日益深入人心。

一、文明健康的恋爱观

男女相悦，恋爱结婚是人类永恒的追求。当前，伴随中国经济、政治、文化、社会和生态环境的不断优化，经济和政治因素对人们择偶的约束已经日益淡化，而个人的爱好、情趣的相近以及是否谈得来，已经成为人们恋爱择偶首先考虑的因素，并且人们的择偶方式也更加个性化和多样化。

1. 恋爱与择偶的价值理念

关于爱情，自古以来人类社会就有无数的描绘：爱情是碰见对方时的一种怦然心动、是在擦肩而过之际萌发的一种激情、是一种甘愿以身相许的长久情感、是与激情相伴的强烈责任、是宁愿为对方牺牲的高尚情操，等等。这些描绘或者直白，或者朦胧，但都不过是爱情汪洋的沧海一粟。

与爱情诗情画意的描绘相比，恋爱的定义则要实际得多。一般地说，恋爱是指男女两个人基于一定的信赖条件和人生理想，在各自心中形成的对对方的爱慕之心，并愿意对方成为自己终身伴侣的强烈感情。但是，随着爱情学、性学和家庭学等学科的发展，以及社会进化特别是人类情感的成熟，恋爱只发生或主要发生在异性、适龄男女间的社会规范，也受到了现代文化的挑战，在一些国家和地区的文化中，恋爱的对象，已不仅局限在青年与异性之间，也可以包括同性恋、老年恋即"黄昏恋"乃至老少恋、姐弟恋，等等。

与恋爱定义的拓展相适应，人们的恋爱和择偶方式也已经由传统的"媒妁之言"向多渠道自由恋爱的新模式转化，形成了以工作和学习中的自由恋爱为主，辅之以亲朋介绍、报刊网络征婚、电视速配姻缘以及网恋共存的新恋爱结构。同样，随着社会物质文明和精神文明建设的发展，以及恋爱内涵的深化和外延的拓展，人们对爱情的理解以及择偶的具体条件也呈现出更加多样也更加复杂的态势。

如果说与改革开放前相比，中国社会的择偶观已日益摆脱了政治属性的影响，那么与西方社会相比，中国男女的择偶期待却依然更加重视经济与家世的条件，并且男女择偶也较西方择偶呈现着更多的附加条件。一般地说，男方更重视女方的相貌和性格，而女方则更看重男方的经济条件和发展潜力。

某男的征婚

我，未婚，男，本市户口，现年29岁，身高1.78米，身体无缺陷。家有房产两套，在国企工作，月收入相当可观。业余时间喜欢看书、运动，择漂亮、端庄大方、温柔可人的女性以共创美好未来。

某女的征婚

我，未婚，女，25岁，身高1.62米，身体健康，相貌出众，大学文化，性格温柔，善理家务，爱看书学习，喜欢听音乐。觅豁达大度、性情随和、有一技之长、35岁以下的男士为伴，要求对方有房产、大学以上学历，如条件优者年龄可放宽。

从这两例征婚广告中可以看出，青年男女择偶依然没有彻底蜕去郎才女貌的历史外衣，其中男性更张扬自己的房产、收入和国企身份，而女性则更重视身材、相貌和性格因素，说明现代年轻人的择偶依然受传统文化的制约，这与传统文化中男高女低的婚恋观，以及经济发展相对滞后和社会保障水平不足具有一定的关系。此外，从大量的征婚广告中还可以捕捉到中国男女择偶依然难以摆脱"门当户对"的传统。这种将爱情与经济、家世、个人条件相结合，甚至量化为某些具体条件的做法，被一些人形容为择偶是比买股票更加艰难的选择，还有人幻想自己的择偶对象能够成为"潜力股""绩优股"，使情感投入能得到丰厚回报。受生活环境的影响，个人的价值观、择偶观与择偶条件各有不同是很正常的，但是，树立正确的择偶观也就是以爱情为基础的择偶观，对婚姻基础是否牢固、能否天长地久，以及个人的健康成长都至关重要。

那么，究竟什么样的恋爱观和择偶观是正确的，在什么样的恋爱观指导下才能觅得幸福爱情和婚姻？基本的原则有以下四点：

第一，恋爱应建立在志同道合的基础上。莎士比亚曾说，"爱情不是树荫下的甜言，不是桃花源中的蜜语，不是轻绵的眼泪，更不是死硬的强迫，而是建立在共同基础上的心灵沟通"①。因此，在恋人的选择上最重要的条件应该是志同道合，包括思想品德、事业理想和生活情趣等大体一致。周恩来和邓颖超就是一对情深伉俪，他们毕生相恋，经受住了艰难困苦与战火的洗礼，战胜了失子和无子女的痛楚，共同献身于崇高的共产主义事业，不失为婚姻的一代佳话。

第二，恋爱应摆正爱情与事业的关系。爱情是美好的，人们常将其比喻为生活的食盐和味素，但是，恋爱并不是人生的全部。实现爱情和事业的双丰收，必须处理好爱情与事业的关系。在这个问题上，有些人常将恋爱与事业对立起来进行思考，提倡男人先成家后立业或者先立业后成家，对女人就更加苛刻，将"干得好"与"嫁得好"对立起来，似乎非此即彼，这种二元对立的思维模式并不符合爱情与事业共同发展的规律。因此，将爱情与事业割裂开来的观点有失偏颇，最佳的选择是将爱情与事业相结合，在个人发展和事业成长的过程中丰收爱情，在收获爱情的过程中促进个人的成长与发展。

第三，要增强恋爱的责任感。在恋爱过程中，两个不同的个体摩擦出爱情的火花，走到一起，但是，每个人又有独特的个性和处事原则，有些摩擦也在所难免。这就要求恋爱双方在享受权利、体验甜蜜的同时，也要承担恋爱的责任，要尊重双方人格，包括尊重双方的父母家庭乃至亲朋好友，和谐的融入彼此生活。一旦恋爱关系建立，双方都要忠贞专一，不能三心二意、见异思迁，更不能出现三角恋爱或者多角恋爱的行为。

第四，在恋爱过程中要保持应有的距离。恋爱是婚姻的前奏，但不是所有的恋爱都能最终通向婚姻的殿堂。因此，在恋爱过程中，双方在经济和情

---

① 百科词条，"爱情观"，http：//baike. baidu. com/view/406534. htm？fr＝aladdin。

感上都要保持相对独立，以尽量避免经济因素对感情选择的影响。在恋爱中要尽可能全面了解对方的人品和爱好，做出符合自己的判断和选择。还要避免恋爱过程中的求全责备，一旦选择了就应接受和包容，互相尊重，共同进步，彼此欣赏。

2. 择偶条件与方式

在实际生活中，虽然择偶通常发生在未婚的青年男女之间，择偶的主流形态也以自由恋爱为基础，但是，随着晚婚晚育文化的生成，离婚现象的增多，以及人的寿命的延长，恋爱对象和恋爱方式都在现代生活的节奏下呈现出多样性的发展状况。

恋爱是人的基本权利之一。谈起恋爱，我们往往首先想到的是恋爱自由，但是，正像"自由"并不是一个绝对的概念一样，恋爱自由也是有所限制的。在原始社会，人类祖先曾经禁止直系血亲的通婚，在现代的婚姻法中直系血亲以及三代以内的旁系血亲之间禁止通婚，因此，恋爱自由应发生在直系和三代以内的旁系血亲之外。另外，婚姻法还规定患有医学上认为不应当结婚的疾病者禁止结婚，这些疾病包括重症精神病（即精神分裂症和躁狂抑郁症）、重症智力低下者（即痴呆症）、处于发病期间的法定传染病（包括未经治愈的梅毒、淋病、艾滋病、甲型肝炎、开放性肺结核、麻风病等）。也就是说，应在恋爱阶段避免将上述人作为恋爱对象。

除不宜恋爱结婚的某些疾病外，恋爱还应与婚龄的规定相适应，我国婚姻法规定，"结婚年龄，男不得早于二十二周岁，女不得早于二十周岁"。对结婚年龄进行规定，是因为人们只有达到一定年龄，才能具备相应的生理条件和心理条件，以履行夫妻义务和承担家庭与社会责任。但是，这个婚龄的规定，是结婚的底线年龄，并不是说到了这个年龄就要结婚，相反，现代社会提倡晚恋、晚婚、晚育。但是，也不是说恋爱越晚、结婚越晚就越好。恋爱结婚不仅是个人的私事，还涉及双方的家庭，更关系下一代的生育，也就是人口再生产的质量。据第六次人口普查数据显示，2010 年中国平均结婚年龄为 24.98 岁，其中男性为 26.41 岁，女性为 23.71 岁；北京市的平均结婚年龄为男性 28.2 岁，女性 26.1 岁，高于全国的平均婚龄。人们的婚龄呈上升趋势，据第六次全国人口普查结果显示，妇女生育年龄平均为 29.13 岁。这个数据比 2000 年推迟了 2.82 岁。① 在实际生活中，结婚年龄还存在较大的城乡差距，和城市相比，农村的婚龄低。这与生活状况好转后，人的生理年龄的提前以及"早结婚早得济"的传统生育观具有一定的关系。国家卫生和计生委公布的《中国家庭发展报告 2015》（以下简称《报告》）指出，我国未婚男性多集中在农村地区，且分布在各个年龄组；而未婚女性更多集中在城镇地区。同时《报告》还指出，在我国城乡差别较大、人口流动频繁的背景下，加上人们在择偶过程中的婚姻梯度选择，婚姻匹配的矛盾将不可避免地发生转移。②

对恋爱结婚提出年龄限制，是由人的生理规律和社会伦理共同决定的，过度早恋不仅会影响人的身心健康，而且也不利于青少年的全面发展。在实际生活中，早恋早婚行为虽然并不常见，但一些恋爱"模拟"或游戏已经在小学生中有所发生。男女生互传纸条，甚至还流传很多所谓的校园恋爱秘语，如"2258"（爱爱我吧）、"1314（一生一世）"等。之所以不应该提倡，是因为这些模拟行为处理不好，会影响青少年的学习、身心发展和成人后的生活。早恋者往往沉溺于所谓的恋情之中，再加上青少年心智未成熟，就更容易为坏人所利用。一些早恋的学生甚至认为，"只要两人志同道合，就不会影响学习"或者"早恋能促进学习"。这些观点虽然不能一概而论，生活中早恋促进学习的案例也有所耳闻，但很多家长和老师之所以能够发现孩子们的早恋问题，往往是从他们的学习成绩下滑开始的。还有一些研究显示，青少年态度不稳定，心理不成熟、脆弱且耐受力差，恋爱中容易产生矛盾，并在情感波折中受到伤害。有的青少年甚至因早恋受挫而怀疑人生，给自己的感情生活造成阴影，甚至影响成年后的婚姻生活。还有一个重要的问题，就是早恋容易出现性行为、性过失。青少年性意识萌发，容易激动，会因一时兴致而不计行为后果，行为越轨后，又会羞于启齿、担惊受怕，不知如何处理。这些都会对今后人生产生影响。据某法制网报道，前几年有一名 21 岁的大二女生与男同学醉酒同居，发生性关系，不久女生发现自己怀孕，并告诉同居男友，但男友不信，并与该女生断绝联系，该女生不知如何处理，又怕他人发现，只能照常上课和参加运动，后来该女生十月怀胎后在厕所产下女婴，慌乱中

---

① 王素美：《结婚迟生孩晚弊端多》，《生命时报》2014 年 10 月 28 日。
② 余明辉：《重视"农村多剩男城市多剩女"背后问题》，《新京报》2015 年 5 月 14 日。

该女生将婴儿与胎盘装在塑料袋内，从四楼阳台扔了下去。后来，女婴尸体被清洁工发现报案，该女生被判四年，辩护律师分析该女生犯罪成因时指出，她出生在边远封闭的小山村，从小右眼失明，饱受嘲笑，性格内向自卑，易走极端，外加法律意识薄弱，最终走上了犯罪的道路。

和早婚早恋一样，晚婚晚恋现象也同时存在。一些人甚至因过于晚恋而错过了青春萌动的恋爱时期，导致择偶困难。大龄男女择偶难的现象已经引起社会的广泛重视，为此，一些机构还组织了特定的"相亲会"，甚至一些父母还代替子女去相亲。择偶时间的错位还与社会上存在着"男人四十一朵花，女人三十豆腐渣"的传统观念相交织，致使城市大龄女性择偶更难。在这个过程中，少数人不切实际的择偶标准也提高了择偶难度。

王小亮的择偶难

王小亮，男，42岁，至今未婚，是个土生土长的北京人，父母都是银行职员，家境殷实，有一个哥哥，生活也很富裕，明确表示不要父母的家产，将父母家产让与弟弟。父母也急于小儿子早日成家。但王小亮待价而沽。很多人给他介绍过女朋友，他见过的女友一打又一打，但是没有一个双方称心的。王小亮的条件很具体，就是门当户对，女方漂亮又有教养，但是王小亮自己只有高中学历，个头偏矮、长相一般，也没有正当工作，属于"啃老一族"。至今他依然坚守着自己的条件不肯降低择偶标准。

张颖的择偶经历

张颖，女，32岁，美国某名牌大学建筑系硕士毕业，现回国在京谋职，收入颇丰。在某小区拥有一套三居室，衣食无忧。父母只有这一个女儿，自己省吃俭用还时常资助女儿，希望她找一个志同道合、年龄相当的乘龙快婿。但是，张颖从小很有个性，追求卓越，进入婚姻市场后她发现在同龄人中很难找到比自己更强的男性。朋友给介绍了几个对象，她总感觉对方的社会地位过低，综合考虑后她制定了自己的择偶标准。第一条就是要有良好的社会地位。功夫不负有心人，最近朋友给她介绍了一位未婚的男性处级领导，年逾半百，其貌不扬，但是，她有些动心。思虑再三，还是与男方确立了恋爱关系。两人微信频繁，常常出双入对到漫步街头，恋爱势头看好。突然有一件小事令双方终止了恋爱活动。那是在今年长假前夕夜晚，张颖突发奇想，有了结婚的打算，于是打电话约男友赴香港购物，男友却坚定地说："香港就别去了，还是宅在家里听听贝多芬交响曲吧!"张颖十分沮丧，思前想后，她得出一个结论，这个恋爱对象是个十分抠门的家伙，于是一条微信发过去宣告两人的恋情就此终止。

与上面这对男女的恋爱定位所不同，有一些人则采取积极态度寻觅佳偶，其中，姐弟恋现象就很有代表性。一般地说，社会的主流爱情组合是男大女小，而"姐弟恋"却反其道而行之，这种恋爱模式背离了女人追求资源优厚的男人而男人贪慕年轻漂亮女人的传统，超越这些外在的条件，去追求对方内在的性格、思想和价值观，可能更有利于找到理想的爱情和生活伴侣。并且，从生命周期审视，女性的预期寿命普遍长于男性，从这个角度看，姐弟恋的婚姻还在挑战男大女小婚姻传统的同时，为夫妻白头到老编织了恩爱与现实的程序。

3. 恋爱择偶应注意的主要问题

随着经济社会的发展，恋爱空间越来越大，恋爱方式越来越多样。从女白领到"经济适用男"，从老夫少妻到老妇少夫的忘年婚姻，从亲友介绍到自由恋爱、再到网恋和电视择偶，人们的恋爱生活更加丰富多彩，在恋爱中走向成熟，也为恋爱付出代价。但有几个问题是恋爱过程中应特别注意的:

一是恋爱中的经济问题。将经济条件作为衡量恋爱对象的标准之一无可厚非，但是，不能过分看重经济条件。在改革开放之初，有些地区就流传着一首《择婿歌》:"一表人才，二老归天，三转一响，四十平方，五十工资，六亲不认，七尺男儿，八面玲珑，九(酒)烟不沾，十分听话。"其中，"三转一响"指结婚时必须有自行车、缝纫机、手表、收音机，"四十平方"指住房面积，"五十工资"在当时属于工人中的"干部标准"收入。到了今天，人们的生活今非昔比，一些人择偶的物质条件也鸟枪换炮，"三转一响"已经演绎为更加实用的汽车、房产、电脑、空调、冰箱和彩电。虽然，豪宅香车可以购买，但因一味追求这些物质条件，就很可能会错失择偶良机。

二是恋爱过程中的未婚同居问题。谈起婚姻，人们最常见的祝福是"白头偕老"，然而在当今生活节奏越来越快，婚姻稳定性受到挑战的背景下，一些年轻人转而追求"只求一朝拥有，不求天长地久"。为此，原来很简单的恋爱关系已经日趋复杂，早恋、闪恋、一夜情、未婚同居的现象时有发生，不仅给人们的心理健康带来挑战，也在一定程度上影响着社会的和谐稳定。另外，现实中未婚同居引起的情感和经济纠纷并不少见。一些人甚至为此付出健康的代价或遭受心理伤害。有鉴于此，对非婚同居、恋爱中的性问题都应该十分谨慎。婚姻同居虽然是人的基本权利，但未婚同居却是不受法律保护的行为，更是不受道德接纳的行为。

三是"网恋"和"网友约会"。现今社会科技高度发达，互联网已成为现实生活中应用最广、最受欢迎的传媒之一。但任何事物都往往具有两重性，互联网也不例外。它在为恋爱择偶搭建新平台的同时，也潜伏着诸多新挑战、新问题。在新媒体时代，男女可以通过网络建立爱情关系，并通过网络以情侣的语气交流、聊天。但网恋不同于一般的网聊，其中可能潜伏各种风险，涉足者需要增强防范意识，注意保护自己的隐私和尊严。

在网恋中，双方往往不知道对方的真实面貌，不了解对方的脾气和秉性，不清楚网恋的对象是同性还是异性，很难判断网恋是否是一场游戏、一个圈套。有人形容，网恋就好比一款游戏，游戏中主角的姓名及性别可以随时任意改变，今天是一个温柔可爱的淑女，也许明天就变成了具有阳刚之气的男人。生活中，网友见面最后发现两人是同性的尴尬例子并不罕见。与网恋相关还派生了另一个问题，即"网友约会"。由正当健康的网恋发展为网友约会，继而一见钟情，发展为恋人甚至婚姻关系，都是合乎法律和道德的。但从网恋到网友约会，这关键的一跃，却可能隐含着落入峡谷或陷阱，甚至一去不返的危险。

网恋陷阱

2008年10月，22岁的女子李某在网吧上网时，认识了网名叫"教皇"的男子，开始网恋。随后，"教皇"邀请李某到游乐园游玩并去饭店吃饭。饭后二人走出饭店，"教皇"见四处无人，便露出凶恶面目，殴打李某并抢走她的现金、银行卡和身份证，还胁迫李某到旅馆，暴力强奸了李某。次日，"教皇"用手机拍摄8张李某的裸体照片，威胁李某每月给他的银行卡汇2000元，否则将把裸体照片发在网上。案发后，李某报警。经多方调查，"教皇"被依法刑事拘留。[①]

这样的网恋恶性案件提醒人们，网上交友聊天，一定要慎重。一旦要见

---

① 《女大学生与网友见面被抢劫强奸拍下裸照》，http://www.enorth.com.cn，北方网新闻中心，2008-11-21。

面，最好选择一个公共的开放场合，比如咖啡厅、公园、大型广场、快餐厅等，千万不要直接将对方带到家里或偏僻之地，也不要轻易食用网友递来的饮料及食物，同时，还要注意将自己的行踪告诉家人或好友。一旦发现安全隐患，要马上离开或及时求助。

二、夫妻相处的艺术

人们经过浪漫的恋爱，步入婚姻殿堂，如何能够在经过"一年纸婚，五年木婚，十年锡婚"的通道上和谐相处，迈入银婚、金婚、钻石婚？有人归纳为一个字，"忍"。虽然"忍"不失为调适矛盾、沟通感情的一种方法，但将"忍"字作为发展增进夫妻关系的助推器却不免消极，更积极的方式应该是婚后不断地给爱情施肥、浇水，通过勤于耕耘，使爱情之树常青不枯。夫妻交往，有很多方法，其中平等与尊重、忠实与信任、沟通与理解是基本艺术。

1. 平等与尊重

谈起平等与尊重，人们经常会想到夫妻"相敬如宾"或"举案齐眉"的故事。自古以来，这两个成语几乎成为赞美夫妻美满婚姻的专用词。相敬如宾说的是春秋时期一个叫冀芮的人在田里除草，他的妻子把午饭送到田头，恭恭敬敬地用双手把饭捧给丈夫，丈夫庄重地接过来，毕恭毕敬地祝福以后再用饭。妻子在丈夫用饭时，恭敬地侍立在一旁等着他吃完，收拾餐具辞别丈夫而去。这件事被当时晋国的一个大夫看见了。《左传》记载了这段故事。举案齐眉则是汉时梁鸿和妻子孟光的故事。每当丈夫梁鸿回家时，妻子孟光就托着放有饭菜的盘子，恭恭敬敬地送到丈夫面前。为了表示对丈夫的尊敬，妻子不敢仰视丈夫的脸，总是把盘子托得跟眉毛齐平，丈夫也总是彬彬有礼地用双手接过盘子。[①] 在现代社会，已极少有人再像他们那样相敬如宾举案齐眉。但这两个成语却一直被人们传颂着。一些人，特别是一些男性公民，甚至很向往这种被妻子如同供奉神主和帝王般的对待。但是，也有人认为，这样的夫妻关系本身就违背人性，若夫妻相敬到如宾客，不仅离谱和呆板，还会生分了琴瑟和谐的夫妻之情，使生活枯燥或者缺乏活力。更不用说，人们

---

① 《现代汉语成语辞典》。

推崇的举案齐眉，相敬如宾，只是片面约束女人要敬丈夫、敬男人如宾，而决不是要男人也这么对待妻子，这完全是一种无视妻子平等地位和人格尊严的性别等级秩序，自然是不能盘活和效仿的，若冒昧地推崇这种观念，就要警惕会涉嫌违反男女平等的现代理念和男女平等的基本原则。

那么，夫妻关系建构的基础又是什么呢？其实很简单，就两个字——平等。夫妻关系的核心是爱情关系，这种关系建立的基础是爱情，发展和经营的基础依然是爱情，夫妻之爱的密码十分丰富，但破解的唯一秘钥只能是平等。这是因为，夫妻之爱不同于博爱也不同于父母对子女的爱，它通常是一种平辈间的、建立在平视基础上的男女性爱。夫妻关系只有建立在这种基础之上，才能禁得起岁月的袭击和生活的淬炼，才能沐浴到日月的光辉，历久弥新。夫妻平等，并不是指生理上的对等，也不仅是家庭事务的均分，而是指夫妻权利和义务关系的平等，是人格的尊重。只有平等了，夫妻间的尊重才能地基牢固，或者说，只有平等基础上的尊重才能发自内心、惠及双方，而不是一方靠权力控制出来的畸形的不牢固的单方责任或义务。同时，我们所说的夫妻权利和义务关系的平等，也不是一种绝对的平等，平等总是一个相对的概念，是相对性与绝对性的统一。比如，在生理上，男女的身高可以有差异，男高女低或者女高男低，男胖女瘦或者女胖男瘦，男大女小或者女大男小等；在客观上，男女的社会地位也可以男高女低或相反，但夫妻在权利与义务包括人格上应该是平等的，平等不能受个体生理差异或社会地位的约束。这是平等相对性的表现，一般地说，这种相对性更多表现在一对一的夫妻关系领域。相反，绝对的平等则更多存在于夫妻和家庭关系的总和之中，简单地说，就是一些家庭的夫妻关系在某些方面如收入、智力等，可能是女高男低，另一些家庭可能是男高女低，但整合差异后，在总体上应该是男女包括夫妻平等的。具体到每一个家庭，夫妻双方对于差异的接纳和尊重程度，也可以说是夫妻关系平等、平衡与尊重的临界点，超越了这种平等的相对性范围，夫妻关系的存在和维系都将面临比较大的冲击，甚至走向离异，或者需要付出更大的心智，去彼此适应与磨合。

平等和尊重，不仅有相对性，还是一个相对的过程。虽然在社会总体的夫妻关系中，平等是一个均衡的过程，就是说每个家庭、每对夫妻的差异可以相互抵消，削平差异后，趋于相近或平等。但是，在一个具体的家庭关系中，夫妻的差异不仅在结婚之初存在，而且还会伴随夫妻关系的始终。如一些郎才女貌的婚姻，在经历若干年后，可能有的夫妻之间"男更才女更貌"，但也有的夫妻之间会"女貌长久而男才不在"，或者"男才转化为财富与官职"，而女貌青春不常在，等等。这些情况，在夫妻关系存续期间日积月累，不断组合变化，无疑就形成对夫妻关系发展的动态影响，使夫妻关系的平衡与调适常态化。

从这个角度说，夫妻尊重的要点，在很大程度上就是尊重和适应这些变化。比如，一对夫妻相爱，彼此的吸引点是爱好学习，那么，婚后夫妻关系发展的支柱就是不断学习和共同学习。如果一方放弃了学习，那么以学习为基点的平衡就会被打破，进而影响夫妻关系的发展。再如，郎才女貌的夫妻，如果因为孩子的打扰或工作的忙碌，妻子而无暇顾及自己的容貌，那么随着岁月的增长，特别是郎才的发展，原有的婚姻基础也会随之发生动摇。

构建平等尊重的婚姻关系，还需要双方真诚相待，掌握一些表达的艺术。在西方的一些影视作品中，我们经常可以看到，一对夫妻在清晨双双出门上班，或者妻子目送丈夫上班的过程中，夫妻常会相拥而视，说"我爱你"。同样，在一些妻子居家丈夫上班的家庭里，当丈夫下班回家面对妻子做好的饭菜时，丈夫会脱口而出地说"谢谢"。相反，在中国，一些妻子经常抱怨自己的丈夫十分吝啬五个字"我爱你""谢谢"，更有甚者，夫妻之间还经常说一些"哪壶不开提哪壶"的话，比如丈夫会面对妻子对家务劳动的巨大付出无动于衷，或者指责这儿没做好那儿没做好。甚至当着妻子的面说，谁家的老婆如何贤惠，如何能干，如何漂亮。反过来，一些妻子在夫妻交流中也常常口无遮拦，指责丈夫"嫁了你我是倒了霉了"，"你又没钱又没本事"，或者"谁家又买了大房子高级车……"这种行为在生活中可以说是司空见惯，表面上是夫妻之间缺乏交流艺术，该表达的没表达，不该表达的禁语却常常脱口而出，但是在背后缺少的可能是两颗真心、感恩之心和赞美之心。

感恩是对别人所给予的帮助表示感激，既是一种处世哲学，也是生活中的大智慧。夫妻生活中彼此学会感恩，既要感恩自己拥有的东西，更要感恩生活和他人的给予。就像我们前面说到的，夫妻可能做不一样的工作，有不一样的爱好，但是无论如何，爱情应该建立在彼此感恩和赞美的基础上。如果妻子做好了饭，丈夫就应该懂得感恩，反过来，丈夫勤恳工作，哪怕收入不高，妻子也应该尊重和感恩，而不应该互相指责和贬低。赞美更是夫妻生活中不可缺少的元素。如果妻子买了件新衣服，丈夫就应该学会欣赏，而不应该视而不见或脱口而出地说"你穿什么都不好看"。反过来，如果丈夫做饭，妻子也应该感恩而不能横挑鼻子竖挑眼，甚至说"你做的饭狗都不爱吃"。反过来，当妻子穿上新衣服的时候，丈夫应学会欣赏，说"你真漂亮"。哪怕妻子满脸皱纹，丈夫也应该想到这是共同生活的岁月划痕，而不能作为缺点而指责。妻子也一样，当丈夫缺乏技艺但却做好了饭菜时，妻子也应该感恩，对丈夫进行鼓励和表扬，还要给他更多的实践机会。对于彼此为家庭的付出，夫妻都要有发自内心的赞美。恰如其分地赞美，可以使夫妻感情得到升华。有一些人，会认为夫妻赞美是画蛇添足，说好话不能当饭吃，这是一种过时了的看法。实践证明，学会彼此欣赏、感恩和赞美才是一种现代理念和行为。现在人们把善于沟通、温柔体贴和乐于分担家务的男性称为"暖男"，一些女性还以嫁个"暖男"为时尚，就是对这些婚姻相处艺术的一种肯定。

2. 忠实与信任

夫妻忠实，说到底是一夫一妻制婚姻的内在要求，古代有一个吃醋的故事，反映了人们对夫妻忠实的内心期待。唐太宗李世民当年想赐给房玄龄几位美女做妾，房不愿意接受，李世民料到是因为房玄龄惧内（怕老婆），不肯答应。于是便派太监持一壶毒酒去房宅传旨房夫人，让房夫人接受这几名美妾，否则就赐饮毒酒。没想到，房夫人接过毒酒一饮而尽，宁死也不愿丈夫纳妾。可房夫人并未丧命，原来是皇帝跟她开了一个玩笑，她喝下的不是毒酒而是醋。此后，吃醋的故事便传播开来，并因此成为千古趣谈。

现实生活中，也经常有一些男性，觉得妻子属于自己，应受丈夫支配，如果妻子与外人来往，就不免发怒"吃醋"；也有一些女性生怕丈夫有外遇，对丈夫看管很紧，甚至对丈夫与朋友的正常接触都要吃醋。这种爱吃醋的毛病，源于人们对婚姻缺乏足够的信任。《婚姻法》第四条规定，"夫妻应当互相忠实，互相尊重"。可以从道德和法律两个层面来把握夫妻忠实的要义。从道德的范畴讲，夫妻忠实是指夫妻互相恩爱，因爱情而结合，并在婚后的生活中不断发展爱情，长相厮守，也包括在没有爱情的时候友好分手。但是，夫妻忠实的法律含义，却集中在夫妻彼此间的贞操义务方面。我们可以从狭义和广义两个方面理解法律范畴上的夫妻忠实义务。从狭义上说，夫妻忠实是指贞操忠实；从广义上讲，夫妻忠实不仅包括夫妻在性生活方面要互守贞操，也包括夫妻不得恶意遗弃对方，不得为第三人利益牺牲损害对方的利益。在《婚姻法》中写入"夫妻忠实"原则，曾受到很多方面的质疑。有人认为夫妻忠实是一个道德原则，写入法律不可操作。持这种观点的人，是将道德和法律进行机械地切割，忽视了法律与道德的交叉性与互相支撑性。在理论上，很多道德理念需要法律制度的强势推广，很多法律的原则也同样需要伦理道德的支持。婚姻问题上，夫妻忠实不仅是人类情感的基本归宿，也是法律调节夫妻权利义务关系的基本准则。违反夫妻忠实原则的事情，往往与人们的"违法"和"缺德"行为相关联。据北京红枫妇女心理咨询服务热线的统计，在冲击和伤害夫妻情感的诸多因素中，婚外情和夫妻不忠，是造成夫妻之间互不信任乃至与离婚相向的重要原因，有人将夫妻不忠视为夫妻情感的第一杀手。夫妻不忠，不仅影响夫妻信任和情感的健康发展，而且影响社会的稳定、团结和人际关系的和谐。

当前，在经济社会转型的特殊阶段，受市场经济浪潮和个人至上价值观的冲击，一些人，甚至是一些领导干部往往背离夫妻忠实的精神，在实质上践踏一夫一妻制的原则，公然"包二奶""包二爷"，养"情妇"、养"情夫"，或者在婚外嫖娼，已对婚姻关系的稳定造成恶劣影响。从目前披露出的个别领导违法乱纪的案例中，我们可以看到，腐败不仅表现在经济和权力领域，也通常与婚外情、婚外性的失德行为相关联。从这个角度说，贯彻夫妻忠实的立法原则，倡导夫妻忠实的伦理道德，不仅是夫妻个人的私事私德，更事关公民的公德、官员的廉政乃至社会的公平正义与民族复兴伟大梦想的实现。

为了维持婚姻秩序，我国法律在将夫妻忠实写入法律的同时，还对违反夫妻忠实的责任做了相应规定，并且规定有下列情形之一导致离婚的，无过错方有权请求损害赔偿，这些情形包括夫妻不忠实、家庭暴力，以及离婚时一方隐藏、转移、变卖、毁损夫妻共同财产，或伪造债务企图侵占另一方财产等。这项规定，从一定角度也是对婚姻忠实原则的限制性规定，是在财产上向无过错方的倾斜的相关政策。但是，这项利益调节的规定，在生活中却引起了连锁反应。主要是在实际生活中，当婚姻关系出现不忠，当事人为了社会正义或者个人利益，行使离婚权利时，需要提供相关证据，才能获得过错方损害赔偿。为了这一正义原则，当事人必须通过各种方式获取证据。一些人在怎样保护合法权益，应对夫妻不忠，以及获得损害赔偿方面积极开动心力和智谋，包括偷拍、偷录、窃听等手段收集的视听资料，更有甚者直接雇私家侦探侦察配偶出轨事宜。也有一些婚姻出轨者，不以为耻反以为荣，甚至通过隐匿转移财产等欺诈手段，谋取不当利益。

基于对夫妻忠实前景的担忧，一些人不得已，选择了婚前协议、财产公证甚至婚后 AA 制的生活方式。这些生活方式对保证个人财产不受损失和避免因此造成的心理伤害，确实能起到一定的缓解作用。但是，也要注意的是，这种生活方式因挑战到夫妻同居共财的传统而在事实上对夫妻情感构成冲击。不论采取什么样的生活方式，都要坚守法律和道德的底线，这才是正确处理好婚姻家庭关系的基础。

此外，为了发挥家庭的助廉作用，实现夫妻之间互相帮助、共同成长，我们可以将夫妻责任分为鼓励性责任和限制性责任。夫妻鼓励性责任，包括在学习上的支持，在生活中的帮助，以及对对方家庭的帮助和支持。限制性责任，是指夫妻对对方的违法或缺德应尽劝导的责任。古代就有一个妻子劝丈夫清廉的故事：东关临池司马孟宗夫妇十分恩爱，丈夫在外做渔官，因妻子爱吃鱼，他便把腌鱼寄给妻子，但妻子却把腌鱼如数退回，并附言说，"你做渔官，却把腌鱼寄给我，让别人怎么看呢"。妻子三年不吃鱼，丈夫从此格外清廉。

妻子有责任帮助担任公职的丈夫廉洁，这不仅是继承了廉政文化的遗产，更是坚持了党和国家的立政为民、廉洁奉公的优良传统，也是公民民主监督责任在婚姻关系中的表现。但是，如果把丈夫或妻子的失廉或失德归结为配偶的过错，则是一种不负责任和不道德的行为。在现实生活中，确实有一些夫妻合谋欺骗共同贪污腐败，或者一方隐瞒另一方，借助对方权力谋取私利。对这些现象，重要的是，具体问题具体分析，分清责任和是非，对于那些以妻贤夫祸少，或者将丈夫的违法乱纪归罪为妻子不贤的看法，也要保持清醒的头脑，避免以配偶监督不力为借口，开脱自己的责任，甚至放松自我价值观的改造，酿成违法乱纪的大错。

3. 沟通与理解

人们常说，打江山容易守江山难，这句话用在婚姻关系上就是"相爱容易相守难"，生活中人们因相爱或者某种吸引而赢得对方以心相许而结成夫妻。但是，两个独立的个体在婚后生活中能否真正地走入彼此的心灵，白头到老，却不尽然，能否在对方心中持续占有重要地位，更是一份艰难的答卷。完成这份答卷，需要在平等尊重忠实的基础上，建立良好的沟通与理解机制。

夫妻沟通理解的基础是平等和忠诚，也可以说是尊重和信任，要义有两点：一是坦诚地讲出自己内心的感受、感情、痛苦、想法和期望，二是避免相互之间不问青红皂白的批评、责备、抱怨和攻击。这些抱怨和攻击是沟通的刽子手。夫妻沟通的范围十分广泛，从婚礼筹划、居家装潢、育儿观念到家庭事务决策、家务分工、日常生活方式、家庭生活的方方面面都离不开沟通。2014 年 8 月，30 岁的小王终于和苦恋六年的女友登记结婚，婚礼安排在"十一"举行。没想到在婚礼筹备阶段，两人却发生了很多矛盾，从房屋装饰到结婚礼服、酒店选择，两人意见都不一致，最终在婚礼举办前两人分道扬镳，办了离婚手续。

这种因双方意见不合以及沟通不当产生的婚姻问题并不少见。可见，在家庭现实生活当中，沟通十分重要，其中要注意两个环节，一个是家庭事务的决策，一个是家务劳动的分工。关于家庭事务的决策，是沟通的一个重要方面。在传统社会，家庭决策权归男性家长，或者归代表男性家长权威的女性长辈。这种传统在现代家庭已经受到很大冲击，民主协商、有事大家商量着办已经成为家庭决策的新风尚。家庭决策主要包括家庭生产方向的选择、买房盖房、生育、子女教育和学业选择以及与养老、亲属往来相关的大笔支出等。

谈到家庭事务决策，我们可以说家庭在不同家庭或同一家庭的不同方面总有一些说了算话的人，谁说了算，往往与家庭成员的个人兴趣、能力密切相关。但是也和家庭成员的权威，包括性别偏好具有复杂的关系。一般地说，在某一项决策上，先由熟悉该项事务的人提出方案，大家商量着办，是符合家庭事务决策与管理的基本原则的。但是，有一些家庭成员，在家庭决策的问题上会争权夺利，争夺决策权。据调查，在家庭决策方面，特别是在农村家庭，受男性主导地位的影响，男人说了算的比例比较高。2010 年第三期中国妇女社会地位调查数据显示，农村男性认为本人拥有更多家庭实权的比例为 44.9%，比农村女性认为本人拥有更多家庭实权的比例高 30.6 个百分点。①

---

① 宋秀岩主编：《新时期中国妇女社会地位调查研究》（上卷），中国妇女出版社 2013 年版，第353 页。

其实，在生活中，有一方说了算，最后拍板，这是很常见的。关键的是，拍板者不能一意孤行，而是要充分倾听对方的意见，最好是找到两人都比较满意的方案。特别是一些爱当家的人，要注意权力的平衡，不要是什么事情都是同一个人说了算，而应根据个人的能力与经验有意识地进行权力分享和平衡。

与在农村家庭还是男人说了算有所不同，在城市，随着妇女社会地位和家庭地位的提高，还出现了一些家庭女人说了算的情况，人们往往将这种新情况归结为"妻管严"或"大女子主义"。这种将"男人当家很正常，女人当家就划为另类"的认识和做法，其实是男尊女卑和男女不平等文化在家庭事务决策中的具体表现。其实，说了算是一件很累的事情，按照权利和义务相统一的原则，说了算的人往往承担了更多的家庭事务，或者在决策过程中费了更多的心思，这样的权力分工会使家庭决策"霸权方"脑体支出加大，甚至透支，影响身心健康。所以，偏好决策的人为了自己的健康和家庭的和谐，都应该推动家庭治理方式的现代化，提高民主决策的水平。

俗话说，"夫妻生活无大事"，意思就是说像上面的家庭生活的重大决策还是比较少的，更多的是柴米油盐等日常生活琐事。因此，日常的夫妻沟通也更多地体现在这些方面。换一个角度，也就是体现在家务劳动的分工与承担方面。

小 A 的账单

为了分担家务，从小培养儿子做家务，王先生一家召开家务会，决定每周一、三、五的家务由妻子承担，二、四由丈夫承担，六、日的家务由儿子承担，具体负责吃饭时摆餐具、洗碗、扫地、倒垃圾以及到传达室取报纸。在一个周六的早晨，丈夫在床头柜上发现了一个儿子写来的账单：摆餐具1元、倒垃圾1元、洗碗2元、扫地2元……后来王先生也给儿子写了个账单：妈妈因怀孕生育辞去喜爱的工作，成本无限大，爸爸每天为儿子操心，成本无限大，儿子从出生到现在的养育费，成本20万……看了爸爸的账单后，儿子给父母写了"检讨"。后来经过沟通，父母得知儿子因需要一些零花钱，才出此计策。父母表示，如果使用合理，零花钱可以适当增加。

上面的家庭是一个民主型的家庭，父亲虽然工作繁忙，但依然带头承担家务劳动，母亲虽然居家当家庭主妇，但依然受到丈夫的尊重，并且，这对夫妻在教育子女方面也十分默契，观念一致。相反，在另一些家庭，因家务劳动负担过重，夫妻关系以及发展不均衡的问题也经常出现。四川省的一项对已婚妇女的调查显示，多数妇女在婚前认为好丈夫的标准应该是事业有成，但婚后对丈夫的最大转化为分担家务。研究显示，夫妻共同承担家务，不仅是平等尊重的体现，并且还有助于增进夫妻的理解和情感，应鼓励倡导这种家庭分工模式。

4. "性生活"与婚姻和谐

人类摆脱动物本能，构建了特定的社会形态后，婚姻就成为人类性行为的制度安排。在现代社会，性就像吃饭喝水一样，日益成为人类生存发展的基本需求。在这种观念支配下，性权利、性科学也成为人权的重要内容。按现代立法以及道德要求，与相爱的人结婚，过安全健康的性生活，是人类婚姻生活的重要内容。我国法律中没有关于性权利的直接规定，但婚姻法第十六条规定，"夫妻双方都有实行计划生育的义务。"

20世纪以来，随着科学技术的发展，性学已经成为自然科学和社会科学的重要分支。夫妻行房事已经不再是"关灯睡觉"的行为，而有了专门的名词，即"做爱"。提高性爱质量和水平成为夫妻生活的重要内容。在性爱领域，互相尊重体贴，尊重彼此的意愿是性生活幸福的前提。

生育是性关系的副产品，而性则是生育的前奏。性权利和性义务是夫妻关系的重要内容。在这个问题上，传统性观念往往强调丈夫的权利和妻子的义务，将妻子视为性与生育的工具。现代法律要求，夫妻享有平等权利，夫妻双方应在性生活方面互相尊重。一些国家已将夫妻性权利尊重进行了强制性规定，出台了禁止婚内强奸的相关立法，要义是将刑法中关于"违反妇女意志的规定"纳入性生活领域，规定夫妻双方都不能违反这一规定。

在生活中，因性生活不和谐而导致夫妻冲突的例子并不少见。下面就是一个来自北京热线咨询的案例。

夫妻的性和谐问题

刘先生，42岁，倾诉妻子婚后一直性冷淡，生育后更是以各种借口拒绝过性生活。就这件事沟通，妻子不配合，自己也不知道怎么开口，后来听朋友说可以买一些婚姻家庭和性生活方面的杂志，放床头让妻子自己看一看，可以产生启发作用。但书买来后，妻子连看都不看，还说他是臭流氓。长久没有夫妻生活，他感到十分压抑，不得已，打了某热线电话咨询。咨询员问他，妻子生育前还是有性生活的，生育后为什么变化了呢？王先生回答，他的妻子在生育前同意过性生活，是为了生孩子，但生完孩子后，就觉得没有必要了，还说所有女人都一样。咨询员和他讨论是不是可以通过自慰的方式缓解性饥渴压力，王先生说他认为性爱应该是很自然的事情，不能接受非自然的方式，咨询员还告诉他一个信息，就是长期无性生活，也可以考虑离婚，按照法律规定，长期不过性生活，构成离婚的理由。但王先生说，他老婆没有过错，除了这个问题外，对他很好，对孩子也一心一意，离婚，他走不出这一步。

像这个案例中的妻子，生活中并不多见。但是像她这样，对性生活采取消极敷衍态度，不积极主动的人并不少见。在中国传统文化中，性爱是一种只可意会不可言传的行为，是不能登大雅之堂、不能公开言说的行为。这种文化定位与男权文化相交织，形成了性生活中男主女从、男权力女义务的模式。性领域的这种漠视妇女权利，不尊重女性意愿的现象，使一些女性谈性色变，甚至将性视为肮脏和大逆不道。在西方，中世纪也曾将性生活主动的女性贴上"巫女"的标签，施以酷刑。在中国，女性一旦涉性追求，也会遭到封建卫道士的唾弃和指责。从这个角度说，婚姻幸福、性和谐还要进一步启蒙女性的权利意识。完成这种赋权，不仅需要女性的觉醒，也需要男性的参与。就像性别平等不仅仅是妇女的事情一样，夫妻性生活和谐也是男女双方的事情。在一个民主和谐的家庭中，在阳光和灯光下，心平气和的讨论性问题、生育问题应该成为家庭生活的日常话题。性科学问世后，西方国家已经颠覆了性生活领域男强女弱的传统认识，一些女权主义者还发出了女人的性更强势的呼喊，呼出了40岁的女性既年轻又成熟的心声。

据对一些离婚案例和家庭暴力案件的分析，在众多离婚中，很多中年夫妻家庭不和直至分手，其中性生活不和谐占有很大的比例，只是他们在谈及离婚时往往以夫妻性格不合及其他原因作为借口，从而回避了问题的实质。从这个角度说，夫妻沟通提高性生活的质量，建立良好的性生活方式和性生活频率，对性健康和增进夫妻感情具有不可替代的作用。反过来说，夫妻性关系沟通不畅，性行为不健康，不仅会影响家庭和谐，也会影响社会稳定，甚至酿成惨剧，下面的这则杀夫案就是一个典型案例。

不堪忍受婚内强奸，妻子激愤杀夫

2013 年，河南省出现了一例因不堪忍受婚内强奸的妻子激愤杀夫的案件。这名女性在接受审判的时候道出了多年来盘桓在她内心的凄苦。她的丈夫是一名砖厂农民工，因常年在外务工，很少回家，久而久之对她是否"忠于"自己产生怀疑，继而疑心家里的两个女儿不是亲生。当疑心积累成怨恨，他开始不断对她实施跟踪、殴打，直至不断出现违背她意愿的婚内强奸，并在她的生理期内不断要求性生活，无论她如何解释、劝导、哀求，丈夫一概不接受。屡次婚内强奸和虐待造成她不仅患有多种妇科疾病，还经常精神恍惚，严重的一次是从山坡上滚落摔伤。而在其卧病期间，丈夫仍然对她实施婚内强奸。最终，她在被百般摧残后，激愤杀死丈夫。

这是一起由夫妻不信任，丈夫怀疑妻子引发，丈夫限制妻子人身权利，以及对妻子实施家庭暴力和婚内强奸的恶性案件。像这种由家庭暴力引发的妇女以暴抗暴的案件，近年来时有发生，与这些案件的当事人之间不能有效沟通，妇女长期受虐待，丈夫长期凭拳头说话具有直接的因果关系。因此，处理这类案件，国际社会有一个通告的原则，就是不仅考虑妻子激情杀夫这个情节，同时也考虑到妻子长期受虐待的过程性经历，从而对妻子从轻处理，直至视妻子的行为为"正当防卫"。① 这个案例也从反面说明，性忠诚不仅对维系夫妻关系至关重要，而且也是主张社会公平正义的重要内容。最近，一些由星二代或明星本人引起的儿子坑爹、丈夫背离妻子的案件也与一些不健康的性道德有着紧密的关系，从反面提醒我们，建设社会主义法治体系，完善婚姻立法、倡导婚姻道德文明也是一个重要的环节。

三、离婚与再婚的价值选择

婚姻自由包括结婚自由和离婚自由两个方面。尽管人们在婚礼祝福时最常用的话语是，祝新人白头到老，祝爱情天长地久，但是在现实生活中，正像月有圆缺一样，婚姻也常常因各种挑战而不能走到生命的尽头。据统计，目前中国的离婚率连年递增，对婚姻稳定的传统提出了挑战。

---

① 在西方一些国家，如加拿大就有类似的案例。丈夫长期虐待妻子，妻子最后枪杀丈夫。按照传统刑律，妻子应负谋杀罪刑责。但是，根据反家庭暴力零忍耐的新政策，经陪审团和专家论证，妻子枪杀丈夫的行为属于正当防卫，当庭释放。

民政部最新统计显示：2014 年全国共依法办理离婚登记 363.7 万对，比上年增长 3.9%。自 2003 年以来，我国离婚率已经连续 12 年呈递增状态。[①]这意味着就像结婚一样，离婚也成为婚姻生活的常态行为。为此，树立正确的离婚观，增进婚姻和生活和谐，已经成为刻不容缓的事情。

1. 离婚权的尊重

《婚姻法》第 31 条明确规定："男女双方自愿离婚的，准予离婚。双方必须到婚姻登记机关申请离婚。婚姻登记机关查明双方确实是自愿并对子女和财产问题已有适当处理时，发给离婚证。"此外，《婚姻法》还规定了调解无效应准予离婚的几种情形：重婚或有配偶者与他人同居的；实施家庭暴力或虐待、遗弃家庭成员的；有赌博、吸毒等恶习屡教不改的；因感情不和分居满二年的；其他导致夫妻感情破裂的情形。只有一种情况不需要调解，那就是一方被宣告失踪，另一方提出离婚诉讼的。

按照法律规定，离婚有两种程序，一种是到婚姻登记机构协议离婚，协议离婚的基本条件是就子女和婚姻财产达成共识，也就是人们常说的登记离婚。另一种是到法院起诉离婚，通常是在子女和财产不能达成共识，或者夫妻一方不愿意离婚的情况下，当事人会选择到法院提起离婚诉讼，也就是老百姓通常所说的打官司离婚。在传统社会，谈起离婚，是一件很不光彩的事情，俗语说，"宁拆十座庙，不破一桩婚"。小张在离婚问题上，就饱受这种文化的刁难。

婚姻重组与生活新生

三年前，小张经表姐介绍初婚，妻子相貌出众，人很干练，做得一手好菜，家里经常被收拾得一尘不染，对公公婆婆照顾得也不错。一年后，小张离婚，不久与现在的妻子再婚。现在的妻子相貌一般，经常把自己收拾得很利索，但家务活往往甩手不干。公公婆婆很有微词，找小张的表姐倾诉。表姐找到小张，将他痛骂一顿。邻里同事也对小张的行为很不理解，无奈之下，小张只好如实道出了离婚的无奈。小张说，现在的妻子虽然不如前妻漂亮，但是他很庆幸自己适时离婚找了后来这个"懒惰"的妻子。小张说，前妻虽然漂亮能干，心思都在丈夫和家人的身上，但在劳动付出之后总是不停地抱

---

① 《2014 年全国办理离婚登记 363 万对　离婚率连续 12 年递增》，新华社，2015－06－29。

怨、唠叨，特别不能忍受的是从早到晚很难见到她的笑脸。现在的妻子，虽然很少干家务，但是心思在自己身上，从早到晚笑容常挂在脸上，从她身上，能感受到生活的灿烂和生命的活力。自己是个内向的人，在这个"丑妻"的带动下，性格也日渐开朗，对未来充满了期望。听了他的倾诉，表姐陷入了深沉的思考中。

小张的经历，至今也不被父母理解，父母与现在媳妇的关系依然比较紧张，相反倒是把前任的媳妇当女儿看待。但是，新的婚姻却给了小张新的机会和新的生活空间。照他自己的话，新婚给他带来了新生。在现代生活中，像小张这种因感情不和而选择离婚的夫妻，在离婚中占有越来越高的比例。但也有一些人甚至不拿离婚当大事，"一见钟情，婚了；一怒之下，离了"。据北京市朝阳区婚姻登记处的统计，近年来在登记离婚的夫妻中，35 岁以下的人超过一半，以 80 后居多，闪离现象十分突出。有的人办手续时还在吵架，拿到离婚证后又抱在一起痛哭。例如，25 岁的小周与 23 岁的佳佳，都是独生子女，网恋 2 个月后闪婚，婚后佳佳发现丈夫依然经常沉溺于网聊，其中不乏女孩。佳佳因此经常对丈夫发火，不然就回娘家住。小周感叹两人感情已不复存在，毅然提出离婚。这场婚姻只维持了一个月。

随着离婚比例的居高不下，一些时尚的离婚者，甚至发明了用"离婚宴"的方式来宣告和庆祝婚姻的结束，或者表明"婚姻不在友情在"。其中也不乏一些离婚者在离婚后增进了了解，成为生活中的挚友。也有一些夫妻，没离婚时打打闹闹，离婚后反而能够友好相处，反映了人们婚恋观的日益成熟。

2. 子女和财产关系的妥善处理

婚姻关系破裂选择离婚，原本是一个相对简单的事情，但是就像结婚不仅是两个人的事情，还会涉及子女和亲属利益一样，离婚也会涉及方方面面的关系，其中最重要的利益关系就是子女抚养和财产关系。

在老百姓的心目中，打离婚官司在很大程度上就是打"财产官司"。比较世纪之交人们打财产官司的案例，我们可以看到，随着社会财富的增加，人们的财产标的越来越高，程序也越来越复杂。

李某某诉周某某离婚

原、被告自行相识，婚后育有一女。后来原告发现被告与一女子关系甚密，遂提出离婚诉讼，法院判决不准离婚。9 个月后，原告再次提起离婚诉讼。经法院审理认为，原、被告对婚姻关系的解除以及孩子的抚养，相关家具、家电的分割问题已达成一致，予以批准。但对被告支付的房产 20 万元首付款系婚前财产的主张，认为证据不足。后经协商，判决该房产可归被告所有，尚未归还的银行贷款由被告负责归还，被告给付原告相应的财产折价款。另外，被告主张的向原告母亲及案外人的借款不认可，本案中对此不做处理。

财产问题在离婚官司中虽然经常成为争议的焦点，但毕竟是靠法律和证据能够清晰分割的，而离婚对子女的影响却更加复杂，很难评估。如何避免离婚带给孩子的心理伤害，让子女在新组的家庭中生活得更加轻松快乐，已成为衡量离婚文明的重要尺度。

有研究指出，如果父母离婚处理不当，就可能会给孩子带来安全感丧失，缺乏家庭温暖或者受到社会歧视。北京市曾对 70 所中学的 5000 多名初二学生进行过一次心理测试，结果显示，至少20%的学生有不同程度的心理障碍。再对这些孩子的家庭进行追访，发现其中65%的孩子来自"问题家庭"，父母不和、分手或者分手过程中的"漫长争斗"，给孩子心理留下了创伤。[①] 国内外相关研究表明，生长在父母不健全、不健康、不幸福的家庭中的孩子，更易发生犯罪和焦虑、抑郁、敌对、报复等心理障碍。

但是，也有专家认为，如果控制了不当离婚给子女造成的负面影响，那么，离婚还是给自己和子女寻求新的生活开启了门窗。遗憾的是，这种向往新生活的诉求，却在社会传统文化的干扰下很难实现。事实上，父母离婚对孩子的负面影响是一个不断发酵的过程。这些孩子因父母离婚受到一定的伤害，但更因社会文化的歧视，被不断的"二度伤害"。首先，受传统文化影响的邻居，会在这些孩子的背后骂他是野孩子，无父（母）管教；其次，老师会在这些孩子犯错误的时候暗示，他们是父母离婚的学生，使这些孩子被迫接受"问题学生"的身份，或者感到低人一等；最后，一些父母离异的孩子会认为离异是父母不再爱自己了，或者认为父母的离婚是自己造成的，有这种心理创伤的孩子当父母再婚步入新的家庭后也往往很难处理与继父（母）的关系，受伤害越深，他们就越敏感，就会无缘由地增加对继父（母）的憎恨，在新生活中扮演"情敌"身份，成为干扰父母爱情的"第三者"。

---

① 李晓宏：《中国遭遇婚姻动荡的冲击　婚外情成最大"杀手"》，《人民日报》2011 年 6 月 2 日，http://news.xinhuanet.com/society/2011-06/02/c_121484926.htm。

后妈马丽

马丽，女，白领，32 岁时喜结良缘，但丈夫是离异者，并带着与前妻所生的 9 岁男孩。为了处理好与继子的关系，马丽放弃了生育自己孩子的计划。但是，令她痛苦的是，继子每天用敌视和憎恨的眼光看着她，对她精心的付出和衣食住行关照从来都无动于衷，甚至还撒谎向爸爸告状，说后妈经常打他。马丽很爱丈夫，但为了处理好与继子的关系，已经遍体鳞伤，最近甚至产生了离婚的念头。

由此可见，离婚不好、后妈坏、继父母难当的文化在很多人的心目中是根深蒂固的，很难动摇。不仅影响着离婚者家庭的重建，更影响着儿童的身心健康，因此，消除这些传统文化的影响，倡导文明离婚已经刻不容缓。

透视离婚现象可以发现，不是离婚而是离婚中的不当行为或不文明的文化，给子女带来伤害。离婚中有两种情况容易给孩子的心理健康造成比较大的影响。一是争夺子女抚养权。离婚中争抢子女抚养权的人认为，离婚时子女分给谁，就是谁的孩子。另外，受"有子为后"文化的影响，一些男方的家庭，也往往对男孩的抚养权更加重视，争抢抚养权更加剧烈。二是放弃子女抚养权。一些父母认为带着孩子会增加未来自己择偶的负担，把孩子当成新婚姻的拖油瓶，致使孩子产生被遗弃的感觉。为了避免和降低这些不良行为对子女生活的影响，《婚姻法》第三十六条规定，"离婚后，父母对于子女仍有抚养和教育的权利和义务。"第三十七条规定，"离婚后，一方抚养的子女，另一方应负担必要的生活费和教育费的一部分或全部，负担费用的多少和期限的长短，由双方协议；协议不成时，由人民法院判决。关于子女生活费和教育费的协议或判决，不妨碍子女在必要时向父母任何一方提出超过协议或判决原定数额的合理要求。"体现了以儿童为中心和儿童优先的现代理念。正确处理离婚问题，应注意以下几个环节：

一是从"打离婚""争道理""明是非""保财产"的传统框架中挣脱出来，在儿童优先和互相理解的基础上，就财产分割和子女抚养达成共识，协议离婚，友好分手。二是要处理好与前配偶的关系，特别是在有子女的家庭，与前配偶的关系不可能一刀两断，在这种情况下，应妥善处理子女归属以及抚养费、探视权等问题，尽量避免因这些问题的不当处理给孩子带来的伤害，还要告诉孩子，离婚是父母的事情，离婚并不会改变父母与子女的亲情关系。三是离婚双方都应避免过度干扰对方的生活，特别是再婚后的生活。不要因为再婚后与前配偶的藕断丝连而影响自己的再婚生活。四是要处理好与继子女的关系，可以通过晓之以情动之以理的方式让子女知晓父母的真实情况，加强与子女的沟通，引导子女接纳新生活的挑战，促使孩子加速融入新家庭中，快乐成长。

3. 再婚文明的建构

有结婚就有离婚，有离婚又有结婚，这种循环往复的特点伴随着离婚率的提高日益凸显，但是与初婚时人际关系的简单和无子女牵挂所不同，离婚后的再婚却在无形中增加了许多复杂的因素。人们不禁感叹离婚容易再婚难。再婚难有四个特点：

一是再婚双方或者一方人生阅历更加丰富，情感世界也更加复杂，这些经历不可避免地储存在人们的记忆中，并且从各个方面影响干扰离婚后的恋爱和再婚生活。有些人带着子女再婚，会使婚姻的二人世界因子女的加入增加了许多现实的人际关系和亲属关系，有人形容这种关系的增加成倍数结构，对再婚者经营家庭的能力提出更高要求。但是，并不是所有的人都能够总结以往经验，顺利挖掘婚姻经营潜力，适应再婚需求。

二是难以摆脱初婚或前配偶的影响。人们因为感情发展不顺利或家庭矛盾，不能完全修复而选择离婚，但是，人的情感发展或者解决矛盾的能力本身就是一个不断成长的过程，婚姻有了问题，一些人选择离婚，但并不是所有的问题都会因为离婚而解决婚姻问题。相反，这些问题有可能被带入日后的新婚姻生活之中，比如一些婚姻就因为对子女教育的意见不一致而夫妻离异，表面上这个冲突似乎获得了解决，但实质上这个矛盾依然存在，并且还会在重组后的家庭里变本加厉地表现出来。另一方面，有一些夫妻因为鸡毛蒜皮的小事选择了离婚，冷静下来之后甚至会十分后悔，这些人走入再婚生活后，如果又出现婚姻家庭纠纷，往往会不自觉地将现任配偶的缺点与前配偶的优点进行比较，进而加重对前婚姻不当处理的悔恨。一项对 5000 个离婚者的调查显示，5 年后，有 2/3 的人对离婚表示后悔。[①] 有这种心态的人，如

---

① 李晓宏：《中国遭遇婚姻动荡的冲击　婚外情成最大"杀手"》，《人民日报》2011 年 6 月 2 日，http：//news. xinhuanet. com/society/2011 – 06/02/c_ 121484926. htm。

果不积极解决与现配偶的矛盾，回过头来去找前配偶，甚至发生感情纠葛，就会给现在的婚姻关系带来新的伤害，使再婚关系处理的前景更加暗淡。

三是女性再婚难。女性离婚，不仅是婚姻自由的表现，还是妇女经济独立、社会地位提高的重要指标。但是，来自婚姻市场的报告显示，与男性相比，女性再婚因传统贞操观的影响，往往会遭遇到更多的困难。如果一个男人再婚，自身条件很优秀，婚史并不是择偶的障碍，相反，一个女人再婚，自身条件也很优秀，婚史反而会限制她的择偶范围。在这种现象的背后，或多或少还隐含着封建贞操观的残余思想。女性再婚难，还有生理性的因素影响。女性的生育年限不如男性长，有些人甚至将这种生理特点夸大为女性的弱点，大肆渲染，自觉不自觉地贬损了女性的价值，加剧了女性再婚的困难。

四是老年人再婚难。随着社会文化的开放和人的预期寿命的延长，老年人再婚的问题也越来越受到重视，使恋爱跨越青年人的专属，辐射到老年群体。面对老年人的黄昏恋，越来越多的子女支持丧偶的父母找到心仪的老伴儿，幸福安度晚年。但也依然有一些子女受传统观念的影响，认为父母黄昏恋是老不正经，使自己很没面子，还有的子女出于怕父母新伴侣分割原本应属于自己的家产，就对父母的黄昏恋横加干涉。一些老年人，甚至被迫转入地下恋，或只恋不婚，或将财产许诺给子女而赢得结婚的权利。对此，社会应积极行动，宣传提倡现代"孝"文化，改变对老年人再婚歧视的传统观点，积极为老年人老有所养、老有所乐、老来有伴和幸福安度晚年搭建平台，创造更加进步的文化和社会环境。

第五章　优生优育与居家养老

生育、教育和养老是家庭的重要功能。生育是家庭传承的重要链条；家庭教育特别是父母对子女的教育，是人的社会化的重要方面，也是人的智力和潜能得以开发的基础；而养老则是家庭代际生活的一个重要环节。尊敬父母、孝敬老人是人类最基本的伦理准则，是民族延续的道德血脉。发挥家庭生育、教育和养老功能，对于构建和谐家庭、推动人类发展与社会和谐建设都具有十分重要的作用。

一、计划生育与家庭传承

生育是指繁殖后代，包括后代在母体内的孕育及分娩。从表面上看，生育是女人十月怀胎生下后代的过程；但从实质上看，生育是由男女两性共同完成的一个生命过程。生育的前提是生殖系统健康。在传统上，生殖健康主要指身体好、无疾病，但目前国际上通常所指的生殖健康还包括心理、精神和社会等方面的良好状态。

1. 优生优育的理念

1979 年，为控制人口快速增长，中国开始实行计划生育政策，提出"晚、稀、少"的具体政策，确立了严格控制人口增长、坚持优生优育、提高人口质量的新思想。优生，是指生育一个体格健壮、智力发达的孩子；优育，是指根据新生儿和婴幼儿的特点，用科学的育儿知识和方法抚育孩子。生育健康子女，要做好婚前检查、婚后生育计划、生育期选择、孕期检查、生产和母乳喂养等各个环节。

一是婚前检查。婚检通常是指结婚前对男女双方进行常规体格检查和生殖器检查，内容包括询问病史和体格检查两大部分。婚检有四个好处，一是有利于个体的身心健康。通过体检可以发现问题并进行及早诊断和积极矫治，如发现对结婚或生育可能产生暂时或永久影响的疾病，可在医生指导下作出正确的选择和安排。二是有利于优生优育。在婚检中，通过卫生咨询和家系调查、家谱分析以及体检结果，医生可提前对某些遗传缺陷作出明确诊断，并评估对下一代子女的风险影响，从而减少或避免不适当的婚配和遗传病儿的出生。三是有利于受孕时机和避孕方法的选择。医生可根据双方的健康状况、生理条件和生育计划，为他们选择最佳受孕时机，并指导他们采取相关措施有效避孕。四是加强婚前卫生指导。在开展医学婚前检查的同时，医疗保健机构还会向当事人播放婚前医疗卫生知识、婚后计划生育等方面的宣传片，发放宣传材料，开展有关咨询和指导等。

在 2003 年之前婚检曾经是婚姻登记的必要环节，之后随着这一规定的取消，结婚新人婚检的比例有所下降，近十年我国婴儿出生缺陷率出现了较大增幅。有一些人认为，婚前检查与常规体检差不多，多数人都没什么问题。因此，对婚检的重要性认识不足，这些人恰恰忽略了婚检对于有遗传缺陷的人所具有的重要作用。为了倡导和推广婚前检查，国家已经开始实行免费婚检工作，有条件和有需要的新人应在婚前进行相关检查，以保证优生优育，杜绝出现新生儿缺陷。

二是婚后生育计划的制订。随着优生优育文化的普及，人们对生育健康子女的期待越来越高，适应是否生育、何时生育、在哪里生育、怎样生育，甚至生男生女等需求，就需要合理制定生育的家庭计划。目前与传统多子多福的生育理论所不同，在城市特别是白领群体中，却反传统而行之，出现了选择自愿不生育的"丁克家庭"。虽然选择性不育是公民的一项基本权利，但是，从人口再生产的角度，甚至人的生理功能充分发挥的角度，生育同时也是公民应尽的一项基本义务。有一些人为了事业，自愿选择先立业后生育，甚至将自己的精子和卵子冷冻起来，以备日后优生优育之需；还有一些人为了妻子身材苗条等原因，在生育时选择剖腹产，或者选择远离居家的大医院，甚至费用高额的私立医院。这些做法，多少有一些人为增加生育紧张或增加生育负担的嫌疑。相反，随着生育健康的普及，越来越多的年轻人为了优生优育，在婚后就根据医生的建议，选择在 30 岁之前受孕生育，很多人在这个围生育期内还戒烟戒酒，"封山育林"，就很值得提倡。目前，针对我国育龄妇女体内叶酸水平普遍较低，而且妇女怀孕后体内叶酸水平将随孕期增加而逐步降低的状况，在生育期补充叶酸已经得到广泛的应用。研究显示，叶酸对预防胎儿神经管畸形、胎儿唇腭裂、胎儿先心病、其他体表畸形等出生缺陷，以及孕妇、乳母及胎儿贫血、促进胎儿神经系统发育、降低婴儿死亡率、减低妊娠反应等具有重要作用，可以在医生建议下，从怀孕前一个月至怀孕后三个月内适当增补。

三是孕期检查。孕期检查的第一步是选择合适的医院。受传统观念的影响，目前社会依然将生育和疾病关联对待，以至我国还很少有专门的生育机构，生育和孕期检查多在医院进行。选一家质量好、服务优的医院安全生育，是每个产妇和产妇家庭的美好期盼。一般地说，多数孕检都可以到居家较近的正规医院进行，没有必要追求费用高昂的私立或者贵族医院，但是，有一些有特殊需求的孕妇最好选择专业的妇产医院生育。孕检应从怀孕 16—20 周开始，孕妇应该按照孕检的要求进行相关检查。但要严格控制非医学性的 B 超检查。由于受偏好男孩心理的影响，有一些人为了金钱公然践踏法律做非法性别鉴定，有研究指出，这是导致中国性别比例失调的严重原因。

四是生育和母乳喂养。自然分娩和母乳喂养是世界卫生组织和联合国儿童基金会共同倡导的健康生活方式。目前，我国自然分娩率有降低趋势，母乳喂养的传统也受到挑战。提倡自然分娩，是因为新生儿在分娩过程中，通过产道的挤压，可以刺激新生儿脑和肺的发育，比剖腹产的孩子更健康聪明。同样，研究显示，用母乳喂养的婴儿发育更为健康，包括增强免疫力、提升智力、减少婴儿猝死症的发生、减少儿童期肥胖、减少罹患过敏性疾病的概率等等。但是，母乳喂养的时间也不是越长越好，中国民间曾经存在的用延长哺乳控制生育，以及给孩子喂奶喂到五六岁的行为，都是没有科学依据的行为，世界卫生组织建议母乳喂养时间为从出生到新生儿 6 个月前后。

生育是男女两性感情与性活动共同作用的结果，生育期更是女性身体的重要变化时期。产妇由于分娩时出血多，加上出汗、腰酸、腹痛，非常耗损体力，气血、筋骨都很虚弱，这时候很容易受到风寒的侵袭，需要一段时间的调补，中国民间素有产妇坐月子的传统。坐月子可以追溯至西汉《礼记·内则》，距今已有 2000 多年的历史，古人称之为"月内"，认为生育后的一个月内是女性产后身体气血最为虚弱的时期，需要一个月养护。

但是，坐月子的传统，在现今已得到一些更新，传统观念中的躺在床上一个月不动，以及不洗澡、不刷牙的行为已成为历史。在这段期间内适度的运动与休养、恰当的食补与食疗，可以促进身体生理功能和子宫恢复。如果恢复得不好，则会影响产妇的身体健康。一般而言，怀孕生产也是一个机体变化的过程，在产前孕妇担负着胎儿生长发育所需要的营养，母体的各个系统都会发生一系列的适应变化，如子宫肌细胞肥大、增殖、变长，心脏负担增大，肺脏负担也随之加重，妊娠期肾脏也略有增大、输尿管增粗、肌张力减低、蠕动减弱等。同时，肠道内分泌、皮肤、骨、关节、韧带等都会发生相应改变。在产后胎儿娩出，母体器官又会恢复到产前的状态。子宫、会阴、阴道的创口会愈合，子宫缩小，膈肌下降，心脏复原，被拉松弛的皮肤、关节、韧带会恢复正常。这些形态、位置和功能能否复原，则取决于产妇在坐月子时的科学调养、保健，包括合理适当的运动。

2. 生育政策与围产期健康

如今，为了保障职业女性生育后有足够的时间恢复身体，国家制定了相应的"产假"制度，不同国家有不同的关于产假的规定。2012 年我国发布的《女职工劳动保护特别规定》第七条规定，"女职工生育享受 98 天产假，其中产前可以休假 15 天；难产的，增加产假 15 天；生育多胞胎的，每多生育 1 个婴儿，增加产假 15 天。女职工怀孕未满 4 个月流产的，享受 15 天产假；怀孕满 4 个月流产的，享受 42 天产假"。同时，对产假期间的津贴和保障做了明确规范，"第八条，女职工产假期间的生育津贴，对已经参加生育保险的，按照用人单位上年度职工月平均工资的标准由生育保险基金支付；对未参加生育保险的，按照女职工产假前工资的标准由用人单位支付。女职工生育或者流产的医疗费用，按照生育保险规定的项目和标准，对已经参加生育保险的，由生育保险基金支付；对未参加生育保险的，由用人单位支付。"职业女性往往根据单位性质、自身条件等因素综合选择产假的长短，以便既能保证自我身体恢复，又能更好地照顾孩子，以建立良好的亲子关系。

对女性来说，妊娠、分娩的过程常常伴随一系列的生理和心理变化，对此大多数孕产妇都能够自我调适，良好适应。但也有个别孕产妇适应不良，甚至出现孕期或产后抑郁的症状。当前，受晚婚晚育趋势影响，产妇年龄越来越大，医学上将 35 岁以上生育称为"高龄产妇"，还有一些产妇初为人母后家庭角色发生改变，面临自身康复和育婴两大问题，对自己的母亲角色产生冲突和适应不良，或者无法克服做母亲和工作的双重压力，发生产后抑郁。另外，如果家庭中还存在重男轻女的封建思想，那么，生女孩的产妇心理压力、心理负担更大。因此，男女两性婚后应正确认识生育，选择合适的生育时间，不仅从物质上，更要从心理上做好生育的准备，在有了孩子以后，应该坦然面对，接受这一切，心情放松，平衡好家庭生活以及生活与工作的关系。家庭的其他成员则应看到，产妇生育后，更需要来自丈夫和家人的关爱和理解，丈夫应主动协调好夫妻关系、婆媳关系，尽可能多陪伴在产妇身边，家庭、社会及其他有关人员除在生活上关心、体贴外，还要更多地承担家务劳动，共同营造夫妻关爱、科学育子的良好生活环境。

3. 生殖健康面临的时代挑战

当前，随着社会发展和科技进步，生殖文化也发生了新的变化，但同时，由于环境恶化、价值观念多样性等因素冲击，生殖健康面临着诸多新的挑战。

一是非选择性不孕比例提高。近年来，由于社会压力以及环境污染不断恶化等因素影响，生育能力在一定程度上有退化的趋势，致使育龄人群不孕不育比例提高。据北京一家媒体报道，"目前，我国每八对夫妻中就有一对不能生育，育龄人群的不孕不育比例平均约为12.5%。"① 尽管这一数据的精确度有待商榷，但我国不孕不育人群在增长却是不争的事实。不孕不育可能会影响婚姻质量和婚姻满意度，也是婚姻出轨，甚至婚姻关系破裂的诱因之一。不孕不育首先是身体的疾病所导致，需要强调的是，不孕不育既可能是男方的问题，也可能是女方的问题，或者是男女双方共同的问题，需要双方都去检查，共同治疗。为治疗不孕不育，有些夫妻跑遍了全国各地，食用的各种药物甚至以麻袋计。虽然医疗技术的提高，能解决一部分人不孕不育问题，但过度就医对人的身体健康也会产生副作用。其实，不孕不育除涉及身体疾病以外，也是包含身体、精神以及社会等多重因素的生殖健康问题。需要淡化不孕的心理压力，调整心态，正确看待。生育是自然现象，不孕不育也是自然现象，不应该因此受歧视。虽然缺少了孩子的调剂，家庭可能少了一些天伦之乐，但是安排好了，也可以更好地品味二人世界，使婚姻生活更加多彩。

---

① 《数据显示目前每八对夫妻中就有一对不能生育》，《竞报》2005 年 6 月 14 日。

　　二是人工流产低龄化。据 2012 年中国人口宣教中心的信息显示：我国每年人工流产手术达 1300 万例，人工流产低龄化趋势明显，青少年普遍缺乏避孕常识。据一项对 1000 名 20—35 岁女性所做的避孕问题调查，每年流产女性中，20—29 岁未婚女性占 65%，其中 50% 是因未采取任何避孕措施导致意外怀孕。另外，在流产女性中反复人流者高达 50%。还有学者自 1997 年开始，与北京一家大型妇幼医院合作，研究追踪发现，在该医院做人流手术的女性中，未成年人的比例竟达 40%—50%，低龄化趋势愈演愈烈。① 专家认为，未成年少女做人流低龄化趋势的出现，很大程度上是由于性教育渠道不畅通所致。建议加强未成年人性教育，以减少低龄化人工流产对未成年人身心健康的影响。

　　三是性疾病的传播。经性传播的疾病是人类疾病传播的一种特殊方式。一般地说，这类疾病多数预后良好。但有一种危及人类健康及社会发展的破坏性传播，即艾滋病，却对人类健康具有致命伤害。据中国国家卫生和计生委统计，截至 2013 年 9 月 30 日，全国共报告现存活艾滋病病毒感染者和艾滋病病人约 43.4 万例，其中 2013 年 1—9 月份新增艾滋病感染者中近 9 成是通过性传播。另外，需要注意的是，15—24 岁青少年和大学生成为艾滋病病毒感染高发人群，感染人数也呈现上升趋势。据全国 20 多个省份的调查报告显示，"15 到 19 岁的学生每年新报告感染人数都在上升"，最小感染者只有 14 岁，大多是男孩。其中，网络交友成为这部分人群感染病毒的主要推手。疾控专家表示，中国艾滋病传播途径转变为性传播为主，需要加强对社会公众的宣传教育，尤其是要面向青年学生、男性性接触等重点人群实施有效的干预措施。

二、家庭教育的基本理念

　　从广义上说，家庭教育主要是指家庭成员包括父母与子女以及其他家庭成员之间的相互影响和教育；从狭义上说，则主要是指由家长对其子女实施的教育，本节主要讨论的是家长对子女的教育。

　　1. 儿童优先的家庭教育

　　我国宪法和未成年人保护法等法律规定，父母有抚养教育未成年子女的

---

　　①　金真：《对人流手术低龄化不能小视》，中国青年网，2012 年 5 月 21 日。

义务，父母或者其他监护人应当学习家庭教育知识，依法履行对未成年人的监护职责和抚养义务；应当以健康的思想、品行和适当的方法教育未成年人，引导未成年人进行有益身心健康的活动。① 与此同时，我国《预防未成年人犯罪法》还规定，未成年人的父母或者其他监护人对未成年人的法制教育负有直接责任。② 在家庭教育中，父母对孩子教育的核心是树立儿童优先和以孩子为本的现代教育理念。

改革开放以来，随着国家对未成年人教育的重视，未成年人教育的社会机制也不断完善，2007年8月成立的中国家庭教育学会，从成立开始就将以邓小平理论和"三个代表"重要思想为指导，深入贯彻落实科学发展观，遵守宪法、法律、法规和国家政策，推进中国特色的家庭教育理论研究，传播正确的家庭教育理念，普及科学的家庭教育知识和方法，提高家长素质和全社会家庭教育整体水平，为培养德、智、体、美全面发展的中国特色社会主义事业建设者和接班人作贡献为其奋斗宗旨。北京市一直十分重视家庭教育，通过宣传、普及家庭教育科学知识，建立社会—学校—家庭"三位一体"的教育模式方法，努力促进家长素质和家庭教育水平不断提高，推动家庭教育不断发展，共同关注孩子的健康成长。

现在，越来越多的家长在育儿理论指导下科学育儿，不仅重视运动开发，也重视综合情感培养。但是，也有一些家长对自己教育方式比较自信，强迫孩子跟随自己的生活节奏，反而引起孩子的困惑和反感。如有的父母喜欢逛商场或书店，但是，他们往往忽视了逛街对孩子来说是一件很痛苦的事情，特别是对半大不小的孩子，父母领着他们逛街逛店，他们往往看不见琳琅满目的街店色彩，看到的往往是单调的成人大腿，吸入的往往是被成人的脚步扬起的粉尘。正确的做法应该是，尽可能少带孩子到商场等人多的公共场合去，而是应该多带孩子到风景优美的自然环境之中去接触亲近自然。和孩子交流的时候，也应该尽可能多地避免居高临下。和孩子一起行走，也要注意不要发出前后矛盾的指令。

小女孩对父母的指令提出抗议

朱立聪夫妇从东北某地级市的大专毕业后到北京创业，已经小有积蓄，

---

① 《未成年人保护法》第十条。
② 《预防未成年人犯罪法》第十条。

夫妻二人育有聪明漂亮的千金"公主"。小朱夫妇对孩子十分经心，含在口里怕化了，捧在手里怕摔了。一天，夫妻俩领着孩子到公园玩。开始孩子感觉很新奇，总是在左顾右盼，妈妈就对孩子说，"快点走"。听了妈妈的话后，孩子就向前跑了几步，但是，爸爸紧接着喊："别跑，慢点走。"这样重复了几次后，小女孩就坐在地上不走了，爸爸妈妈就威胁孩子说："再不走，爸爸妈妈就不管你了。"没想到，女儿听了这话后，十分认真地说："一会儿让我快走，一会儿让我慢走，我不知道到底应该怎么走？"

尊重孩子还要因材施教，为孩子的成长提供宽松的环境和自由发展的空间。

孩子的教育需要耐心培养

亮亮是一个十分淘气的男孩，家里经常被他搞得乱七八糟，因为这样的事情父母没少批评他。突然有一天，爸爸带回家一本画册，引起了他的注意，他对这本画册非常感兴趣，经常翻看，甚至在很大程度上改变了他不专注的性格。随后，他也要画画。父母很高兴，就给他买了纸笔。但是，亮亮不喜欢在买的绘画纸上作画，而是喜欢在地上到处涂鸦，后来发展到在墙上、床铺上，甚至在妈妈的衣服上到处乱画。妈妈很不高兴，就把笔纸全部藏了起来。亮亮不再画画了，但是，好几天不和父母说话，幼儿园也不愿意去。最后发展到需要看儿童心理医生的地步。

在亮亮的家庭教育中，父母显然忽略了孩子的爱好，对孩子画画带来的问题，粗暴处理，扼杀了孩子的兴趣，给孩子带来了很大的心理伤害。

在生活中，还有一些父母感到育儿责任重大，而自己工作繁忙、育儿的知识也有所欠缺，就将孩子送入寄宿学校，或者将孩子交给爷爷奶奶姥姥姥爷照管。这种方式也要慎重选择。将孩子送入寄宿制学校，可能替代不了父母与孩子亲情交流，将照看孩子的责任转移给祖辈的"隔代教育"，也可能产生家庭教育的代际隔阂，对孩子的个性发展和潜能开发产生一定的不良影响。

以孩子为中心的教育模式，还要尊重不同孩子的不同需求和每一个孩子的多样性需求。俗话说，龙生九子，各不相同。从孩子的个性角度尊重孩子的多样性发展是助推孩子健康成长的关键。

2. 家庭教育的基本内容

家庭教育开始于孩子出生之日，现今的人们越来越重视家庭教育，有的家长甚至将对子女的教育前溯到胎儿时期，也有一些研究认为，母亲在孕期的良好生活方式会对子女产生潜移默化的影响，关于胎教的内容，也是琳琅满目，成为家庭教育的亮丽点。父母作为孩子的首要养护人，更多的是孩子的领路人，也是子女教育的第一任老师，对孩子的性格、气质、道德观念和行为习惯的形成有不可替代的作用。而孩子的性格、气质和行为习惯等对孩子的人生观、价值观的形成起着决定性作用，进而对孩子的一生发挥不可忽视的影响。好的家庭教育，对于孩子来说好比房子的地基，只有地基打牢了，房子才能牢固。因此，家庭教育内容与社会和人生密切相关，包括"德""智""体""美""劳"各个方面。

第一，品德教育。一个人，具有良好的品德包括会感恩、懂礼貌、尊重人、知礼仪，还包括正直、善良、宽容和友爱，同时，有德之人还应该是一个有责任心、有毅力、敢担当的人。

一是感恩教育。党的十八大将"爱国、敬业、诚信、友善"，作为公民教育的重要目标。一个懂得感恩的孩子自然就会萌发爱国、敬业的品质，而一个不懂得感恩的孩子是很难去关注他人、爱护他人的。常言道，"滴水之恩，当以涌泉相报"，"吃水不忘挖井人，前人栽树后人乘凉"，体现了中国文化对感恩教育的重视。只有心怀感恩，孩子才能有宽广的胸怀，豁达的心态，才能拥有更舒心、更美好的生活。同时，家长在日常生活中也要对孩子进行生命教育，感激生命，尊重生命。

二是挫折教育。现在的独生子女家庭中，孩子容易被过度保护和宠爱，甚至一些不合理要求也会得到家长的纵容和迁就。这样的孩子一旦走向社会，与他人交往不能得其所需时，便会产生强烈的挫折感。对孩子进行挫折教育，可以磨炼孩子的意志，培养他们的坚强意志，提高对环境的适应能力和对抗挫折的承受力，使他们能更好地适应生活与社会。在社会上引起广泛关注的某知名人士子女违法乱纪的案例，就反映了父母对孩子品行的关注和教育不足、家庭品德教育的缺失问题。

三是责任感教育。敢于担当，能对自己所做的事情负责，承担后果，这也是家庭教育中非常重要的内容。在生活中，一旦小孩子摔倒，母亲往往马上跑过去，扶起孩子说："宝贝，不哭，摔着没有？"还会边说边用脚跺地面，"这个地真讨厌，让宝宝摔倒了，妈妈打它，宝宝乖啊！"于是，孩子不哭了。

这是常见的生活场景。分析起来可以发现，在孩子摔倒的场景中，家长无意识地将责任推脱到外在的环境或人或物身上，而没有引导孩子从自己的身上找原因，帮助孩子总结经验教训，对自己的行为负责。

四是礼仪教育。礼仪教育不是要教给孩子多少繁文缛节，而是要帮助孩子养成一种尊重别人、礼貌待人的习惯，对别人的帮助要及时说出"谢谢"，习惯运用"请"、"您好"等礼貌用语，不说脏话，不做伤害别人的举动。这虽然是小礼节，但是会影响孩子一生的发展。

现在的一些家长更关心的是孩子吃得饱不饱，穿得好不好，以自家的孩子比别人的孩子多背了几首古诗，多认了几个汉字，多数了几个数字而骄傲，甚至认为这些所谓的优点可以掩盖孩子的自私、任性、无礼、霸道等以自我为中心的恶习，更有家长容不得自己的孩子吃半点亏，受半点罪。这些做法都是不对的。家长作为教育者，应重视培养孩子的人生观和价值观，教育子女为人处世的道理，更要在言传身教中做好表率，引导孩子不怕吃苦、尊师重道、乐于助人。

第二，智力教育。智力教育的目标是培养人提高认识、理解客观事物并运用知识、经验等解决问题的能力，包括记忆、观察、想象、思考、判断等。开发智力，是目前家庭教育的重要目标，但有个别家庭、个别父母将子女的智力教育放在家庭教育的首位，迫切的愿望致使子女不堪重负，甚至"望子成龙、望女成凤"。当这种沉重单一的期待没有被实现时，就容易产生问题。

女孩从自家7楼跳楼身亡

阿萍18岁，是个独生女。去年，高考没有考上大学。父亲特意将女儿从湖北老家接到广州玩。突然有一天，女儿从自家居住的7层楼内纵身跳下，不治身亡。事发前，阿萍除"话少些外"，根本没有任何不正常的现象。据阿萍父亲的一朋友称，在阿萍跳楼后，家人在她的房间找到一封遗书，大致内容是"女儿没有考上大学，真的没有脸再见到亲人和朋友"。

这个孩子之所以自杀，从心理学上看她可能患有抑郁症，或者她对自己的期望过高，耐挫力差，也或者父母给了她过高的期待，这个期待超越了她的个人能力。她认为没有考上好的大学是重大失败，因此自杀。这个孩子自杀，还多多少少与家长和老师不能发现她的心理问题有很大的关系。因此只关心开发孩子智力，忽略孩子健康发展的教育模式，一方面反映了家庭教育对孩子智力培养的过度重视，另一方面也反映父母人生教育理念的缺失。从科学的角度讲，这种"望子成龙、望女成凤"的思想是违反孩子心理成长规律的。每个家长都希望自己的孩子成为天才，但是天才不常有，家长应实事求是地接纳孩子，帮助孩子健康成长，包括尊重生命、正确面对挫折等。

第三，体育教育。狭义体育教育，是通过身体活动和其他一些辅助性手段进行的有目的、有计划、有组织的教育过程。广义体育教育，则既包括系统的体育教学，还包括体育锻炼习惯和营养健康等。现在中小学学生的体质差、锻炼少已成为普遍问题。

开学升旗十分钟多名小学生晕倒①

有一所小学，在周一例行升旗仪式上，短短 10 分钟的时间里，就有八九名同学因为眩晕而退场。该校校长告诉记者，这是一个普遍现象。

升旗仪式才开始，就有一位男生因身体摇晃，被搀扶出操场。校长认为，孩子饮食结构的失衡以及不良生活习惯的影响，导致学校近些年出现了"眼镜多"、"胖子多"等现象，同时学生缺乏体能锻炼，体质弱的现象也很常见。每周一的升旗时间，总会发生学生被"撂倒"的问题。

按照国家"阳光体育运动工程"要求，对在校学生每天安排至少不少于1 小时的运动时间。学生体质弱的问题应该引起社会以及家长们的足够重视。

针对目前中小学生体质差的问题，家庭应该创造一个锻炼身体、注重健康的氛围，家长与孩子一起制定合理的锻炼方式，并坚持下去，养成良好的生活习惯。

第四，美育教育。爱美是人的天性。在我们社会主义祖国里，美的事物、美的行为、美的心灵到处都有，但是生活中美好的东西，并不是所有人都能看见，都能感受得到。正如著名的法国雕塑家罗丹说的一样，美是到处都有的，对于我们的眼睛，不是缺少美，而是缺少发现。因为，感受美，创造美的能力和正确的审美观，并不是生来就有的，也不会自然而然地产生，需要经过教育和训练才能获得。在家庭教育中，美育教育主要指培养孩子对美的感知、辨别和欣赏能力，培养孩子创造美好事物和生活的能力等。美感训练可以专门开展，但同时也在家庭教育、家庭生活以至社会生活的方方面面潜

---

① 曲振玮：《开学升旗十分钟多名小学生晕倒》，《半岛晨报》2008 年 9 月 3 日。

移默化。

目前，很多家庭多从狭义角度理解美育教育，甚至认为美育教育的关键点是培养孩子的艺术才能。为了不让自己的孩子输在美育教育起跑线上，家长不惜牺牲孩子的休息时间，孩子在假日或者业余时间去上大大小小的兴趣培训班，希望打造多才多艺的子女形象。这是一种将目标与手段分裂的生活行为。要看到，虽然美育教育对陶冶个人情操、提高审美能力和欣赏能力有重要作用，但家长不宜将其看得过重，更不能将其作为负担强加给孩子，在选择是否上兴趣班，以及上什么兴趣班的问题上，应该尊重孩子的兴趣和特点。注重得当的教育方法，在教育过程中应有张有弛，松紧有度，并给予孩子足够的自由活动的时间和空间，使孩子在玩中求学、在学中能玩，如此，才能收到良好的教育效果。

第五，劳动教育。劳动教育是培养孩子热爱劳动的观念和劳动技能的教育。"自食其力"是孩子长大成人的重要标志。在现代家庭，一些孩子是家中的"星星""月亮"，家长不愿意看到孩子辛苦，孩子"衣来伸手、饭来张口"，乃至养成好逸恶劳、贪图享受、不劳而获的坏习惯。有的家长甚至会把鸡蛋剥好皮、鱼肉剔除刺放在孩子碗里，导致孩子到学校后不会剥鸡蛋，吃鱼不会吐刺，生活能力很差。据一项对小学生参与家务劳动的调查，只有15.5%的孩子经常购物；11.6%的孩子经常打扫卫生、整理房间等；8%的孩子经常洗碗、洗菜等；6.6%的孩子经常洗衣服；3.9%的孩子经常做饭。比例都不高。①

近年来，还时常有大学生生活能力差的报道见诸报端，有一位母亲担心儿子生活不能自理，竟然给他备下了30双袜子，并约定一个月后到学校为儿子洗一次。父母的这种行为，不仅影响了孩子的全面发展，也使孩子的生活能力受到限制。

因家务导致夫妻离异

一对80后小夫妻，双方婚前都分别和父母住在一起，衣来伸手饭来张口，家务活不会做，连内裤和袜子都是父母动手洗。新婚第6天，丈夫找不到干净的衬衫，指着一堆脏衣服没好气地对妻子说，"我怎么娶了你这个懒媳

---

① 《孩子的劳动教育不可少》，中国新闻网，2012年12月29日。

妇,连衣服都不会洗!"从小在家娇生惯养的妻子听后十分恼火,立刻反驳地说道:"在家的时候,我妈都不使唤我,你凭什么说我?"丈夫说:"从前老妈做的事现在就应该由自己老婆来做!"妻子又反驳说:"那你找你妈过日子去吧,咱离婚!""离就离,谁怕谁!"就这样,仅仅持续了一个星期的婚姻就如此结束了。

具备基本的生活自理能力和劳动能力,是个人在社会上生存的基础。这种能力的培养也是主要在家庭中完成的。家庭应该在孩子年幼时就开始在家庭中培养孩子吃饭、穿衣、收拾玩具等自理能力,到青少年阶段要培养孩子对家务劳动的参与和自我生活管理,增强其劳动和生活自理的能力。

第六,安全教育。社会发展的复杂与不安全因素的存在,使得儿童的安全教育尤为重要。增强自我保护能力是孩子快乐健康成长的必备能力。只有学会自我保护,远离危险,我们的孩子才能拥有幸福,享受美好的生活。据统计,全世界每年有100多万14岁以下的儿童死于意外伤害,中国意外伤害占儿童死因总数的26.1%,而且这个数字还在以每年7%—10%的速度快速增加。[1]儿童意外伤害发生的种类主要是交通事故、中毒、跌落伤、烧伤、溺水以及其他意外损伤(窒息、动物咬伤)等。拐卖也是儿童安全中的毒瘤。媒体报道称,"按照不同的统计数字,中国每年失踪儿童不完全统计有20万人左右,找回的大概只占0.1%。"[2]

为了孩子的健康和安全,家长和老师应该提高安全意识,并及早教给子女一些必要的安全常识以及处理突发事件的方法,注意培养孩子的自我保护能力及良好应急心态。家长要重视孩子的家居安全教育,提高孩子在家的安全指数;引导防火防盗防震,加强交通安全意识,确保孩子外出安全,并在户外活动中注意防范,让孩子有意识地在玩乐中避险;还要引导孩子警惕社会恶性事件;让孩子远离社会伤害,同时也要关注校园安全,让孩子远离校园意外伤害;关注孩子的心理健康,及时发现问题解决问题。

还有一种案例是很值得关注的,就是时常见诸报端的性侵儿童案件。我国刑法中的"儿童"系指不满14周岁的男童及女童。犯罪分子往往利用儿童

---

① 儿童意外伤害,百度百科,http://baike.baidu.com/view/1593469.htm?fr=aladdin。

② 孔明:《我国每年约有20万儿童失踪仅有0.1%能找回》,中国广播网,http://china.cnr.cn/yxw/201306/t20130602_512724290_3.shtml。

的年幼无知和好奇、恐惧心理，采取强制或诱骗手段侵犯儿童性权益。下面的一个案例就很有典型性。

性侵儿童的衣冠禽兽

49岁的小学教师张罗衣，多次利用无人之机，以检查、批改作业等为名，将7名女生带至学校办公室、图书馆等处，分别实施奸淫，作案达14次。此外，他还先后把18名女生骗至教室的讲台、办公室等处，采用极其下流的手段进行猥亵，作案达52次之多。

还有一位签约艺人、知名歌手"红豆"以玩游戏、钓鱼为名，在一年多的时间内，多次将北京某学院附中的7名男生诱至其家中或宾馆客房内，采用下流手段对男童实施流氓猥亵行为。

另据分析，儿童性侵案件呈现高频发、受害人群低龄化、熟人犯案高发和乡村为案件重灾区等特征。为此，家长应该教育孩子，让孩子懂得，社会环境并不完全安全，随时可能有危险存在；亲属、老师等成年人多数是友好的，但不是所有的老师和亲属都好。要教育子女增强防范意识，让孩子知道，不要和陌生人搭话、不要给陌生人开门、不要吃陌生人的东西、不要跟陌生人走等，还要让孩子知道自己的身体哪些部位是隐私部位，告诉孩子背心裤衩覆盖的部分是不能让别人随便摸的。自己或别人的亲朋好友如果有让自己感到不舒服的行为，应该勇敢地表达自己的意愿和学会表达"不愿意"的心情。还要教育孩子不要离开父母的视线太久，不要在没有大人的陪伴的时候独自到偏远的地方去，等等。

3. 家庭教育的主要方式

发挥家庭教育功能，助推孩子的成长，不仅教育的内容十分重要，而且教育的方式也十分重要。通过对生活的观察，可以将家庭教育的方式划分为四种类型，即民主型、专制型、溺爱型和放任型。

民主型教育是一种伴随社会民主法制成长起来的新兴教育方式，也是现代家庭教育的重要方式。从理念上说，民主型教育是将父母与孩子置身于同等地位，用朋伴关系代替代际关系，也有人将其称之为伙伴型教育。从过程上看，民主型教育以孩子为本，尊重孩子的意愿，也就是从孩子的实际情况出发，以鼓励和肯定孩子的成绩为主。关键是让孩子树立自信心，告诉子女"你努力了你就是最棒的，你尽心了你就是最好的"。同时，家长还要注意应该和孩子一起共同面对孩子的成长，接纳孩子的进步，更要接纳孩子的缺点，要看到人无完人，"尺有所短寸有所长"，鼓励孩子开发潜力，全面发展。

专制型教育是一种传统型教育方式，是指家长采用强迫或暴力手段，要求孩子必须要按照家长的意愿行事。比如，强制孩子吃饭睡觉，强制孩子不哭，强制孩子停止看电视、停止上网、停止游戏，强制孩子不能随便弄乱家里的东西，强制孩子接受父母的决定等。凡此种种，不一而足。这类教育的理念是家长居高临下、强调的是家长的权威和尊严。这种教育的特点是家长从自己的主观意志出发，不考虑孩子的感受，或者采用高压政策，迫使孩子对家长意见和想法绝对服从，一旦孩子出现抵触或反抗，就会采取体罚或者其他惩罚措施进行管制。在这种专制的教育环境下，孩子没有机会表达自己的看法，没有自主行动的自由，难以体现主动性和创造性，与父母之间的情感交流也较少，容易处于紧张状态。孩子在得不到家长理解，又可能面临惩罚的情况下，不能很好地表达自己的想法和感受，他们的社会化程度较低，在待人接物方面缺乏锻炼，走向社会时可能难以适应需要随机应变的高情商要求。专制教育出来的孩子容易走向两个极端，一种是表现为顺从懦弱，缺乏自信，遇事唯唯诺诺，缺乏独立判断和处理事情的能力；另一种则是产生逆反心理强，冷漠无情，容易有暴力倾向。

溺爱型教育自古就有之，也就是通常说的子女要什么给什么，"要星星不给月亮"的教育方式。但是，这种家庭教育在古代多存在于有钱人的家里，在现代社会，随着人们生活水平的提高和独生子女政策的实施，这种教育有逐渐增多的倾向。溺爱还容易蒙蔽了父母的眼睛，使父母认为孩子是天底下最好的孩子，是世间少有的天才，以至于有求必应，或者对孩子的弱点缺点视而不见。这种家庭还可能导致孩子对父母持续依赖，成年后依然不能完成与父母的心理断乳，导致对自己的生活不能自理，社会适应能力差，而父母也会因注意力过度地投注在子女身上而丧失自我，往往最终导致空巢期失衡，影响自己的身心健康。

放任型教育与溺爱型相反，放任型教育的特征是，家长对孩子漠不关心，对孩子的言行没有严格的限制和约束，坚持"树大自然直"的理念，认为孩子长大了自然就懂事了。这种教育下的孩子貌似很自由，但没有鼓励也没有惩罚，其实是漠视孩子的需求，这样教育出来的孩子容易冷酷和情绪不安。

父母与孩子之间交流沟通较少，尤其是情感方面的交流少，孩子的内心世界得不到关注，精神需求被忽略，很容易出现适应障碍。使孩子对现实世界没有正确的判断准则，也没有一个相对成熟正确的人生观价值观指导，兴趣狭窄、缺乏理想，缺乏独立性和责任感，尤其社会责任感缺乏，纪律观念淡薄，很容易步入歧途。

在这几种类型的教育之上，还有一种教育贯穿家庭教育的始终，就是父母的言传身教。言传身教表现在日常生活的方方面面，也可能体现在微不足道的小事之中，这就要求父母要时刻警醒，注意自己的语言行为和形象，使子女从自己的身上领略生活的真谛，用普通的小事启蒙子女理解真善美的大世界，促进家庭和谐与和谐社会建设。

三、居家养老的新探索

联合国将一个地区60岁以上老人达到总人口的10%，或者65岁以上老人占总人口的7%，作为该地区进入老龄化社会的标准。参考这个标准，我国已于1999年进入老龄化社会。截至2013年年底，我国60岁以上老年人数量已超过2个亿，占总人口的14.9%；而65岁以上老人已达1.23亿，占全部人口9.4%以上。① 关注老年人的生活，使老年人老有所为、老有所养、老有所乐已成为构建社会主义和谐社会的重要目标。

1. 养老文化的新特点

谈起老人，我们经常会想起弯腰驼背、满头白发、手拄拐棍的老年人形象。然而什么是老年，并不以人们的眼见和感觉为标准，而是有着严格的界定。谈到人的年龄划分，按照有关法律的规定和传统文化观念，我们通常将不满1岁的人称为婴儿，1岁以上不满6岁的人称为幼儿，6岁以上不满14岁的人称为儿童，14岁以上不满20岁的人称为青少年，20岁以上不满30岁的人称为青年人，30岁以上至40岁称为中青年，40岁以上至50岁称为中年，50岁至60岁称为中老年，60岁以上称为老年。但是，随着社会发展，特别是人的预期寿命的增长，人们对年龄划分也有了新的认识。联合国世界卫生组织对年龄的划分标准作出了新的规定：18岁以下为儿童，44岁以下为青年

---

① 《2013年社会服务发展统计公报》，民政部门户网站，2014年6月17日。

人；45 岁至 59 岁为中年人；60 岁至 74 岁为年轻的老年人；75 岁至 89 岁为老年人；90 岁以上为长寿老年人。年龄段的重新界定，将人类的衰老期推迟了 10 年，这对人们的心理健康和抗衰老意志将产生积极影响。

与此同时，随着经济的不断发展和人们生活水平的提高，人的预期寿命也不断增长。截至 2010 年年底，我国人均预期寿命 74.83 岁，其中男性的预期寿命是 72.38 岁，女性的预期寿命是 77.37 岁。[①] 另据 2010 年北京市的调查，北京市户籍居民期望寿命为 80.8 岁，其中男性 79.1 岁，女性 82.6 岁。[②] 发达国家和地区的人口平均预期寿命是 76 岁，北京市已超过世界平均预期寿命水平。但是，与发达国家相比，中国老年人口却面临"未富先老"和健康预期滞后的两个问题。截至 2012 年年底，"我国城镇居民家庭人均可支配收入 24564.7 元，农村居民家庭人均纯收入 7916.6 元"[③]，由此可以看出，我国的人均收入依然处于中低收入水平，其中农村甚至属于低收入状况。如果按照农村每人年收入不足 2300 元即为贫困人口计算，我国农村还有近 1 亿人口为贫困人口，贫困发生率为 10.2%。另据统计，2013 年末我国城乡居民社会养老保险参保人数为 49750 万人、新型农村社会养老保险参保人数为 47351 万人，城镇居民基本医疗保险参保人数为 29629 万人，其中男性参保者 17455 万人，女性 12174 万人。[④] 从整体上看，养老和医疗参保率覆盖面不足，特别是女性参保率低，对老年人特别是女性老年人生活质量和健康预期寿命的不利影响是显而易见的。

老年时期是人的生命航程的最后阶段，与生命前期阶段相比，老年人具有明显的生理和心理特征。从生理上看，老年人正处于生命周期的衰退期，身体机能不断退化，患病率明显高于青壮年，对健康卫生的需求也日益频繁和迫切。与生理机能退化相适应，一些疾病也会与老年健康相纠缠。如老年人最常见的关节疾病，包括风湿性、类风湿性、退化性等，以及高血压、心脏病、动脉硬化症、脑血管障碍，另外，由于大脑皮质兴奋和抑制能力低下，

---

① 《我国人均预期寿命 74.83 岁　男性 72.38 岁　女性 77.37 岁》，《珠海特区报》2012 年 8 月 10 日。

② 《北京户籍居民期望寿命 80.8 岁》，《健康报》2011 年 7 月 5 日。

③ 数据来源于《中国统计摘要 2013》。

④ 国家统计局社会科技和文化统计局编：《2014 年中国妇女儿童状况统计资料》，中国统计出版社 2014 年版，第 46 页。

造成睡眠减少，睡眠浅、多梦、早醒等睡眠障碍等。从心理上看，一些老年人可能认知能力下降、记忆力衰退、反应迟缓；一些老年人也可能出现情绪不稳、易伤感、易怒，甚至出现压抑、悲观、厌世等抑郁和焦虑的症状。有的丧偶老人反映可能会更加敏感和强烈，加重厌世、生活方向迷失、疑病、爱哭、死亡恐惧，以及对子女的过度依赖等症状。这些症状与脱离工作岗位之后社交半径减小、"无用感"增加相交织，对老年人的晚年生活形成很大挑战。一些退休老人的生活出现新苦恼。

退休生活要积极适应

老钱，60 岁，退休前是某企业的老总，在单位有权有势，自己说了算，家务活由老伴全包，子女对他也很尊敬。退休后，老伴提出把家务分给他一半，自己要学画画、跳舞发展个人爱好，儿子也希望他能发挥余热，帮忙接送孙子上幼儿园。不久，老钱就感觉很失落，感到自己退休后由将军变奴隶，还要看家人的脸色，感觉日子过得很无聊没意思，整天闷闷不乐。看到老伴每天乐呵呵地出去跳舞，他也感到不可思议，认为老伴应该像以前一样把心思放在家庭，照顾好他的生活，甚至怀疑老伴每天出去是不是有了外遇。一家子的生活被他扰得很不安宁，老伴告诉他再这样下去，就与他分手跟儿子过。老钱不知道自己怎么就变成了这样，十分苦恼。

像老钱患有的这种退休综合征是生活的急剧变化引起的。按照有关法律和政策，我国普通员工男性 60 岁退休，女公务员 55 岁退休，女工 50 岁退休。按照人的预期寿命计算，男性退休后还有十多年的生命历程，女性则不同，女公务员和女工人还分别有 20—30 年的生命历程。一些女性退休后的岁月，甚至比就业时间还要长。开放地看，人的预期寿命会伴随经济与科学技术的发展不断提高。一些科学家研究表明各种动物的寿命期与本身的生长期有关，约是生长期的 5—7 倍。人的生长期为 20—25 年，那么自然寿命应该是 100—170 岁。也有科学家认为，一般哺乳动物最高寿命约相当于它的性成熟期的 8—10 倍。据此推算，人的性成熟期是 14—15 岁，那么，人的自然寿命应该为 110—150 岁，甚至 160 岁。我们也可以参考新中国成立前后，人的预期寿命的增长情况，来动态理解这个问题。新中国成立前，我国人均寿命为 35 岁，现在已经翻倍提高。古代素有"人生七十古来稀"的说法，但也不乏关于长寿老人的记载。在为老人祝寿的时候，就有喜、米、白、茶寿之说，喜寿指 77 岁，米寿指 88 岁，白寿指 99 岁，茶寿指 108 岁。另外，也常将 80、90 岁称为朝杖之年、耄耋之年。现在，我国民间更是流传着"七十不稀奇，八十不为老，九十不少见，百岁不难找"的长寿歌谣。长寿和健康生存已经成为"中国梦"的重要内容。因此，在很长的时间里，退而不休和退休后有意义地生活，就不可避免地成为退休人员的重要人生课题。

另外，与发达国家人均预期健康寿命相比，中国人的健康预期寿命也处于较低水平。据有关方面统计，中国人均健康寿命为 62.5 岁，远远低于日本的 74 岁和瑞士的 72.5 岁。这从一定程度上说明，中国老年人的生存状况尚未摆脱带病生存的阴影，还需要社会、家庭与个人共同努力，提高健康生活的质量。

2. 老有所为和自助养老

"活出老年人的精彩"历来是中国文化的重要内容。民间就有"活到老、学到老、干到老"的俗语。现在，人们常用"夕阳红"形容老年人的多彩人生，用"老有所为"表述对老年人发挥社会功能的期待。"老有所为、老有所学"，也称为"积极养老"，是指老年人退出劳动岗位后，继续学习或者用自己长年积累的知识、技能和经验，为社会和家庭作出新的贡献。相反，人们常将"老无所为"或者"享受清福"归结为"消极养老"。

在积极养老是现代养老状态下，"人到老年万事休"的观念已受到挑战。如果身体许可，老年人完全可以在自觉自愿、量力而行的基础上，做一些自己喜欢的工作，继续为社会贡献聪明才智。在这方面，很多老年人做出了表率。中国航空发动机之父吴大观，88 岁才退出科研一线。杨善洲从云南保山地委书记的岗位上退休之后，毅然投身大亮山，在艰苦的环境中开山垦荒，苦战 22 年，让荒山瓜果飘香。还有很多普普通通的老人，退休后选择再就业，退而不休，继续为社会服务，如北京很多公交执勤员就是退休者担任的。因此，鼓励、支持老年人发挥余热，使老年人"心有所依"，更好地实现自我价值，不失为一种以积极心态安度晚年的生活方式。

"老有所为"有多种表现，主要包括为社会发挥余热、帮助子女解除后顾之忧以及甘当志愿者等。老年人可以退而不休，发挥自己的专业长处，铸造新的辉煌。如老年领导者为地方经济与文化建设、为"两个文明"的健康发展出谋划策；老年教育工作者以自己的专业知识和多年积累的经验兴教办学，为国育才，为提高我国人口综合素质贡献力量；老年科技工作者可继续通过总结经验，为科学研究和高科技的发展，为早日实现四个现代化，继续发挥自己的聪明才智；老年卫生工作者以自己丰富的医学知识和临床实践经验著书立说，进行医疗咨询，为实现社会健康老龄化服务；老年文化体育工作者用自己的专门知识和技能，为增强人们的文化与身体素质，为培养年轻一代振兴中华民族的文化体育事业起组织、指导和顾问作用；老英雄、老模范、老年思想政治工作者可参加关心下一代的组织活动，对青少年进行爱国主义教育，进行道德传统教育，进行世界观、人生观和价值观教育，努力营造文明、健康的社会环境。此外，其他的社会参与活动还包括参加社区服务活动、社会团体的工作与其组织的活动、书画笔会活动、支持与扶持家庭养殖、科技扶贫、文艺宣传、治安联防、物价商税检查、开办经济与文化实体，搞第三产业等，以及调查走访，勤于笔耕，撰写史实、专著，写回忆录，进行文学创作，等等。

为公益事业乐此不疲

出生于 1930 年的王行娟，曾是新中国第一代新闻工作者，热心公益事业的王行娟离休后长期投身于妇女公益事业。1988 年，年近 60 岁的王行娟创办了妇女研究所，后又创办"妇女热线"，现在发展为红枫妇女心理咨询服务中心。她三十年如一日，不知疲倦地为女性服务，成为广大妇女最为亲密的同行人和知心朋友。之后中心以弱势妇女、儿童为主要对象，以心理辅导和社会工作为主要方式，用生命影响生命，关注妇女与儿童身心健康，促进他们全面发展。先后打造了"红枫妇女热线"和"方舟家庭中心"等著名公益品牌。目前，王行娟已跨入 80 老人行列。但依然喜欢和享受多彩的公益生活，继续为服务社会、维护妇女权益贡献着余热。

老年人也可以在子女成家有了下一代的时候，帮助照看孙辈，解除子女的家务劳动重负。现代家庭结构的主流是"421"（4 位老人、夫妻两人、1 个孩子），在年轻夫妻是双职工的家庭中，照看年幼的孩子成了家庭中的大事。由于我国目前的托幼机构还不够完善，这样的照顾任务多半落在了家中的老年人身上。一项调查显示，城市居民中，老人帮忙带孩子的占到了 70%。如果能够安排好老人的时间，比如夫妻两边的老人轮班照看，或者老人照看与其他人照看相结合，这样既能让老人享受到天伦之乐和含饴弄孙之趣，又能给老人相对的自由去满足自己的兴趣，两相其乐。

还有一部分老人根据社会需要，加入社会志愿者的行列，发挥自己的所长。在"2005 北京十大志愿者"评选中，年逾古稀的老人感动了评委，在"十大志愿者"中就占了 3 个席位。

孤寡老人的"南丁格尔"

"我做护士的时候就发现，生病住院对那些缺少亲人照料的孤寡老人来说是个大难事儿。我看在眼里，记在心里。我就琢磨着，等我退了休，一定要利用护理的一技之长，去照顾那些孤寡老人，好让他们高高兴兴地多活上几年。""南丁格尔"奖章获得者、原北京市朝阳医院外科护士长司堃范是这样说的，也是这样做的。

1988 年她从医院退休后，就骑着一辆自行车把团结湖社区的孤寡老人情况摸了个透，从此社区的 29 位孤寡老人有了自己的"南丁格尔"。

为行人指路倍感快乐

今年 77 岁的谢亮家住东直门十字坡社区，是东城工商分局的离休干部。2000 年夏天，谢老感受到一次向人问路被冷遇的经历，"三次问路，对方理都不理，太让人寒心了。"于是，2001 年 9 月 24 日，谢亮在东直门外大街西侧第一个十字路口的西北角立下了"义务指路点"的牌子，开始为行人义务指路。当年冬天，东直门外交通枢纽动工建设，64 条交通线路半数挪站，许多人找不到车站，行人急，交通秩序也乱。但谢亮的"义务指路点"炙手可热，最忙碌时，谢亮每分钟要给行人指路近 30 次，有时一天下来 3000 多人。

在他的带领下，数以百计的人参加到义务指路行动，最多的时候有 43 位志愿者同时工作。

"身体不倒，永远干下去！"

1993 年，赵德瑞退休，成为了"全职理发师"，每个月定时去给老人理发。后来敬老院从最初的六七个人发展到了将近百来号人，赵德瑞的理发工具也扩大到剃刀六七把，当布三块。

给普通老人理发还比较方便，但给身体不方便的老人理发就不是件容易的事了。2005 年去世的 82 岁的王志老人常年卧床不起，从 1983 年到 2005 年去世，一直都是赵德瑞给他理发。谈起给他理发，赵德瑞至今记忆犹新。

"每次给他理发，都得先爬到床上把老人给扶起来，在床边上靠好。我就这么跪在旁边给他理发。基本是理哪边就跪哪边。""理完还得修修，还得刮胡子，这时我就得爬下床，蹲在床边给他刮，旁边还得有人给扶着。"因为床不高，每次理发都让赵德瑞累得腰酸背痛，非常辛苦。

这些老人在当志愿者的过程中，奉献自己，不求回报，不仅用余生向社会传递着正能量，也在志愿工作中，充实自己，体现自己的价值，进而促进了自己的身心健康，延年益寿，安度晚年。

在老有所为的同时，一些老人还加入学习队伍，老有所学，充实自己，丰富晚年生活。老宋就在学二胡中获得了很多快乐，而且很有成就感。

老有所乐的老宋

老宋今年65岁，60岁退休之后，过了两年无所适从的日子，便跟退休的老朋友们学起了拉二胡，这一学便"爱上了"，甚至到了迷恋的程度。

两年多前，老宋从他的一位老琴友那里借了一本二胡琴谱，上面净是他熟悉的老歌，这种怀旧的情感让他对这本琴谱甚是喜欢，如获至宝。回到家他便急忙找来尺子、白纸、黑笔，戴上老花镜，正襟危坐，左手指到哪儿右手写到哪儿，一连昏天黑地地抄了四五天，终于抄完了，随后就赶紧把琴谱还给了那位老友。

"贵有恒，何必三更起五更睡"，老宋就是一个能持之以恒的人。他说自己不指望在二胡、京胡演奏上有什么"大成"，但是他觉得"学一点是一点"，不求老有所为但求老有所学，他也乐在其中，看到自己抄完的一沓沓琴谱，他心里很有成就感。

老年人根据社会的需要和本人的爱好去学习掌握一些新知识和新技能，既能从中陶冶情操，又能学到"老有所为"的新本领，不失为一种积极的生活方式。

3. 养老方式的多样化

我国已于2000年左右进入了老龄化社会。然而，与其他老龄化问题严重的发达国家相比，中国的老龄化面临更为严峻的挑战。挑战之一是中国经济在飞速发展的同时，人均国民生产总值（GDP）仍然处于较低水平，不足发达国家的20%，被称为"未富先老"。据统计，2000—2009年，中国老年人口以每年311万的速度增长，中国老龄化进入快速发展阶段。未来十年，80岁以上高龄老年人将以5%的速度迅速增加。预计到2050年进入重度老龄化阶段，老年人口将达4.37亿，约占总人口30%。挑战之二是子女数量减少，家庭养老负担加重。一般而言，生育率下降、人均寿命延长会直接导致家庭供养资源减少，使子女养老的人均负担成倍增长。如今，中国第一代独生子女的父母已经开始进入老年。"421"家庭模式作为中国今后几十年的主流家庭模式，是一个风险型的家庭架构，对养老而言更是如此。独生子女的现实不仅使父母早早步入空巢的阶段，更长的经历空巢期，同时也将他们置于一种更加脆弱的家庭养老状态，无论是经济来源、生活照料，特别是亲子交往、精神慰藉，他们能从唯一的孩子身上得到的将非常有限。在农村，家庭养老面临更大压力。农村老年人口占全国的75%，是中国老年人的主体。中国老龄科学研究中心调查显示，当前农村老龄化程度比城镇高1.24个百分点，预计这种状况将持续到2040年。其中，留守老年人问题、空巢老年人问题、高龄老年人特别是女性高龄老人问题等已成为引人关注的社会问题。

在社会发展、家庭人口减少、老年人增加的社会背景下，养老方式也出现了多样化发展的态势，在居家养老占统治优势的前提下，出现了机构养老、以房养老等各种养老方式。

在养老过程中，自助养老是一个需要强化的理念。所谓的"自助养老"，就是不单纯依赖社会和子女，而是自己行动起来，为养老做金钱和精神的储备工作。自助养老，不仅是在金钱上自己养活自己，更重要的是自己安排自己的生活，可以根据自己的具体条件选择相应的养老方式。

目前，居家养老依然是现阶段养老的首选模式，这是一种以家庭为核心、以社区为依托、以专业化服务为依靠，为居住在家的老年人，提供以解决日常生活困难为主要内容的社会化服务。

居家养老的关键点是家和社区，一种情况是居家由子女养老，一种情况是居家由社区负责照料。俗话说，家有老人是一宝，但家有老人也不能不说是一种责任和负担。由社区提供养老照料，已成为社区公益事业和公共服务的重要内容，主要方式是由志愿者或社工提供服务，服务对象更多的是面向无子女照料的老人。一般来说，社区提供的有些服务属于家庭共享，如修理家庭门窗、疏通下水管道等；还有一些是专门针对老年人的公共服务，如老年饭桌、上门打扫卫生、帮助卧床老人翻身、洗澡、推老人出去晒太阳等。社区也可以通过建立老年活动站，多举办丰富多彩的娱乐活动为老年人提供精神支持。如组织老年人看电影、听音乐、读书看报等，不仅可以丰富老年人的日常生活，还可以扩大老年人的社交范围；也可以举办适当的体育锻炼项目，如健身操、太极拳等，可以在充实老年人生活的同时，起到强身健体的作用。北京市在政府的大力支持下，各街道、社区积极开展面向老年人的相关活动，开设的老年人服务网点也不断增多，为居家养老提供了便利性。尽管一些社区提供的一些免费服务主要是面向无子女和无收入保障的老人，但有子女和有经济来源的独居老人也可以申请相关有偿服务，社区应予以支持，应开发更多的服务项目，供老人自主选择。

为了增强社区养老服务，北京市还出台了一些新规定，制定了各区县拟推广新建小区养老设施不达标不能售楼，全市社区托老所的服务规模达到 0.7 万—1 万人/处，2014 年内建成 80 个拥有 50—100 张床位的养老照料中心的具体目标。力争到 2020 年，实现街道养老照料中心全覆盖，社区配套养老设施基本达标。《北京市居家养老服务条例（草案）》提出，要加快推进覆盖城乡的居家养老服务体系建设，逐步实现每个社区有固定的生活照料和活动场所、有多样化的老年人组织、有稳定的服务队伍、有规范的服务制度，为居家生活的老年人提供日间照料和就餐、家政、医疗、文化体育活动等基本养老服务。乡镇人民政府、街道办事处应当帮助所辖社区普遍开办社区老年餐桌或者共享驻区单位食堂、定点餐饮服务，解决居家老年人用餐困难。老人饭桌、老年大学、老年社区文化站的建立都是很好的尝试。老年人仍生活在自己的家庭和社区环境中，辅以"社区支持"或社区照顾，利用社区服务资源养老。

对居家养老而言，公共服务十分重要，而安全则是另一个重要问题。老年人若没有子女相伴左右，最怕的就是突如其来的疾病或意外风险，"老人独自在家，突然倒下该如何求助"的疑问困扰很多人，为了解决这一难题，一些街道、社区开始为独居老人派发"爱心铃"，以便老人在紧急情况下向邻居求助。爱心铃的一头安在老人家中，老人只要摁下按钮，另一头的邻居家中便会响起铃声，以便及时施救。这一方式较拨打电话求救方便很多，可防居家养老的老年人在紧急情况下突然忘记电话号码，或是无力拨打的风险，提高了居家养老的安全性。

当前，机构养老也成为养老的一大趋势。机构养老是指老人在养老机构完成饮食起居、清洁卫生、生活护理、健康管理和文体娱乐活动等综合性服务养老方式。养老机构在一定程度上属于公益事业。我国绝大多数养老机构是以帮扶、救助城市"三无"人员（无生活来源、无劳动能力、无法定抚养义务人）、日常生活疏于照料，以及农村"五保"老人为主，且多不以赢利为主要目的，所以其公益性特征尤为明显。养老机构不仅要满足老人的衣、食、住、行等基本生活照料需求，还要满足老人医疗保健、疾病预防、护理与康复以及精神文化、心理与社会等需求。绝大多数入住老人是把养老机构作为其人生最后的归宿，从老人入住那天开始，养老机构工作人员就要做好陪伴着老人走完人生最后里程的准备，其服务的性质和内容有其特殊性。

入住养老机构的老人平均年龄多在 75 岁以上。增龄衰老，自然使老人成为意外事件、伤害、疾病突发死亡的高危人群。机构养老最显著的优势在于安全性较有保障。大部分养老机构配有专门的看护人员，提供一至三级不等的护理服务，有些还针对特殊需要的老人开设特别护理服务。老人如有需要，可以随叫随到。而一些条件更好的机构还配有 24 小时专职医生，老人平日的一些小毛病在院内就能得到医治，即便需要上医院，也能在护理人员的陪同下前往。与独居老人的安全性相比，养老院显然高出不少。

作为最大的机构式养老方式，对养老院的选择余地越来越多了，有比较经济但舒适程度较一般的公立养老院，也有各种民办或公私合营的中高档养老院。尽管养老院数量不断增多，软硬件设施也不断完善，在舒适度与便利性方面，不同等级的养老院差距较大。条件简陋的养老院只是提供老人最基本的吃、住服务，缺少人文方面的关爱，老年人的隐私可能得不到良好的保护，而条件较好的养老院则大不相同，院方会为老人制定一周的活动安排，如打太极拳、做广播操、戏剧大家唱、球类运动、交谊舞、棋牌活动等，丰富老年人的日常生活。

到 2015 年，北京户籍人口中 60 周岁及以上老年人口将达到 320 万，占户籍人口的 23%；80 周岁以上人口将达到 54 万，占户籍人口的 4%。北京市老龄委规划，到 2015 年全市养老床位要达到 12 万张，方能满足 320 万户籍老人中约 4% 老人在养老院养老的需求。

为了安度晚年，老年人也要与时俱进，及时调整心态，应尽早规划自己的养老生活。以房养老就是可以探索的一种新的养老模式。以房养老也被称为"住房反向抵押贷款"或者"倒按揭"。是指老人将自己的产权房抵押出去，以定期取得一定数额养老金或者接受老年公寓服务的一种养老方式。在老人去世后，银行或保险公司收回住房使用权，这种养老方式被视为完善养老保障机制的一项重要补充。2013年国务院印发的《关于加快发展养老服务业的若干意见》明确提出"开展老年人住房反向抵押养老保险试点"。"以房养老"政策于2014年7月1日起试点实施。

以房养老必须具备一定的条件，即养老家庭必须对其居住的房屋拥有完全产权，可以独立对该房屋做出售、出租或转让的处置。同时也只有老年父母与子女分开居住，该模式才有可能得以运作。否则，老人亡故后，子女便无处可居。一般地说，如果老年人的物质基础雄厚，就没有必要考虑用房产养老；相反，如果老年人的物质条件较差，或者没有自己独立的房屋，或者房屋的价值过低，也很难指望将其作为自己养老的资本。但如果老人身居城市或城郊，尤其是经济快速增长的区域，住房的价值高，并不断增值，住房的变现转让也较为容易，则相对适合以房屋反向抵押贷款的方式养老。反过来，如果住房地处农村，或经济发展缓慢、增值幅度不大的不发达地区，因价值低、不易变现等，就很难适用这一模式。另外，相比之下，房屋反向抵押贷款养老方式，更适合有独立产权房屋，但没有直接继承人的中低收入水平的城市老人。

以房养老

李沛夫妇家住在上海市静安区康定路，李沛65岁、配偶62岁；在退休之前，夫妇的一个月收入为6000元，每月领取的养老金为3500元。李沛夫妇希望通过"以房养老"改善晚年生活，于是考虑将自己面积70平方米、总价120万的房子卖给公积金管理中心；同时按照市场标准，该套房子每月租金为2500元。根据2006年上海市人口平均期望寿命已达80.97岁的标准测算，夫妇和公积金管理中心签订了长达20年的返租协议，获得该房屋20年使用权。这样李沛在卖房同时向公积金管理中心交纳租金60万元；物业价值为120万元，剩余60万现金就由李先生夫妇所得。退休后两个人原本每个月只能领取3500元的退休金，生活质量明显下降；通过"以房养老"把自己的房屋卖给相关机构，获得60万元现金，即使平摊20年，每月也可增加收入2500元，这样他们的生活质量也就不会降低。20年后，老夫妻仍有优先权，可以续签租约。

"以房养老"已是国际上成熟、普遍的养老方式之一,但在国内才刚刚起步,并且也依然面临一些观念的冲击,如老人不将房子传给子女,会担心别人不理解、子女不支持等。当然,养老应以老人为本,老人有自主选择的权利。对老人的选择,家人和社会应持鼓励和支持的态度。

近年来,一些地区和一些家庭还出现了一种全新的养老模式,即"候鸟式"养老,指老人可根据季节转换、心情变化等来回居住于不同的城市和地区。从"候鸟式"养老衍生出来的异地置业养老模式也成为不少经济条件较好的退休族的优先选择。老人们可以随着季节变化,选择不同的地方旅游养老,将衣食住行安排在异地养老院或老年公寓等机构,可以集健康服务、旅游休闲、文化娱乐为一体,在游玩中健康快乐地享受生活。同时,还有少数喜爱旅行、经济条件好的老人选择环球旅游作为养老模式。"候鸟式"养老是一种建立在一定经济基础上的养老方式,这种方式经济成本会比较高,同时对老人的身心素质也有较高要求。

"候鸟式"养老:"工薪老人"颐养天年的新选择

80岁的王景春老人是安徽宿州人,曾经是一名监狱长,也是受到过全省表彰的老干部。王老退休已经20多年了,身体硬朗,精力充沛,每天坚持锻炼身体,走20里路毫不费劲。刚退休那会儿,王老整天闲在家里无所事事,觉得自己是个闲人,没用。他家有5个女儿,事业都很算成功,同时王老每月还有固定的退休工资,自己养活自己没有问题。有一天,王老在一本老年杂志上看到了"候鸟式"养老这一说法,便产生了浓厚的兴趣,并亲身实践。最近一次旅游,王老是与老伴和大女儿结伴。大女儿今年55岁,不久前刚退休。他们一行人住在屯溪老年公寓,以每人每月不到1500元的花费,享受着老年公寓所高水平的服务,衣食住行全不用愁。王老过这种"候鸟式"的养老生活已经8年了,已去过全国各地的风景名胜。

无论选择哪一种方式养老,尊重老人和量力而行都是两个重要原则。在做出养老方式选择之前,老人首先要自我评价,尊重自己的意愿,还要与家人协商,达成共识,同时还要算算经济账。可以在预算允许的范围内,尽量挑选硬件条件较好、环境较为熟悉的养老机构。

此外,我们还要特别关注留守老人和空巢老人的养老问题。在农村家庭中,养老主要依靠的是血缘和地缘关系。在城镇化和工业化进程中,农村家庭养老的基础不断被削弱。一方面，城镇化使得农村人口城市化和市民化，血缘纽带的重要性进一步降低，人们对家庭养老模式的认同会随之下降，同时"轻老重小"的家庭文化也容易使老人的需要被忽视；另一方面，农村人口的频繁快速流动，使得老人难以获得日常所需的生活照料。此外，对普通村民而言，对父母尽孝更多的是侧重于物质上的"养"，而精神上的"敬"往往被忽略。对留守老人来说，吃饱穿暖固然重要，但不定期地看望更是解决老年人情感需求的重要内容。因此，要强化村级组织建设，积极发展面向老人的公共服务，同时大力加强村级组织在社会风气道德建设方面的规范、监督功能。倡导性别平等文化，鼓励女儿承担赡养责任，打破传统家庭的养儿防老以及儿子继承家产的传统习俗。努力构筑儿女共同养老，政府和社区协助养老的养老新模式。

第六章　积极健康的家庭生活方式

提起家庭生活方式，人们首先想到的往往是家庭休闲娱乐，这其实是狭义的生活方式；从广义上讲，家庭生活方式应涵盖家庭的生产经营、生活消费、休闲娱乐和精神文化等各个方面。生产经营是家庭生存与发展的基础，消费文化是家庭生活的重要内容。而且，随着社会的快速发展，生活的日益多元，生活方式对人们身心健康的影响更是成为全球关注的议题，也成为老百姓家庭日常交流的话题。积极健康的家庭生活方式会引领家庭文化的和谐发展，家庭文化的建设也离不开倡导积极健康的生活方式。

一、家庭生产与经营

生产与经营是家庭赖以生存和发展的物质基础，勤于生产，精于经营也是中国家庭文化的重要内容，"勤为致富本，俭为治家根"。当前，我国的许多家庭，依然具有一定的生产职能。其中，受各种因素影响，城乡家庭的生产经营方式、经营理念等依然具有明显的差异，家庭成员之间形成的生产经营关系也各具特色。

1. 农村家庭的生产与经营

传统农业社会中，农村家庭以自给自足的生产模式为主，家庭生产关系比较单一。新中国成立初期，1950 年，中央人民政府颁布《中华人民共和国土地改革法》，废除地主阶级封建剥削的土地制度，实行农村土地改革，分田到户，传统的"耕者有其田"的思想得以落实，家庭的生产积极性被大大调动，在一定时期农村家庭生产蓬勃发展，家庭成员是家庭生产的主力军，成员之间形成良好的互助合作的生产关系。在新解放区全面实行土地改革，使三亿多无地和少地的农民获得了七亿多亩的土地和其他生产资料，但"土改没有改变小农经济的性质"，国家还从减轻赋税、发放贷款、推广技术等方面大力促进农业个体经济的发展。据统计，到 1952 年年底，"在工业总产值中，私营工业占 30.6%，个体手工业占 20.5%；在社会零售商品总额中，私营商业占 60.9%；在国民收入中，个体经济占 71.8%，私营经济占 6.9%"①。从以上数据可以看出，在当时的国民经济中，个体和私营经济形式占绝对优势和主体地位。

20 世纪 50 年代，国家开始对农业进行社会主义改造，从农业互助组、初级农业生产合作社到高级农业生产合作社，合作经济由低级向高级发展。1955 年，政府加快了农业合作化的步伐，全国掀起农业合作化高潮。到 1956 年年底，我国基本完成了对农业的社会主义改造。农业合作化运动使农村家庭的生产方式由个体经营转向集体经营，倡导国有经济和公有制经济的理念和制度。但是这种片面强调的"一大二公"，超越了生产发展水平，最终导致家庭生产受到一定冲击。据统计，"到 1956 年底，全国私营工业户数的 99%，私营商业户数的 82.2%，分别纳入了公私合营或合作社的轨道；加入合作社的农户占全国农户数的 96.3%，其中参加高级社的农户占全国农户数的 87.8%；参加合作社的手工业人员已占全体手工业人员的 91.7%"②。到 20 世纪六七十年代，经济调整方向更加盲目和片面追求公有制形式，连个人修修补补的行业都不能容忍，受"一大二公三纯"标准的限制，个体家庭经济几乎不存在。"至 1978 年，在全国工业总产值中，全民所有制企业占 77.6%，集体经济占 22.4%，个体经济几乎不存在。在国民总产值中，国有经济占 56%，集体所有制经济占 43%，个体经济仅占 1%；在社会商品零售总额中，国有商业占 54.6%，集体商业占 43.3%，个体商业占 0.1%，农民零售占 2.0%"③。

20 世纪 80 年代，我国开始实行农村家庭联产承包责任制，农村社会经济体制和社会结构发生了重大变革，家庭生产功能在一定时期有所恢复和加强。家庭农业生产者的积极性大大提高，经营自由度增强，生产经营的模式也更加多元，种植业和养殖业开始规模化发展。到 20 世纪 90 年代以后，城镇化

---

① 杨书群、冯勇进：《建国以来我国对公有制经济的认识及政策演变》，《经济与社会发展》2009 年第 10 期。

② 新华社：《共和国的足迹——1956 年：庆祝社会主义改造完成》，中央政府门户网站，2009 年 8 月 7 日，http://www.gov.cn/test/2009-08/07/content_1385567.htm。

③ 《中国统计年鉴 1985》，中国统计出版社 1986 年版。

和现代化进程加快,家庭成员中青壮年外出务工者增多,家庭生产逐渐被市场化劳动所取代,从事家庭农业生产的家庭成员逐渐老年化、女性化。进入21世纪后,现代化、机械化农村生产经营模式出现并快速发展,在一定程度上也影响和改变着家庭的生产关系。目前,农村家庭生产呈现以下几种方式:

一是以传统种植业为主的生产。农村实行家庭联产承包责任制以来,土地回归农村家庭经营,家庭生产在一定时期有所加强。在土地多、人口少的地方,土地经营收入占家庭收入的比重较多,成为家庭生产的主要方式。以农业生产为主的家庭中,除自给的农业生产之外,还有种植养殖的兼营生产以获得家庭经济收入。在不同地域,农业现代化程度不同,农业生产的品种、模式等不同,家庭的农业生产收益存在差异。

2013年,北京市郊区农村经济总收入实现5170.7亿元,其中农户家庭经营完成1607.1亿元,私营企业完成2079.7亿元,分别占32.5%和42.1%。同时,在各经营层次中,从家庭经营所得获取的人均劳动所得最多,为12642.9元,所占比重为80.3%。[①]

这种以农业为重的生产经营方式,基本以家庭劳动力为主。以前家庭的主要劳动力是以男性青壮年为主。如今,随着城镇化的发展和产业结构的调整,加之农业劳动收益低的现状,农村的男性青壮年以到当地或外地的城镇务工经商为主。据统计,2013年中国农村有2.69亿的农民工(以在外做工为主),其中有1.66亿人外出务工[②],占农村总人口的20%以上,其中以青壮年男性为主。当原有的主要农业生产劳动力离开家庭而不能兼顾时,家中留守的女性青壮年、老人和儿童就承担起了繁重的、市场价值较低的,但又是非常重要的田间劳作。因此,农村的生产主力军被戏称为"386199"部队。这也是发展中国家普遍存在的现象。联合国粮食及农业组织的研究报告指出,在发展中国家,妇女占农业劳动力的比重平均为43%,从拉丁美洲的20%到东亚和非洲撒哈拉以南的50%以上。[③]

---

① 朱长江:"2013年北京农村经济运行情况分析报告",北京市农村工作委员会农村经济统计处,2014年3月,http://www.bjnw.gov.cn/jqyw/201403/t20140310_330209.html。

② 《2013年中国农民工增至2.69亿 逾1.6亿人外出务工》,中国新闻网,2014年5月12日。http://www.chinanews.com/gn/2014/05-12/6161392.shtml。

③ 联合国粮食及农业组织:《农业中的女性:填性别鸿沟,促农业发展(2010—2011)》,罗马,2011,http://www.fao.org/docrep/013/i2050c/i2050c.pdf。

以种植业为主的家庭生产，在家庭劳动力不足时，或农忙季节，或家庭主要劳动力外出务工时，家庭之间就会有互助生产或换工、雇工生产的方式，完成农忙时节的生产活动。这些年，随着男性青壮年劳动力外出务工较多，农村的留守妇女和留守老人承担着家庭农业生产的主要任务，他们组成互助组、换工或雇工的情况已不在少数。安徽省含山县清溪镇太平村妇代会主任王自莲就带领村中的留守妇女姐妹们组建了第一个留守姐妹生产互助组。她们不仅互相帮助，还组织大家学习科学种植和养殖技术，改善家庭关系，提升自身素质。这种互助组的形式，既保证了家庭生产的稳定，解决了以农业生产为主的农村家庭生产中人力资源不足的问题，又增强了留守姐妹之间的感情联络和家庭身份认同，缓解了家庭关系处理中的矛盾。

二是机械化和现代化农业生产。目前，农村生产正在升级换代，从传统农业向现代化农业转变，农业机械化、专业化和现代化程度不断提高，拖拉机、播种机、收割机等成为农村田间常见的机器。长江三角洲、珠江三角洲和成都平原等地区都已达到集约农业程度。至 2013 年全国农作物耕种收综合机械化水平达到 59%，2014 年预计超过 61%，三大粮食作物耕种收机械化率均超过 75%，小麦生产基本实现全过程机械化。[1]

农村家庭经营中涌现出一大批专门从事某项生产或某项运销的专业户和重点户，其生产经营规模比一般家庭大，专业化和商品化程度高，如苹果种植大户、蔬菜大棚户等。在北京地区，已经出现了越来越多的农场主经营模式，种养一体的生态农场大量出现，一方面满足了广大家庭对无公害无污染产品的需求；另一方面满足了城市家庭回归自然，租地种菜的兴趣。农村妇女王秀华就体验到从渔民到延庆果农的甜美生活。1980 年，14 岁的王秀华跟着哥哥到官厅水库里打鱼，除去上缴的部分，平均每天能挣两块钱。1987 年，打鱼挣钱越来越少，王秀华弃渔从事电水暖工作，每天收入 13 块钱。婚后，回村种植葡萄，如今迈入种植大户行列，收入十分可观。

三是农工兼营的生产。改革开放以后，农村家庭中部分成员从土地中解脱出来，寻找机会从事工业或服务业劳动，如男性更多从事建筑业，女性更多从事服务业等。20 世纪 80 年代开始，越来越多的农村家庭利用农闲时期外

---

① 《我国农机化综合水平已超 61% 配套仍需完善》，中国农业机械网，2014 年 11 月 8 日，ht-tp：//www. amic. agri. gov. cn/nxtwebfreamwork/html/0/ff80808148f7f98e014987b01b767f04. htm。

出从事手工业生产或经营。90年代以后，"非农化"日益发展，农业不再成为大多数农民家庭的主业，农村家庭生产由单一化逐渐向兼业化发展。在农民家庭的收入构成中，来自农业的收入已经不构成其主要来源，农业生产已经逐渐成为一种兼业，或者已经被部分农民家庭当作一种兼业，"男工女耕"或"男女同工"的现象趋多。但是，在有些农村家庭中，家庭手工业制作或经营成为家庭生产的主要内容，如开办家庭作坊制作有地方特色的手工艺品或生活用品，或开办小卖部、理发馆、小餐馆等，经营门面生意。这种生产方式既兼顾了农业的生产，在农忙时节以农业生产为主，同时也兼顾了非农生产的市场份额，获取一定的经济收入。

不同地区，经济发展水平不同，家庭生产功能发挥也不同。在经济较为落后的地区，即现在仍基本保持单一的农业经济地区，农业仍是家庭的主业，但家庭生产已无法满足日用消费品的需求，面临着很大的经济问题；在经济发达的地区，城市化进程加快，家庭生产中农业生产所占比重降低。这种变化也意味着家庭作为生产的唯一组织单位的重要性正在逐渐降低。"农村的现代化是通过农业劳动力向非农产业部门的流动实现的。它可以在当地被乡镇企业所吸纳，也可以通过原来的农业劳动力向城市（尤其是大城市）转移，并找到新的职业从而给当地经济带来新的活力而间接实现。"[1] 在城市化和现代化进程中，农村家庭中部分成员脱离家庭农业生产劳动，成为参加社会生产劳动的工薪劳动者，家庭的生产功能在一定程度上被削弱了。但当这些家庭成员在城镇中经营家庭企业或手工业、服务业时，家庭生产功能又开始复归，依然发挥着重要作用。

2. 城镇家庭的生产与经营

城镇家庭不同于农村家庭，靠社会化生产的成分远多于家庭生产。进入工业化社会以后，家庭的生产功能急剧向社会转移，社会化生产促使家庭手工业破产或解体，削弱了中国传统家庭的生产功能，不少家庭成员到工厂做工，家庭生产纽带日渐松弛。新中国成立之后，在新中国的经济政策中，对于私营经济一方面实行以"节制资本、统制贸易和加强计划"为主要内容的

---

[1] 杨善华：《北京妇女的婚姻家庭状况》，载于《北京妇女社会地位研究（2000—2010）》，中国妇女出版社2013年版。

管理政策，通过在活动范围、税收政策、市场价格、劳动条件等诸方面对私营经济不利于国计民生的方面予以限制；另一方面通过调整工商业，开展城乡物资交流，活跃市场流通，同时，扩大对私营工业的加工订货和产品收购，从而使私营经济获得了发展。改革开放后，在新的政策激励下，个体私营经济获得突飞猛进的发展，为提高城市化进程作出了不可替代的贡献。据统计，2013年中国城镇化率已达53.73%，上海达89.8%，北京为86.2%，居全国第二。①

和农村家庭相比，城镇家庭更多成为夫妻双职工家庭，以外出就业为主，家庭经营相对弱化。目前随着科技和互联网信息的发展，全天候就业、全职就业模式受到新挑战，一些家庭成员特别是女性，往往会根据工作性质与家庭状况或者选择固定的全职、全日制工作，或者选择工作时间灵活的非全日制工作，出现了兼职工作、居家工作、远程工作等灵活多样的就业方式。

一是个体经营的发展和家族企业的出现。改革开放后，农村劳动力大量从传统农业中游离出来，进城务工。除在工厂就业外，许多人已经承接了城市原来的个体经营工作，从事小服装、食品、餐饮、制衣等经营服务。其中，有的是"夫妻店"，有的是和儿女或亲属共同经营。一些家庭凭借家庭和同乡的关系网，事业逐步做大，形成了规模化的家庭企业或家族企业。据统计，家族企业一半都是夫妻店。2012年9月4日，《福布斯》中文版发布"中国现代家族企业调查报告"称，A股上市家族企业多是夫妻店，其中只有7%完成了二代接班。报告显示，在2422家A股上市公司中，有684家为民营上市的家族企业，包括新希望、三一重工、比亚迪等知名企业。夫妻关系成为中国家族企业中最主要的关系，在A股上市的684个家族企业中，存在夫妻关系的有314家，存在兄弟关系的有228家。内地在港上市的家族企业在亲属关系上相对比较清晰简单，大多也都是夫妻及子女间的单一家庭控制。在所有叠加的亲属关系中，夫妻店与兄弟档仍然是比例最多的，分别为23.29%和22.60%，几乎占了半壁江山。

二是自由职业者。随着高科技的迅猛发展，信息技术以一种核心科技的形式向各个传统行业渗透，在网络社会的背景下，以互联网连接为基础的工

---

① 涂露芳：《北京城镇化率86%　全国第二》，《北京日报》2014年2月9日。

作家庭化和家庭的工作场所化极大地改变了自工业社会以来人们的生产和生活方式。20世纪90年代，随着电脑与汉字处理软件的日益普及，无纸化办公逐渐成为主流，家庭办公开始出现；随着网络技术的发展，进入21世纪以来，"网入千家万户"，家家户户几乎都有了网络，网络在给家庭的沟通、交流、生活娱乐等带来改变的同时，也给生产方式和工作方式带来了变化。互联网、手提电脑等等都改变了人们的工作理念和方式，越来越多的人选择在家里工作，家庭生产的功能又一次以新的方式体现。所以，从事与互联网直接有关工作的人员，如网站策划师、程序员、电子商务师等，还包括相当数量的广告策划、自由撰稿人、专家学者、媒体从业人员等，他们往往选择居家办公，远程工作，发送文件，处理工作事宜等。而且，由于大城市中交通成本较高，家务负担较重，但工作种类多，行业丰富，这种全职在家或兼职在家的自由职业者的家庭生产模式成为一种兼顾工作与家庭的新的生产方式。

三是现代居家理财者。当前，随着经济发展和人们生活的富裕，更多家庭除了经营性和工资收入外，还涉足居家理财，如存款、房屋、股票、基金、债券、信托、黄金、外汇、期货、国债等。目前，住房和存款仍是我国绝大多数城市家庭持有资产的主要形式。在大城市，房产成为家庭重要的不动产。在投资方面，一般家庭也倾向于选择比较安全的投资方式，其中，保值类理财占全部家庭总数的44.28%，购买储蓄性保险的家庭占比为29.02%。① 同时，随着网络技术的发展和利用，网络理财产品也正成为年轻人新的投资方式。

3. 家庭生产与经营的基本原则

家庭生产经营是否顺利关系家庭的经济收入，也关系家庭成员的发展。家庭生产的良性循环发展除了勤劳之外，还应该有发展策略和管理经营之道，同时还需要增强法律保障意识。

第一，要面向市场需求。一是要选择合适的生产项目。家庭面向市场的商品性生产，直接受市场因素的支配，例如市场的供求状况、商品的价格水平、市场主体之间的竞争程度以及国家对市场调节的各种经济参数的变化等

---

① 张金宝：《城市家庭的经济条件与储蓄行为——来自全国24个城市的消费金融调查》，《经济研究》2012年增1期。

等。同时，家庭的生产行为反过来又会影响市场的供求关系，影响商品价格的变动，进而影响整个市场机制对社会资源的配置效率。因此，家庭生产首先要收集和把握市场信息，了解市场行情，综合考虑这些因素来决定自己如何生产、生产什么、生产多少。家庭生产项目的选择，要综合考虑主客观因素，除了要时刻关注市场信息动态外，还要注意根据家庭成员劳动力的条件和优势劣势来选择家庭生产经营的项目和内容；比如家庭选择种植或养殖项目，在政策和信息的把握下，不仅要考虑市场信息，还要考虑生产资料的可获得性，同时，还需考虑家庭劳动力的基础条件、时间分配、技术水平等，做到心中有数。

第二，要科学经营和管理。科学经营和管理是指对科学技术在生产中的应用而言，要求经营者要熟悉这一领域内的科学常识，如农业生产技术、种植、养殖专业知识；还要掌握可靠的生产资料来源、产品消费渠道等。虽然小型家庭生产管理比较简单，主要以家庭劳动力评估，调动劳动者积极性为主，但家族企业管理相对复杂，在家族企业的权力分配和权力结构中，应更加强调企业利益和生产要求，淡化家长角色和家长权威；还要厘清所有权与经营控制权的关系，分清责权利，体现以人为本的管理原则，充分尊重每位员工价值和个人意愿，提倡诚信经营，科学管理。

第三，要发挥家庭成员的优势。家庭生产效果的优劣，离不开家庭成员的劳动力贡献，如何发挥家庭成员的优势，在家庭生产中起着重要作用。在不同的生产劳动场合，家庭成员通过不同方式参加家庭生产。因此，家庭生产离不开家庭成员的贡献和努力，发挥家庭成员的个人才能，调动他们的积极性至关重要。现代社会中，男女两性都在从事家庭生产，特别是在家庭手工业或家庭服务业中，男女两性都发挥着重要作用。但在农村，当更多的男性青壮年劳动力外出务工或从事非农生产时，女性成员或老年人承担了主要的家庭农业生产劳动。未成年的孩子也参加家庭的生产劳动，做一些他们力所能及的生产劳动，或者不费力但耗时的生产活动，如放牛、割草等；同时，也作为家长们的好帮手，学习农业生产技能和知识，成为辅助劳动力参加。要在家庭中构建一种和谐的文化。家庭生产者往往社会保障比较薄弱，但工作强度大，家庭成员之间应互相体谅，营造和谐轻松的氛围，适时减压，不以经济利益作为家庭生产发展的终极目标。

第四，要制定中长远经营规划。随着城市化进程的加快，特别是在北京，城乡结合部地区大量村庄迅速成为高楼林立的都市，而位于远郊区县的产业园也不断发展壮大，村庄成为工业园区，不断刷新着经济前进的速度。大一批的农民，从世代居住的农家院搬进楼房，而且手里多出了一大笔可观的拆迁补偿款。但是，如果家庭没有长远规划，仅仅用拆迁款来买房买车或高消费，将最终落得竹篮打水一场空，很快钱就花完了，再加上拆迁后种田无地，就业无岗，也没有相应的社保，对家庭稳定产生很大的影响。有规划的家庭，在获得拆迁补偿款之后，有的按一定比例储蓄和投资；有的家庭用来创业，发展个体经营或家庭企业；有的家庭用来入股集体企业创富，使得财富能够合理使用，保障未来的家庭生活。

第五，要增强家庭经营的风险意识。家庭经营，虽然船小好掉头，但依然存在风险。其中，理财对中国普通家庭来说，还是一个新生事物，起伏快，风险大，普通家庭应十分慎重，一般不要用日常生活支出的钱投资，更不要抱侥幸心理，幻想只盈不亏，一夜暴富。

事实上，只要是投资，就一定会伴随着风险。每个人的风险承受能力的高低也是家庭理财规划中需要考虑的重要因素。适当安排好组合投资比例，"不要把所有的鸡蛋都放在一个篮子里"，根据家庭的固定支出占总收入的比重来衡量家庭储蓄与投资方式及组合投资比例；选择适合自己性格的投资方式。以证券投资为例，好动、反应敏锐的人涉足股市应以短、中线操作为主，获利后及时"退场"为上策，不适宜长线操作；性格比较稳健保守的人，适合作为长线投资者，选择股票、基金的价格底部介入后耐心持有；选择在自身能承受的风险范围以内的投资方式。不同的投资者应有不同的投资计划，稳健的投资者多注重安全，可选择国债、企业债券等有固定收益的品种，而宁愿承担较大风险，以期获得较多收益和增值者，可潜心选择股票，尤其是具有成长性的股票。选择符合家庭经济状况的投资方式，年轻人和一些较高收入家庭因为没有后顾之忧，可倾向于风险高一点，但回报也较为丰厚的理财方式，而老年人和有子女读书的家庭都需要一笔钱用于将来的支出，应倾向于采取安全稳妥的理财方式。选择与自己知识积累、情趣爱好有关的投资方式，比如邮票、字画、珠宝、古玩、钱币等，但对这些投资品种，专门的知识积累显得尤为重要，同时，情趣也十分重要，如能够通过理财，达到修身养性的目的，也未尝不是一种最好的"投资"。

在家庭中切勿营造出紧张的理财气氛，如家庭气氛随着股市的升降而忽冷忽热，这样不利于家庭文化的营造。理财表面理的是钱，但不可谈钱色变，而应该放平心态，把理财当作一种工作而非摇钱树、财神爷。

二、家庭消费文化

消费是家庭的基本功能之一。家庭消费包括生产性消费和生活性消费。在此，主要考虑的是生活性消费。

1. 家庭消费的分类

消费是人们社会地位的一种外在表征，消费水平和消费方式在很大程度上反映着消费者的阶层归属。不同经济基础、家庭结构、人力资本和价值观的家庭，其家庭消费水平互有不同，消费内容和方式不同，消费场所也不同。贫困家庭可能仍在维持低端的基本生存消费，但有经济基础的家庭则通过购买品牌或其他高档消费获取社会地位的认同。

从家庭生活的角度可以将消费分为生存型消费、享受型消费和发展型消费。生存型消费是以满足人们生理需求为主要目的的消费，主要是在吃、穿上的消费，消费的主要目的是要解决温饱问题。享受型消费是人们为了满足享受需要而产生的消费。比如，消费高级食品、娱乐用品、某些精神文化用品及服务，就是因为这些消费资料能满足人们舒适、快乐的需要。享受型消费是较高层次的消费形式，人在满足了生存需要之后，会要求满足享受和发展的需要。发展型消费是指为了寻求更好、更高的发展而产生的消费需求。如为了得到知识、丰富自己而花在买书、上学、接受教育上的钱，都属于发展型消费。

恩格尔系数①常常被用来衡量家庭消费和支出的结构。即在总支出金额不变的条件下，恩格尔系数越大，说明用于食物支出的所占金额越多；恩格尔系数越小，说明用于食物支出所占的金额越少，二者成正比。一般来说，在

---

① 恩格尔系数（Engel's Coefficient）是食品支出总额占个人消费支出总额的比重。19世纪德国统计学家恩格尔根据统计资料，对消费结构的变化得出一个规律：一个家庭收入越少，家庭收入中（或总支出中）用来购买食物的支出的所占比例就越大，随着家庭收入的增加，家庭收入中（或总支出中）用来购买食物的支出比例则会下降。推而广之，一个国家越穷，每个国民的平均收入中（或平均支出中）用于购买食物的支出所占比例就越大，随着国家的富裕，这个比例呈下降趋势。

其他条件相同的情况下，恩格尔系数较高，作为家庭来说则表明收入较低。一般情况下，随着居民家庭收入和生活水平的提高恩格尔系数会下降。改革开放以来，随着国民经济的发展和人们整体收入水平的提高，中国农村家庭、城镇家庭的恩格尔系数都不断下降。1978 年我国城镇和农村居民家庭恩格尔系数分别为 57.5% 和 67.7%，到 2013 年，城镇居民的恩格尔系数已降至 35.0%，农村为 37.7%。① 北京的恩格尔系数普遍低于全国其他地方，其中城镇居民的恩格尔系数为 31.1%，农村为 34.6%。② 这说明人们的消费水平在提高，消费结构也更加现代。

2. 家庭消费的结构特征

随着全球化、市场化、商品化的发展，现代家庭的消费功能日趋凸显，家庭呈现追求多样化消费和社会化消费的特征。

首先，家庭消费多样化。随着社会商品化的迅速发展，除了日常消费品外，原本属于交换性质的劳动力资源也成了消费的内容。在城市，服务项目更加专业化和细致化，劳动力资源成了家庭消费中的一部分，如家庭维修、换纱窗、擦玻璃等，甚至整理衣柜也成了家庭消费的内容。在农村，原本互惠的活动现在也开始以专业化形式用金钱购买。如红白喜事中的服务队，盖房中的工程队，修渠打井中的打井队，还有给去世的人打墓、丧事中的抬埋等，消费内容更加多样化。

其次，家庭消费阶层化。追求多样化的日常生活消费，已成为不同阶层家庭的一种生活方式。不同阶层的家庭，其消费结构、消费内容、消费观念、消费目的和消费方式也不同。当贫困家庭还处在满足家庭生活温饱需求的阶段，中产阶级家庭则在住房教育医疗消费的基础上，追求精神文化和娱乐的消费，而富裕家庭则以消费品的属性与文化内涵来获得身份和社会地位的认同。

再次，家庭消费社会化。家庭消费的扩张带来了家庭消费功能的变化，社会化消费特征明显，家庭作为消费产品提供主体的地位不再，越来越有赖

---

① 王安宁：《统计局：2013 年物价基本稳定，人民生活持续改善》，中国新闻网，2014 年 2 月 24 日，http://www.chinanews.com/gn/2014/02－24/5872928.shtml。
② 北京市统计局、国家统计局北京调查总队：《北京市 2013 年国民经济和社会发展统计公报》，《北京日报》2014 年 2 月 13 日，http://bjrb.bjd.com.cn/html/2014－02/13/content_150551.htm。

于外部社会的供给。从吃穿住行，到娱乐消遣，无不依赖社会消费产品的提供。离开了这些外部公共条件，家庭消费行为要么无法实现，要么实现难度较大。从消费形式来说，原来的现金货币消费只发生在家庭和购买方之间，如今的刷卡消费，贷款消费，分期付款，运用支付宝、财付通等，消费关系有了第三方。

随着科技的发展，物质的极大丰富，消费场所的边界扩大，价值观念的多元，人们的生活方式也更加现代化和多样化；消费内容纷呈繁杂，消费水平也不断提升。但是，从消费结构的角度来看，这种生活方式的现代化与消费文化观念的传统之间仍有一些不协调的问题，加之社会保障与公共服务的不同，催生了人们在消费结构方面不合理的现象。

一是消费层次不高。虽然从整体上看家庭生活消费水平不断提高，但这一提高发生在中上层收入家庭；相反，低收入家庭依然以生存性消费为主。在一些农村家庭，用于人力资本和个人发展的消费明显低于城市，买书读报的比例相对较低。同样用于医疗和养老保险的资金投入也十分薄弱，对生活质量的影响较大。

二是房价居高不下。中国人自古就有买房置地的观念，即"房"是一种家业、产业，一种祖辈延续传承的物质和财富。传统的农村一般都是土木结构的房子，造价较低，主要依靠家庭劳动力和帮工修建完成。20 世纪 90 年代开始，砖房逐渐替代了传统的土房。进入新世纪以来，社会主义新农村建设稳步推进，外出务工人员的思想观念和生活方式也发生着变化，其中最明显的就表现在住房条件的改善上。绝大多数家庭盖起了新房，更加追求住房质量。一是房屋面积增大，有的家庭盖成了套屋，里面有多个套间。二是房屋质量提升，基本都用钢筋水泥浇筑。三是装修档次提升，贴瓷砖，换门窗，并配备整套家具，房屋的构造及内部设置便趋向于城市化。修建房屋、装修等也成为农村家庭的重要消费，特别是父母为儿子娶媳妇盖房子甚至已成为农村人奋斗半生的目标。

在城镇，住房制度的改革，住房商品化，家庭在住房消费方面有了很大的自主权和消费空间。很多家庭也在考虑地段、交通、家庭人口等具体情况的基础上，根据收入决定住房的面积、楼层和装修等。经济收入成为住房商品化以后的城市居民住房消费水平的最终决定力量，直接影响着城市居民的住房消费选择，特别是在北上广一线城市，房价直线攀升，基本上是普通家庭最大一项必需性的消费。随着人们生活品位的提升，家庭生活质量的提高，对住房装修的要求也在提升，从居室风格的设计、材料的选择，到工程的监制等，都在用钱说话。这种现象，表面上扩大了家庭住房消费份额，但实际上加剧了中下层或贫困家庭的购房压力。

三是教育消费结构不合理。 在中国，"再穷不能穷孩子"，这是曾经被广泛地刷在墙上、写在黑板上、印在报纸上、挂在人们嘴边的一句话，目的是强调教育的重要性。在独生子女家庭或重视子女教育的家庭中，教育消费在家庭消费结构的比重越来越大，"刚性"增强。主要问题有两个方面。

一方面由于教育资源不均衡，致使一些城镇父母不惜代价，为择校缴纳巨额费用，甚至花费血本，购买较好学校所在地区的"学区房"。在农村，则面临另外的问题，如撤点并校使部分孩子上学成本增加，用于孩子上学的交通、房租、生活、择校等费用也水涨船高，大大提高了教育成本。另一方面，在义务教育的基础上，其他才艺培养受到了前所未有的重视，家长不惜花费代价培养孩子的各种才能，练就十八般武艺。各种才艺班栉比鳞次，而且收费持续攀升。另外，由于公共教育资源的不足，学前教育的支出也成了家庭不可避免的一项支出，而且收费直线攀升，更不用说高价幼儿园。据统计，近年来中国儿童消费在家庭支出中的比例持续增长，城市中九成的家庭在孩子身上的消费支出超过家庭收入的33%。而且，学前教育的收费也让农村家庭不堪重负。

另外，随着亲情和礼仪文化的复归，在文化多样性发展的过程中，也出现了人情交往消费过高的问题。如婚丧嫁娶、生儿育女、子女升学、生日祝寿、人情往来等等。2013年2月底，中国青年报社会调查中心通过题客调查网和新浪网，发起的一项题为"你为人情消费所累吗"的调查显示（5795人参加），受访者每年的人情消费层次，主要集中在1000—6000元，有53.2%的受访者感觉人情消费给他们造成了沉重负担，其中15.6%的人认为负担"很重"。[1]

3. 合理消费观念的树立

消费是人生存与发展的基本需求，应鼓励和优先满足生存和发展消费，

① 秦冬雪、王俊秀：《53.2%受访者感觉人情消费负担重》，《中国青年报》2013年3月5日。

控制奢侈消费和过度消费。理性与合理消费不仅有利于家庭和睦幸福，也有利于资源节约，环境保护和社会的可持续发展。

一是理性消费，谨防浪费和冲动。市场经济彻底改变了传统生产与消费的含义，物质消费主义极大地改变了人们的生活意识与消费理念，甚至有部分人把生活意义全部纳入对物质利益的追求与消费之中。一方面不再以衡量商品的物质实用价值为标准，而是关注其所谓的时尚价值；另一方面消费品在某种程度上成为消费者炫耀地位、展示身份的方式。但是，理性合理的消费观念仍然非常重要。

理性消费指消费者有理智，有主见，讲究科学合理，能根据自己的需求审慎地进行购买活动，基本不受外界环境和内心情绪的干扰与影响。一个理性消费者应有健康的心理，努力淡化从众消费心理，减少从众心理对自己购买行为的影响，减少出于感情动机和社会动机而形成的消费支出。按需合理消费切忌攀比消费。攀比消费是一种心理上的消费，适当攀比是一种动力，但盲目追求虚荣、互相攀比，"打肿脸充胖子"有时会"吃力不讨好"，造成家庭矛盾甚至财富浪费。下面一例令人深思。

同学会归来妻子回家闹离婚

妻子参加同学会的第二天，竟拿出一份离婚协议书，要丈夫签字离婚。原来是因为在同学会上，她受到以前比自己贫寒的室友，开着宝马车来参加聚会的刺激，想到自己不仅没车，而且还是房奴加孩奴，每个月除去房贷、孩子托儿费以及生活花销所剩无几，热切盼望通过离异再婚获得新的富裕机会。

把握市场行情。理性消费还需要掌握市场信息的变化，根据市场价格的变化决定购买。家庭成员可以通过多种渠道了解市场行情：一是个人经验和直觉。比如家庭常用的日用品，购买者会凭借多次的购买经验和一而再、再而三地比较，形成记忆性信息，购买决策简单快捷。二是网络、报纸、广告、海报等各种媒体，特别是网络信息中除了商品的价格、参数之外，还有购买者对商品的评价，可供参考。另外，全国或各地的消费者协会等消费者组织也会及时地提供各种产品的检查报告，提示消费者某种商品具有哪种特性，或违背哪些基本的指标，可供参考。三是亲戚朋友熟人传递的信息。一般都是从使用者体会的角度来传递信息，有些可以借鉴，但也不要盲目跟从。

量入而出。靠工资生活的家庭，大都不很富裕，计划好家庭生活费用十分重要。除首先安排柴米油盐酱醋茶等生活必需品的开支外，还应对每月的教育费、车旅费、书报费、洗理费、衣物用品添置费、水果和食品购买费、旅游费等开支做出预算。对节假日、婚丧嫁娶等红白喜事的额外开销，也应该事先有所安排。费用的开支，应根据各家的习惯、爱好和经济条件，分清主次、先后，进行调整和安排。对于必须要买的，选择好质量和价位就买；对于可买可不买的，可以稍后再买。有孩子的家庭，对于购买孩子的用品，更应计划周全。因孩子生长快，变化大，服饰可适当购买大号，多重质量，少重品牌，以安全健康为首要原则。科学合理地计划家庭经济，不仅对收入低的家庭是必要的，而且对经济好的家庭也同样是必要的，时刻提醒要保持最优消费，即"晴带雨伞，饱带饥粮"。若为了脸面或虚荣心而花费天价购买不实用的东西，却需要付出省吃俭用降低生活质量，甚至以损害健康为代价的消费行为实际是不可取的。

二是绿色消费。绿色消费是指消费者对绿色产品的需求、购买和消费活动，是一种具有生态意识的、高层次的理性消费行为。绿色消费有三层含义，一是倡导消费时选择未被污染或有助于公众健康的绿色产品。二是消费者转变观念，崇尚自然、追求健康，在追求生活舒适的同时，注重环保，节约资源和能源，实现可持续消费。三是在消费过程中注重对垃圾的处置，不造成环境污染。

随着中国消费者协会确定 2001 年为"绿色消费"年，提倡"绿色消费"以来，加之气候的恶化，自然环境的破坏，人们对绿色消费的实践更加理性。家庭的绿色消费可以做到：购买（大量）散装的物品，减少在包装上面的浪费；购买可循环使用的产品；减少购买一次性产品（纸杯、碟子、餐巾纸、一次性筷子、塑料袋等）；用可充电的电池；买二手的或者翻新的物品；购买水流小的淋浴喷头；用能量利用率高的用品，购买贴有"绿色环保"或"能源之星"标签的商品；购买简洁的日光灯；用天然的、无公害的物品代替化学制品家具和杀虫剂；买轮胎要选寿命长的或者翻新的；等等。

另外，绿色消费还包括节俭型消费，对某些日用消费品要采取"少买、勤用"的消费方式，"少买"体现了"俭"，"勤用"体现了充分运用消费品自身的功能，这正是积极节俭心理的反映。一件较为昂贵的衣服，如果剪裁得体，也很百搭，适合很多场合穿着，而且出镜率很高，那么这件衣服的使用价值就高；相反，如果一件比较便宜的衣服，但因裁剪或质料较差，档次低，一年穿不到一两次，那么使用价值就低，放着也是一种浪费，买这件衣服就不是绿色消费。对于尚有使用价值的东西不随意丢掉，而是或改、或卖、或送人，妥善处理。

三是安全消费。随着家庭消费的不断扩张，消费的公共性依赖也日益增强，进一步提高了家庭对外部社会的社会需求。因此，消费的安全问题需要引起家庭重视。

商品质量的安全。食品、药品、化妆品的安全问题关系家庭成员的身体健康和生命安全，因此要在购买前注意商品的质量保证，查看标签，注意生产日期、保质期、厂名厂址、卫生许可证号等外包装标识是否清楚；查看包装是否完整；同时经常搜集市场信息和相关报道，了解不安全产品，尽量不购买露天销售的食品、经营条件差的食品、感官性状发生变化的食品、地摊食品。家用电器的购买要注意保修和产品检验信息等；在购买黄金、名人字画、古董、首饰等贵重物品或有收藏价值的物品时，更要注意识别假货赝品。

消费环境的安全。随着消费方式的多元化，电子商务消费、网上支付、手机支付等多种支付环境和手段并存。消费环境的安全包含自然环境的安全、电子商务环境的安全，既包括人身安全，还包括财物的安全。因此，消费者在选购商品时，尽量到正规的经营场所。另外，在消费时还要注意防止上当受骗，特别是家中的老年人。在家中要提醒老年人经常读书看报，关心国家大事，关注法制栏目中的案例；要打消"用小钱赚大钱""吃小亏占大便宜"的念头，要看好自己的钱袋子；遇到可疑情况，不要相信骗子那些"不要告诉任何人"的鬼话，自己拿不定主意时，或找老伴、或找孩子、或找自己信得过的邻居和朋友，向他们通报情况，征求意见，商量对策，需要报警时要坚决报警；谨防以保健医疗等理由购买高价商品，到正规医院去看病，到正规的药店去买药，通过自己信得过的亲友和正规的婚介所去征婚，到正规的中介所去找工作，到正规的出版社去洽谈书籍出版事宜。

另外，还要注意电子商务消费中的安全问题。特别是在城市中，家庭成员往往采用各种电子商务手段消费，大量的私人信息和数据在电子商务交易过程中被信息服务系统收集、储存、传输，消费者的隐私权受到威胁。因此，要注意保管好个人信息，谨防网络受骗或信息被盗引起的财产受损。

4. 家庭消费的基本原则

家庭消费决策，就是如何决定家庭消费的内容，如什么东西要买，买什么品牌或型号，预算多少等这类问题。

一是家庭成员应共同参与。 家庭消费决策应该以共同决策为主，有主有从。核心家庭中，共同决策是指家庭经济由夫妻两人共同管理，在购买上表现为两人的共同权威。说得通俗点就是：夫妻平等，家庭的钱怎么花，大家商量着办。通常情况下，夫妻可以先共同商定家庭经济的管理原则，再商量家庭建设短期、中期、长期计划。家庭的大件消费品购买，如住房、车、孩子上学、请保姆、家电等都在共同商量范围内，同时，还可以将剩下的钱再妥善安排日常生活开支。但在共同商量的基础上，针对具体问题，如果两人意见不甚一致，则可以按照主要使用者的意见为主，或以有经验的一方的意见为主。夫妻一方如有擅长理财的，则不妨发挥优势，主管经济。夫妻意见统一后，就会互相配合，该省时省点，该花时也不吝啬。但如果涉及孩子上学或兴趣班等问题，则应该注意倾听孩子的意见和感受，让孩子也有决策权。

二是应尊重家庭成员的个人发展。 在家庭的生命周期中，不同阶段有不同的消费需求。以城镇三口之家为例，刚开始组建家庭，结婚、孩子出生，这是家庭发展的初级阶段，购房、结婚、生育等大额的消费基本都在这一阶段，压力比较大，而且男女双方在工作上也通常处于起步发展阶段，可能面临着学业学位的攻读、职业培训等，也需要支出。孩子步入学龄阶段，特别是义务教育阶段，一般家庭通常在经济收入方面稳步增加，除归还房屋按揭等贷款外，最大的开支是保健医疗费用和智力开发、才艺培训等费用。子女长大独立之后，家庭经济收入相对稳定，若不考虑子女结婚费用的话，经济条件进入家庭最佳阶段。退休后，通常经济收入以养老金为主，相对较低，除医疗费用外，其他各种支出相对少。所以，在家庭的消费中，要平衡家庭不同阶段的生存消费和发展消费，特别是夫妻二人的发展中，要平衡个人发展消费与家庭发展，如攻读学位或职业培训等，将个人发展消费与家庭发展相结合，甚至可能在某个阶段出现家庭共同决策的"二保一"的现象，即夫妻中某一人先攻读学业或参加职业培训。

三是应尊重家庭成员的个人爱好和习惯。 家庭消费不同于个人消费，是家庭成员集体享用的过程。比如家庭住房的购买，通常会考虑所有家庭成员的工作读书方便程度以及对居住环境的要求，统筹考虑，各有兼顾。比如买车，既要考虑到开车者的喜好、车的性能，还要考虑到坐车人的身高、喜好等。对于日常家庭消费，比如适用于与家庭成员直接消费的日常用品，如买菜，也需考虑到家庭成员的口味、喜好等；家庭旅游决策时，要考虑到家庭成员的身体状况、年龄特征等。家庭男成员在抽烟喝酒方面的开支可能大一些，女性可能在服装、化妆品等方面的开支大一些；爱好文艺的人在音响设备方面可能花费多一些。老年人对消费品的要求一般是重质量，对自己不熟悉的产品及大件贵重物品的购买往往要考虑再三。年轻人对商品较少保守思想，愿意做新产品的尝试者，追求时尚、潮流。爱好体育的人在体育器械方面可能开支大一些，追求时髦的人在衣着方面可能花费多一些，注意保养的人在补品方面可能开支大一些，等等。家庭成员之间应互相尊重各自的消费习惯和兴趣爱好。

四是应尊重各自的家庭背景和生活环境。在几代同堂的大家庭里，常常含有若干个小家庭。这些小家庭在消费行为上难免会与大家庭呈现相互交叉和相互依存的局面。大家庭的持家者要处理好内部的家政问题，计划安排整个家庭的收入和支出，调解家庭消费方面出现的矛盾。而在核心家庭中，除了小家庭的消费外，夫妻双方与原生家庭之间的消费关系也要兼顾，建立基本原则，共同商量，不可因为某一方为原生家庭的消费多少而发生矛盾。比如在双方老人的赡养问题上，"手心手背都是肉"，应该秉着公平的原则，但是夫妻双方也应该根据父母家庭的具体情况（如经济状况、有无养老金、身体状况等）支出赡养费用，同时兼顾父母为养育下一代付出的劳动，千万不要因为赡养老人的经济问题而发生矛盾。

三、家庭生活方式与身心健康

追求身心健康、生活幸福是人们生活的目的。一个家庭的幸福，最基本的表现是家庭成员的身心健康。现代科学研究表明，人的身心健康既受到生理因素、心理因素、自然环境的影响，但同时，生活方式也是影响健康的重要因素。1992年，世界卫生组织发表了著名的《维多利亚宣言》，指出健康的四大基石是合理膳食、适量运动、戒烟限酒、心理平衡，这也是健康生活方式的表现。家庭是个人生活的主要环境，也是生活习惯形成和生活方式引领的重要场域，因此在家庭中倡导健康的生活方式至关重要。

1. 身心健康的重要指标

健康权是人的基本权利之一。健康是指一个人在身体、精神和社会关系等方面都处于良好的状态。传统的健康观是"无病即健康"。现代人的健康观是整体健康，世界卫生组织提出"健康不仅是躯体没有疾病，还要具备心理健康、社会适应良好和有道德"，这是现代关于健康的较为完整的科学概念。

通常意义上，生理健康被简单扼要地定义为：机体处于正常运作状态，没有疾病。而心理健康则是一个相对概念，是指人的基本心理活动的过程内容完整、协调一致，即认识、情感、意志、行为、人格完整和协调，能适应社会，与社会保持同步。现代健康的含义是多元的、广泛的，包括生理、心理和社会适应性三个方面，其中社会适应性归根结底取决于生理和心理的素质状况。

新中国成立以来，随着社会经济发展和医疗卫生服务水平的提高，人口的平均预期寿命有所提高。根据第六次全国人口普查详细汇总资料计算，2010年我国人口平均预期寿命达到74.83岁，比10年前提高了3.43岁。随着我国社会经济的快速发展，人民生活水平的不断提高，以及医疗卫生保障体系的逐步完善，我国人口平均预期寿命将继续延长。但是，活得长并不一定活得健康，健康寿命比寿命更重要。1997年，世界卫生组织不再单纯用人均预期寿命指标，而开始用健康寿命指标反映各国人口的健康状况。在人们平均预期寿命提高的同时，人们的不健康期也同时在延长，即出现了人口健康状况在下降的情况。而且，人活得越长，不健康的人往往也会越多。更多的人开始认识到，健康可以导致长寿，但长寿不一定就健康，因此，既要长寿又要健康，更加关注健康寿命。没有了身心的健康，对家庭文化的建设就失去了兴趣，同时也会给家庭带来负担。

在现代社会生活中，人们在健康与疾病之间，往往处于临界状态，虽然没有明确的疾病，但却出现精神活力和适应能力的下降，即亚健康状态。如果这种状态不能得到及时的纠正，非常容易引起身心疾病。随着现代社会生活节奏的加快，尤其是一些办公室白领男女面临的亚健康状态日益加重，生活压力大，缺乏锻炼，严重影响家庭生活质量。亚健康状况与家庭生活方式密切相关。因此，选择健康的生活方式是现代城市人应该关注的话题。

2. 生活方式与身心健康

一个人的身心健康，除了遗传因素、环境因素之外，更多与家庭生活方式密切相关。不良的生活方式容易引起生理或心理的不良反应，导致疾病的发生。社会发展和经济进步在带给人们丰富物质享受的同时，也在改变着人们的饮食起居和生活习惯，如出现"出门就打的，上楼坐电梯，吃喝进饭店"之类的家庭生活方式。与吸烟、酗酒、缺乏体力活动、膳食不合理等生活方式密切相关的高血脂、高血压、高血糖、肥胖等已成为影响我国人民健康素质的大敌。2002 年中国居民营养与健康状况调查和 2005 年国民体质监测结果表明，与膳食不平衡和身体活动不足等生活方式密切相关的慢性疾病及其危险因素水平呈快速上升趋势，已成为威胁我国人民健康的突出问题。[1] 而在这些与不良生活方式有关的慢性病发病率和死亡率不断增长的同时，"如何生活，如何活得健康"等话题逐渐引起了人们的重视。

卫生部疾病预防控制局、全国爱卫会办公室和中国疾病预防控制中心在全国范围内发起了全民健康生活方式行动，第一阶段行动为"健康一二一"行动，其内涵为"日行一万步，吃动两平衡，健康一辈子"，以合理膳食和适量运动为切入点，倡导和传播健康生活方式理念，推广技术措施和支持工具，开展各种全民参与活动。随着活动的推进和深入，全民健康生活方式行动最终将涵盖与健康相关的所有生活方式和行为。北京市在活动中还给家家户户送去健康小盐勺、小油壶、健康生活手册等，将"低盐少油化"的生活方式推进家庭文化建设。

积极的心理健康是对社会生活、环境良好适应的表现，既与家庭的经济状况和生活条件有关，也与家庭成员之间的角色分工、家庭支持、家庭成员之间的关系、沟通方式等密切相关。良好的家庭经济条件能在一定程度上缓解经济压力和心理压力，家庭成员之间密切的关系、良好的沟通方式、恰当的角色分工都是和谐家庭文化的组成部分，也与家庭成员的健康生活方式有关。当然，积极健康的生活方式也离不开健康积极的心态，如在家庭中宽容、互助、有责任心等。

---

① 《全民健康生活方式行动总体方案（2007—2015 年）》。

但是，多数人对来自日常生活中危害健康的因素缺乏认识，不理解生活方式与健康的关系，还没有"健康生活方式"的概念，甚至许多人还把不健康的生活方式当成是"享受""享乐"，误以为"美酒飘香""烟雾缭绕""大鱼大肉"为"享福"，自己的健康因"享福"受损，本人却浑然不知。①

3. 文明健康生活方式的选择

一是合理膳食，营养充分。民以食为天。合理安排膳食包括健康的饮食和良好的饮食习惯两大方面。健康的饮食是指膳食中应该富有人体必需的营养，同时还要避免或减少摄入不利于健康的成分，合理搭配谷物、蔬菜水果、蛋白质类等，做到少油少盐等，避免大鱼大肉、暴饮暴食。卫生部发布的《中国居民膳食指南2007》，为平衡膳食提出了权威性的指导意见：一日三餐要合理安排，定时定量；早饭吃好，午饭吃饱，晚饭吃少；早饭要天天吃，并且应营养充足，午饭要吃好，晚饭要适量。不暴饮暴食，不经常在外就餐，零食作为一日三餐之外的营养补充，可以合理选用；要少吃油脂高，过甜、过咸的食物。良好的饮食习惯包括按时进餐、坚持吃早餐、睡前不饱食、咀嚼充分、吃饭不分心、保持良好的进食心情和气氛等。

二是适当运动，坚持不懈。生命需要运动，过少和过量运动都不利于健康。个人可根据自己的年龄、身体状况和环境选择适当的运动种类。运动形式并不重要，重要的是量力而行，循序渐进，持之以恒。最简单的运动是快步走，每天快步走路3公里，或做其他运动30分钟以上（如爬楼梯）。每周至少运动5次。运动的强度以运动时的心率达到170减去年龄这个数为宜。例如一个50岁的人运动时能够使心率达到120次就比较合适。最好能够保持心率加快、身体发热这种状态15分钟以上。

广场舞是风靡中国大街小巷的健康运动方式。在我国各地从早到晚，都能看到广场舞，几乎县县都有自己的广场舞蹈，村村都有广场舞蹈活动，而且连续举办了多届广场艺术节，广场舞集健身、娱乐于一体，具有健体、健心、健脑、降脂的作用，而且能增进人际关系，是一项很好的锻炼方式。但同时，也要注意防止出现扰民现象。

---

① 《合理运动平衡膳食，生活方式决定健康》，http://www.39kf.com/healthy/preserve/yssl/ysjk/2008-03-29-461857.shtml。

　　三是改变不良行为，戒烟控酒。吸烟是人类严重的不健康行为。吸烟不仅浪费金钱，影响环境，危害安全，而且与肺炎、慢性支气管炎、冠心病、癌症等多种疾病有直接关系，严重危害健康。喝少量的酒是对身体有益，但长期大量饮酒会损害人体的肝脏、肾脏、神经和心血管系统，严重影响健康。生活作息时间应规律化。无规律的生活习惯会扰乱人体的生命节律，降低人体的免疫力，使疾病发生率增高，对健康极为不利。因此应该起居定时、按时作息、保证充足的睡眠。睡前不喝茶或咖啡，进食不过饱。心情平静，避免焦虑或激动，不做剧烈运动。同时，工作和生活有张有弛，不过度紧张和长期劳累。娱乐有度，不放纵，如不看通宵电影，不打通宵麻将，听音乐音量不过大等等。

　　四是保持平和心态。在学习、工作和生活中要注意让自己的思想跟上客观环境的变化，不断变换角色，调整心态。在与他人和社会的关系上要能够正确看待自己、正确看待他人、正确看待社会，保持良好的人际关系，适应社会。要树立适当的人生追求目标，知足者常乐；不以健康为代价获取名利。同时，提高心理韧性，增强幸福感。如何调整好自己的心态？一是欲望不要太高。欲望无止境，欲望越高，一旦不能得到满足，形成的反差就越大，心态就越容易失衡。二是攀比思想不能太重。如果盲目攀比，就会"人比人，气死人"。三是要学会忘记。不要对过去的事耿耿于怀，过去了的事就让它过去，这样才会减少许多烦恼，心情才能舒畅。随着社会的进步，竞争的激烈，人们承受的各种压力增大，如果当这种压力超过了某种负荷能力的时候，就会让人出现偏激情绪，这样带来的后果是无法想象的。所以，遇到事情要学会让自己安静，把思维沉浸下来，慢慢降低对事物的欲望；同时要学会关爱自己，尽量帮助你能帮助的人，也是一种减压的方式；多培养自己的兴趣爱好，心情不好时听听音乐，看看电影，找自己感兴趣的事情，缓解压力。

　　五是适当休闲与娱乐。家庭需要休闲娱乐。休闲娱乐是家庭文化的一个重要功能。孔子曰："一张一弛，文武之道也。"家庭具有陶冶性情、增添乐趣的娱乐功能。丰富的家庭文化活动、干净整洁的家庭环境、和谐的家庭人际关系、健康的家庭生活方式，可以给每个家庭成员带来无穷的生活乐趣，让他们在工作之余，精神得到享受，身心得到放松，保持乐观向上的精神状态，以便更好地投入到工作和生活中去。一方面，家庭在某些时候是休闲娱乐的场所，家庭成员在家里放松与休闲，比如听听歌，看看书，养养花，下下棋，培养自己的兴趣爱好等；另一方面，是家庭成员一起参与的休闲娱乐活动，如外出旅游、健身、植树等。

家庭休闲方式多元化，内容多样化。新世纪以来，国内的休闲观念和休闲行为开始与国际社会接轨，休闲方式更加多元，休闲活动的内容也更加丰富。公共休闲与个人休闲并存。随着各地文化产业的蓬勃发展，文化基础设施的建设，公共文化服务网络更加完善，公园、广场、图书馆、博物馆、健身场所等公共休闲文化场所逐渐扩大，公共休闲资源得到更加有效的利用，各地文化活动丰富多彩。同时，家庭式休闲设备逐渐入户，科技设备、网络资源引领了新的休闲方式。家庭休闲方式具有多元化和多样化特征，既包括娱乐型休闲，如家庭聚会、歌舞、下棋、打牌等，也包括消遣型休闲，如养鱼、养花、散步等；还有观赏型、鉴赏型、学习型、体育型、艺术型、参观游览型、社会公益型等，从琴棋书画到购物旅游、从健身运动到社会公益等。

选择健康文明科学的休闲方式。在家庭内部选择健康文明科学的休闲方式，不以损害健康为代价，既要关注身体的健康，还要关注心灵的净化。当打麻将成为一种赌博游戏时，参与者们以输赢为目的，精神紧张，达不到休闲的目的，远不如广场舞来得痛快和健康。随着经济的发展、社会的进步、交通的发展，随着国内外旅游产业的发展、旅游理念的深入人心，特别是我国双休日和黄金周制度实行以来，利用节假日外出旅游成为一种日益普遍的、健康文明科学的休闲方式，跨省游、境外游、自驾游、亲子游项目逐渐增多。旅游中家庭成员能亲近自然，放松身心，达到休闲的目的。

尊重家庭成员各自的兴趣爱好。家庭成员往往会首先选择在家休闲，利用碎片化的时间休闲，比如听音乐，收集邮票，收藏字画，下盘棋等。如果家庭限制比较多，或家庭气氛紧张，特别是家长干扰孩子的兴趣爱好，认为影响学习等，就不利于孩子在家庭中进行休闲。不同的家庭成员都有自己的休闲方式，应该尊重并提供便利条件。

选择家庭成员普遍休闲的方式。比如家庭旅游，特别是有小孩的家庭，外出旅游时因为照顾孩子常常感到身心疲惫，但其实对于家长来说旅游也应该是外出看风景，看世界，而不是照顾孩子。所以在制订旅游计划时，要注意平衡家长和孩子的喜好，合理安排旅游项目，选择既有儿童娱乐项目的景点或旅游地，又可以照顾老人的身体。对于父母，家庭旅游不应该成为负担，而是也应该达到放松身心、体验新鲜事物从而陶冶性情的目的。

家庭是生活的港湾，是生产的基地，是消费的场所，也是休闲的家园。人们在家庭里完成身体的成长、精神的丰富和心灵的净化。智慧和技巧能使家庭的生产更发展，消费更优质，理财更合理，休闲更适宜，身心更健康！

第七章　亲属关系与家庭外部关系的构建

家庭是社会的基本单位。不仅家庭内部具有十分密切的姻缘和血缘关系，而且家庭与家庭、家庭与社区、家庭与社会之间也存在着紧密而广泛的联系。如果我们把家庭单元内的关系称之为家庭内部关系，那么就可以把家庭之外的关系称为家庭外部关系。可以说，人们生活在特定的家庭关系与社会关系网络之中。在家庭里，我们可能扮演着父母、子女、公婆、岳父母、儿媳、女婿、兄弟姐妹等多种角色。在社会上，则扮演着另外的角色，如领导、公务员、老板、职员、专业技术人员、工人等。在所处的场景中，扮演好特定的角色，需要处理好各种关系。从家庭的角度说，就是处理好家庭内部和外部的关系。处理好这些关系，不仅是家庭与社会和谐的需要，也是构建家庭文化的重要内容。

一、亲属与亲情文化的构建

亲属关系就是从生育和婚姻生发出来的社会关系①。顾名思义，这种关系主要指在亲属之间发生的各种沟通、联系或者辅助、支持等行为。

一般地说，近亲属的联系会更加密切。在现代社会的核心家庭中，家庭成员一般只包括自己的配偶和子女，而自己的父母、兄弟姐妹则属于重要社会关系，是联系紧密的近亲属；除此之外的亲属则属于较远的姻亲和旁系血亲关系。亲属之间的联系，通常包括经济上的支持、生活中的互助、人情世故的交往，以及日常的沟通联络等。按照我国法律和习俗，亲属可分为若干亲等。其中，计算直系血亲亲等时，以自身为基点，向上或向下数，以间隔一世为一亲等。如父母与子女为一亲等直系血亲，祖父母与孙子女、外祖父

---

① 费孝通：《乡土中国生育制度》，北京大学出版社1998年版。

母与外孙子女则为二亲等直系血亲。旁系血亲的亲等须以同源关系为依据，同源于父母的兄弟姐妹为二亲等旁系血亲，叔叔、伯伯、姑姑与侄子、侄女，舅舅、姨妈与外甥为三亲等旁系血亲，同源于祖父母或外祖父母的堂兄弟姐妹、表兄弟姐妹为四亲等旁系血亲，等等。

在日常生活中，亲属之间的联系往往以亲近程度为主轴。在农村的红白喜事和建房乃至子女上学、工作等大事小情中，通常会通知较近的亲属参加，不仅可以相互提供支持和帮助，而且也可凭借这种联系拉近彼此的感情，维系日常的联络渠道。在一些地方，这种交往在维系情感的同时，甚至成为负担，变成了"人情债"。

现代社会，核心家庭成为最主要的家庭类型，已构成国际趋势，而家庭网络和亲属关系则趋于松散。一些西方学者甚至提出"孤立的核心家庭"之说，认为"工业化带来个人主义和平等主义的价值观念，将导致扩大家庭和亲属关系走向瓦解"①。相比之下，中国文化却依然十分重视家庭和亲属关系，亲属关系作为人们最容易获得的社会支持，在人际关系和家庭网络中发挥着不可替代的作用。现实生活中，亲属间的亲密情感与密切的互动、互助行为仍相当活跃。这种亲属间的紧密联系与互动，突出体现在亲子关系、婆媳和翁婿关系以及兄弟姐妹关系之中。

1. 血浓于水的亲子文化

在家庭关系网络中，如果说夫妻关系是基础，是家庭关系的横轴，那么亲子关系就如同家庭关系的纵轴，是代际传承和种族延续的重要机制。夫妻关系和亲子关系共同构成了家庭结构中的基本三角。尽管现代家庭制度和文化更加重视婚姻及夫妻关系，但亲子关系仍是家庭关系中至关重要的环节。在家庭抚育过程中，父母与子女长期共同生活，建立起了亲密的感情。当子女长大成人，离开出生家庭而去建立一个新的家庭时，便脱离了原有三角结构，但父母和子女之间具有的浓厚情感以及权利和义务关系却一直存在。

按照法律和习俗，亲子关系属于联系最为紧密的直系血亲关系，彼此承担着相应的权利和义务。我国婚姻法、继承法等法律对父母和子女之间的权利及义务做出了明确规定：父母对子女有抚养教育的义务，子女对父母有赡

---

① 唐灿：《中国城市家庭的亲属关系》，《社会学》2012 年第 6 期。

新家庭文化概论

养扶助的义务；父母和子女有相互继承遗产的权利，而且与配偶同属第一继承顺序。

处理好亲子关系，不仅关系代际传承，也关系家庭的健康与和谐发展。在协调家庭关系的诸多文化规范和道德准则中，尊老爱幼居于核心地位，不仅体现在传统家庭文化中，也是现代社会倡导的家庭美德。

我们可以从父母与子女以及子女与父母两个方面来审视亲子关系。按照相关法律规定，父母是未成年人的第一顺位监护人，父母有保护和教育未成年子女的权利和义务。而且，父母与子女间的关系，并不会因父母离婚而消除。父母婚姻关系解除后，子女无论由父亲或母亲直接抚养，仍是父母双方的子女，父母对于子女仍有抚养和教育的权利和义务。

亲子关系具有自然与社会的双重属性。相应地，我们可以从自然和社会两个角度来理解人类特有的亲子关系。首先，父母关爱子女是天性使然。高尔基曾说过，"爱孩子是连母鸡都会的事"。关于这一点，可以从狐狸及其幼崽的自然关系中窥见一斑。每年春初是狐狸的发情配种季节，母狐和公狐交配后，经过两个多月的孕期产下幼崽，狐狸家族便由此诞生。狐狸生下幼崽后，经常带着它们捕猎，教它们捕食，训练它们在山野中奔跑，以及如何与天敌周旋，但当小狐狸长大具备独立生活的能力后，父母就会把它们赶出巢穴，强迫它们出去独立生活。

在人类社会中，父母与子女的关系则不同。它不仅受自然关系的控制和影响，而且依靠理智、伦理以及法制来建构，是高于自然的社会行为。在社会建构进程中，人类将亲子关系赋予了相应的文化和社会内涵，使其更符合人类的社会规范。

但是，如何爱，才能为家庭培养合格的继承人，为社会培育出合格人才，依然是在血缘关系的基础上存在着的一个心理与情感纠结的重要话题。出于天性和责任，父母爱孩子并非难事，关键是如何爱得恰到好处。在爱的天平上，向右倾斜容易导致爱的过度，向左倾斜则又容易产生爱的不足。

父母过度溺爱孩子，是20世纪80年代以来，伴随我国独生子女不断增多而产生的一个家庭和社会问题。在不少家庭中，独生子女受到爸爸妈妈、爷爷奶奶和姥爷姥姥的宠爱。也就是说，家中四个老人，一对父母共同关爱一个孩子，由此引发的独生子女溺爱症也被称为"四二一"综合征。父母对

— 180 —

孩子过度的爱，主要表现为在家庭中给予特殊待遇、轻易满足孩子的物质要求、在生活中替孩子包办和包揽一切事务、袒护孩子的缺点和错误等。这样的爱对孩子会形成过度保护，通常会导致孩子缺乏责任心和独立性，不会关心和体贴他人，缺乏吃苦耐劳的品格，不利于其健全人格的养成。受到过度关爱和保护的孩子，成年后也往往缺乏独立意识和自立能力。

父母对孩子关爱不足，是现代社会亲子关系的另一个问题。一些父母迫于生活压力或是工作过于繁忙，没有时间陪伴和关心孩子，而是将孩子托付给家中老人照顾，或是放任自流。还有一些父母，因为爱孩子，在物质层面对孩子有求必应，却不关注孩子的内心世界和精神需求，不懂得与孩子沟通，认为树大自然直，不愿在孩子身上投入过多时间和精力。在这种环境下成长，孩子与父母缺少情感沟通，在父母身上感受不到亲情的温暖，心理上的迷惘和疑惑得不到父母的及时指点，心灵上得不到慰藉，很容易出现一些心理问题，形成抑郁、敏感多疑、易怒、冷漠、孤僻、缺乏责任感和同情心等心理障碍和人格缺陷，在外界不良因素的刺激下，可能会误入歧途。

因此，父母关爱子女，需要把握适度的原则，过多的爱和不足的爱都有可能把孩子推向错误的道路。父母关爱不足，对孩子的心理健康和成长会产生诸多危害。但过犹不及，过度的关爱甚至溺爱，同样不利于孩子的成长。

如果说人类社会中父母对子女的爱与自然界的动物仍有雷同之处，那么子女与父母的关系则完全是社会化行为。与亲子关系的自然性不同，子女反哺父母，对父母尽孝，是人类文化特有的现象。中国有句古语，"百善孝为先"，孝文化是中国文化和伦理思想的重要内容，也是中华民族的传统美德。身为子女，孝敬父母不仅是道德层面的要求，也是法律上应尽的义务。

从法律层面看，我国婚姻法、老年人权益保障法等法律规定，成年子女有赡养扶助父母的义务；作为赡养人，子女应当履行对老年人经济上供养、生活上照料和精神上慰藉的义务，并照顾老年人的特殊需要。

与亲子关系中父母容易过度关爱子女不同，子女对父母往往存在关心不足和不当甚至是沟通不畅等问题。

俗话说，养儿防老。在传统社会，赡养老人主要是儿子的责任。在现代社会，虽然养老社会化趋势已日渐明朗，但在现阶段社会和文化结构中，赡养老人依然是子女应尽的义务，其中女儿参与赡养父母的行为已日渐普遍。

据第三次中国妇女社会地位调查统计，在老年妇女的主要照料者中，66.7%的人得到了儿子的照料，其次是女儿（44.9%），第三位是儿媳（38.2%）；在城镇地区，女儿在母亲的日常生活照料中发挥的作用甚至超过了儿子。城乡老年男性得到女儿照料的比例分别为 44.6% 和 26.6%。[①]

为父母提供必要的经济支持、给予物质上的帮助，是赡养父母基本的责任。在中国社会变革和制度变迁的影响下，不同地域、城乡家庭中不同代际成员在收入分配、福利待遇和社会保障水平等方面具有很大差异。对保障水平和福利待遇较低的老人，特别是欠发达地区的农村老人，养老补贴（津贴）不足以维持日常生活，子女应主动给予一定的经济支持。为父母提供经济支持的水平，既要根据子女的经济负担能力，又要考虑父母的实际生活需要。一般而言，应不低于子女本人或当地的平均生活水平，以保证老人的衣、食、住、行等日常生活需要。

但是，目前社会上有一些子女不仅不能供养父母，甚至自己在经济、生活和精神上也不独立，过度依赖父母，出现"啃老"行为。据中国老龄科研中心公布的调查，目前我国有30%左右的成年人被父母供养，靠"啃老"生活。这些已经成年、具有社会生存能力，却主动放弃就业机会，主要依靠父母供养的年轻人，大多心理上还未断乳，通过依赖父母来逃避困难和竞争。据《京华时报》报道，一个25岁的北京女孩，自3年前从专科院校毕业就一直在家待业，父亲为她联系了多家单位，但她因对工作不满意都不愿意去，一直赋闲在家。父亲身体不好，还要一直给女儿洗衣做饭，最后忍无可忍，将"啃老"女儿起诉到法院，要求其搬走。从这个例子我们可以看到，"啃老"不仅会损害正常的亲子关系，不利于家庭的健康和持续发展，长期来看也将引发深层次的社会问题。有专家提出，子女"啃老"大多是因为心理上还未断乳，独立自主意识不足，依赖心过重。对于年轻人而言，无论是主动"啃老"还是迫于无奈，都应拿出勇气，敢于担当，主动在心理上断乳，承担起应负的家庭和社会责任。

子女不仅应从经济上供养父母，更要尊重父母，关心其情感和心理需要。2013年7月，新修订的《中华人民共和国老年人权益保障法》正式施行，该

---

① 宋秀岩主编：《新时期中国妇女社会地位调查研究》（下卷），中国妇女出版社2013年版，第840页。

法首次将"精神慰藉"写入条文,规定"家庭成员应当关心老年人的精神需求,不得忽视、冷落老年人","与老年人分开居住的家庭成员,应当经常看望或者问候老年人"。

从情感上表达对父母的关心和支持,经常探望和陪伴是最好的方式。随着身体的日渐衰老,老年人在心理上会更依赖家人,容易出现害怕孤寂、情感脆弱等心理症状,需要来自子女的关怀和情感支持。有研究发现,得到社会及家庭安慰、体贴的老人,要比那些与子女关系不融洽、得不到关心爱护的老人寿命长 10—15 年。正如大家耳熟能详的歌曲《常回家看看》所唱,"常回家看看,回家看看,哪怕给妈妈刷刷筷子洗洗碗,老人不图儿女为家做多大贡献,一辈子不容易,就图个团团圆圆"。季羡林先生在年近九十岁高龄写下《永久的悔》一文,抒发了因外出求学未能陪伴母亲、为母尽孝的悔恨,"我真后悔,我千不该万不该离开了母亲。世界上无论什么名誉,什么地位,什么幸福,什么尊荣,都比不上待在母亲身边。"这种"子欲养而亲不待"的遗憾和悲痛,让老人永生难忘,始终不能释怀。为人子女,在父母健在的时候,常回家看看,多一些陪伴和关爱,人生就会少一些遗憾和不安。

此外,在亲子关系的处理方面,父母和子女之间应相互理解和尊重,在保持亲密关系的同时又要保留一定的独立性。父母与子女属于两代人,在不同的时代背景下成长,有着不同的生活经历,形成了不同的生活方式和思想观念,因而代际差异是客观存在的。两代人应正确认识并接受这种差异,相互尊重彼此的生活方式和观念,通过经常性的沟通和交流减少分歧与隔阂。作为子女,应尊敬父母,以感恩之心和恭敬之心回报父母,同时父母也要理解和体谅子女,共同维系良好的亲情关系,促进家庭和睦健康发展。

2. 婆媳与翁婿的相处艺术

儿媳与公婆、女婿与岳父母之间的关系是一种姻亲关系。尽管在法律上他们之间并没有严格的权利和义务关系,但我国继承法规定,丧偶儿媳对公婆、丧偶女婿对岳父、岳母尽了主要赡养义务的,可以作为第一顺序继承人。

在中国封建落后的传统文化中,重男轻女、男尊女卑的观念根深蒂固,嫁出去的女儿就像泼出去的水。在这种文化观念的影响下,女婿和岳父母关系比较疏远,相互之间的交往以逢年过节进行礼节性探视为主,这种关系比较容易相处,产生的矛盾和冲突也较少。在我国一些地方,称女婿为"客",

岳父母把女婿当作客人来对待，一般情况下彼此之间的态度是客气而友好的，因而民间通常将翁婿关系归纳为客情关系。但在现代社会，这种关系发生了一些变化。亲属网不再是以男性世袭为中心的单系网络，而是向双系发展。在一些人的心目中，姻亲比血亲还重要。在一些家庭中，特别是在城市家庭，岳父母与女儿家庭的关系十分密切。在北京地区，老人帮女儿带外孙子女的现象十分普遍。但是，这种密切交往也使女婿与岳父母之间出现了一些矛盾。

在传统社会主干家庭中，婆媳关系却十分紧密。在等级制和父权制以及"男女授受不亲"等传统文化的共同作用下，儿媳和公婆的关系十分复杂微妙。婆婆具有男性家长的派生性权威，儿媳要听从婆婆的教导，服从婆婆的命令，否则便难以在家中立足。汉代《大戴礼记·本命》将"不顺父母"列为"七出"之首，也就是说，儿媳不孝顺公婆就可能被休弃。古代一些经典文学作品中，就描绘了不少对儿媳不友善的"恶婆婆"形象，如《孔雀东南飞》中的刘兰芝就因为婆婆的不满，最终被逐出家门。

在现代社会，婆媳关系还呈现出新的特点。首先，不同于传统社会不平等的婆媳关系，当前婆婆和媳妇成为享有平等权利和义务的主体。其次，核心家庭比重增大，客观上拉大婆媳间的生活空间距离。据统计，随着我国家庭规模和结构的变化，大家庭趋于解体，2010 年我国家庭户人数已降至平均3.1 人，核心家庭占 60% 以上，已成为我国家庭类型的主体。[①] 再次，改革开放后，由于计划生育政策的实施，我国独生子女家庭迅速增多，婆媳关系较少受多子女关系的影响，更趋向于简单。此外，随着养老、医疗等社会保障水平的提高，老年人对子女的经济依赖相对降低。在北京等经济社会发展水平较高的地区，这一倾向更为明显。这些新的特点，都在一定程度上缓解了婆媳关系的紧张，减少了婆媳间的摩擦。因此，就目前而言，婆媳之间和睦相处已成为这一关系的主流。

但是，婆媳关系以及翁婿关系都是在夫妻关系的基础上衍生出来的代际关系。儿媳与公婆、女婿与岳父母原本就属于两代人，难免存在代沟问题，由此出现认识上的不同，乃至在生活中出现一些小摩擦便在所难免。这些问题，在亲子关系中通常也会存在。但不同的是，父母与子女之间不仅有血缘

---

① 王跃生：《中国城乡家庭结构变动分析》，《中国社会科学》2013 年第 12 期。

亲情，而且经过长期的共同生活，已经达成了特有的共识，彼此更容易沟通和相互包容。但是，婆媳、翁婿之间没有血亲关系，因而既没有亲子关系所具有的稳定性，也没有婚姻关系所具有的亲密性，其沟通和交流模式又属于后生后建，在相处过程中出现一些问题自然在所难免。

俗话说："婆媳亲，全家和"。婆媳、翁婿关系处理是否得当，直接影响着家庭的和睦。如果处理得好，就有利于促进家庭和谐；如果处理不好，甚至会影响夫妻关系，进而影响到两代家庭的和谐。据河北省某县级法院民事庭庭长统计，在离婚起诉案件中，因家庭矛盾而离婚的比例接近20%，其中就包括婆媳矛盾。处理婆媳、翁婿关系，在很大程度上是一种沟通链条的构建过程。良好的婆媳、翁婿关系的建立，需要从多个方面推动，也需要媳妇/女婿、公婆/岳父母、儿子/女儿三方的共同努力。

一是尊重和沟通。相互尊重是婆媳、翁婿和睦相处的基础和前提。无论公婆与儿媳还是岳父母与女婿，都要承认对方有独立的人格和地位，双方之间的关系是一种平等的人际关系。应在平等相待的基础上，理解和尊重对方。作为儿媳或女婿，应该像对待自己的父母一样，尊重和孝敬公婆或岳父母。在处理婆媳关系上，北京市顺义区妇联组织就探索出了一些"小妙招"，编出朗朗上口的顺口溜，如"进门点头叫声妈"、"先微笑后说话"等。这些虽然是日常生活中的小细节，却在细微之中体现出儿媳对婆婆的礼貌和尊重，有助于培养感情，拉近婆媳关系的距离。

婆媳、翁婿之间在相互尊重的基础上，还要建立积极有效的沟通渠道。儿媳和公婆、女婿和岳父母原本生活在不同的家庭，有着各自的家庭文化和生活习惯，因为婚姻纽带而结成了亲属。无论他们是否居住在一个家庭中，生活中都会出现很多交织，彼此之间就有一个逐步了解、相互适应的过程。因此，从家庭发展的角度考虑，需要多创造集体沟通、增进感情的机会。夫妻可以利用休假或周末时间，带上孩子和公婆（或岳父母），一家人一起出游，为家庭成员之间创造更多的相处机会，在轻松愉快的氛围中增进了解，加深感情。在交流和沟通中，也要注意方法和技巧，遇到问题多商量，求同存异，避免质问、埋怨和指责，向着化解分歧的方向努力。有意识地构建良好的沟通机制，不仅是处理婆媳、翁婿关系的需要，也能促使亲子关系更加亲密，有利于营造和谐和睦的家庭氛围。

二是体谅和包容。公婆与岳父母要把儿媳、女婿当作自己的孩子看待，要像包容自己的孩子一样，包容对方的缺点和不足。现代社会，婆媳、翁婿之间出现摩擦，主要是源于文化观念和生活理念的不同。由于出生家庭的文化背景、成长经历、生活经验的不同，儿媳与公婆、女婿与岳父母在消费观念、育儿理念、生活方式等方面，都可能存在一定程度的差异，也容易因此而引发摩擦。在两代人分开居住的家庭，这种差异和矛盾是潜在的，一旦居住在一起，代际之间的冲突就会显现出来。建立良好的家庭和人际关系，无论公婆、岳父母，还是儿媳、女婿，都应尊重彼此的生活习惯、消费方式和兴趣爱好，学会谅解和体贴对方，以宽容和包容之心，尽可能给予对方自主选择的空间。

当前，很多核心家庭，由于抚育和照看婴幼儿的需要，年轻夫妻在生育期可能会与自己的父母或配偶的父母一起居住。在北京城镇家庭中，夫妻双方的父母已成为婴幼儿的主要照顾者，孩子 3 岁以前主要由双方父母照料的比例接近一半，占 49.1%。[①] 在两代人共同居住的情况下，家庭矛盾往往是集中在如何养育和教育孩子上。有调查显示，两代人因育儿观点不同爆发矛盾的家庭高达 82%。[②] 由于隔代的关系，老人难免容易纵容和溺爱孩子，如追着孩子喂饭、对孩子有求必应、祖护和包庇孩子的缺点和错误等。在育儿问题上，两代人出现分歧可以协商，双方父母可以提出建议，但最后的决策应以子女为主，充分尊重子女意见。在北京市，一些社区开展了育儿、家庭知识讲座，传播科学知识和积极的家庭文化理念。有的儿媳带着公婆听讲座、看电视节目，共同学习正确理念和知识。作为子女，请父母来帮忙照顾孩子，应该以感恩之心，尊重父母的劳动和付出，多与父母沟通，倾听他们的建议和想法。

三是要发挥好儿子或女儿特有的疏通作用。有人认为，身兼儿子和丈夫身份的男人扮演着"双面胶"的角色，能够拉近婆媳之间的距离，起到润滑作用。事实上，子女与自己的父母有血缘亲情关系，有深厚的感情基础，彼此容易沟通和协调，是调节婆媳、翁婿关系的中介和桥梁。

---

① 北京市妇女联合会编：《北京市妇女社会地位研究（2000—2010）》，中国妇女出版社 2013 年版，第 281 页。
② 《两代人育儿观念到底哪不同》，《新闻晨报》，http://www.sina.com.cn。

　　首先，儿子立场要公正，应该倡导家庭中的公平正义。在有的家庭中，儿子对父母言听计从，还有一些家庭中，儿子却无原则地站在妻子一边。无论哪种做法，都容易激化婆媳之间的矛盾，影响家庭和睦。有一对年轻的夫妻，婚姻美满，夫妻恩爱，婚后两年生下一个活泼可爱的女儿。由于夫妻两人工作都十分繁忙，就将公婆从湖北接到北京，请老人帮忙带孩子。因为生活习惯以及育儿理念的不同，儿媳和婆婆之间经常因为日常生活中的一些小事意见不合，互不相让。当婆媳之间发生摩擦时，儿子总是站在母亲的立场上，指责和批评妻子，让妻子感觉自己像个外人。时间长了，对夫妻感情造成了伤害，失去相互信任的基础，妻子对丈夫日渐不满，甚至动了离婚的念头。

　　其次，儿子或女儿要学会倾听。在协调与父母关系的过程中，作为子女，应多听少说，并且避免在中间传话，特别是不要充当恶言恶语的传声筒。假如儿子把妻子的抱怨传给婆婆，又把婆婆的不满传给妻子，这样的做法只会火上浇油，不利于问题的解决。正确的做法应该是多使用善言善语，相互鼓励，有了矛盾则要撤火不浇油，自己多承担责任，主动从中劝解和疏导，缓和气氛，淡化冲突。

　　再次，充分肯定父母的帮助和支持。子女结婚成家后，父母帮忙做家务、带孩子不是义务，而是出于亲情，是对子女家庭和生活的支持。基于各种原因，子女请父母来帮忙，要对父母劳动给予充分肯定，并通过适当的方式给父母一定的物质和经济补助。有的父母自身经济条件不错，不仅帮忙带孩子，还会给子女一定的经济支持。这种情况下，要多从情感和精神上给予父母支持和慰藉。作为子女，应主动关心父母的日常生活，经常嘘寒问暖。在空闲时陪老人聊聊天，拉拉家常，倾听老人的烦恼和心事；逢年过节，也可以给老人送些小礼物表示心意。

　　3. 兄弟姐妹的手足亲情

　　在父母与子女的直系血亲关系之外，还存在一种相应的血亲关系，即旁系血亲。旁系血亲是指具有间接血缘关系的亲属，即非直系血亲而在血缘上和自己同出一源的亲属。在旁系血亲关系中，源于同一父母的兄弟姐妹是仅次于直系血亲的最为亲密的亲属关系。按照法律，兄弟姐妹之间承担着相应的权利和义务。我国婚姻法明确规定："有负担能力的兄、姐，对于父母已经死亡或父母无力抚养的未成年的弟、妹，有扶养的义务。由兄、姐抚养长大的有负担能力的弟、妹，对于缺乏劳动能力又缺乏生活来源的兄、姐，有扶养的义务。"在现实生活中，当父母不在世的时候，兄长或长姐代行父母职责、抚育弟妹成长的例子也不鲜见。在一些地区和民族，经常用长兄如父、长姐如母来形容兄姐对弟妹的扶助。

在中国重视家族和宗族的文化背景下，除亲兄弟姐妹之外，同宗兄弟姐妹之间也保持着良好的关系。在中国古代家庭中，实行兄弟姐妹大排行，同宗的兄弟姐妹关系，可能是四代、五代或更远的旁系血亲，但彼此关系十分亲密。我国婚姻法规定，三代以内旁系血亲不得通婚，有些地方还有着同宗不通婚、同姓不通婚的习俗，也从婚姻禁忌的角度证明了对旁系血亲关系的重视。

中国传统文化推崇尊卑有别、长幼有序，对兄和弟有着不同的规范，并赋予不同的责任和义务。现代家庭中，尊卑、等级制度已日渐消亡，兄弟姐妹享有平等权利。在同一个家庭中，未成年的兄弟姐妹以父母为中心，共同生活和学习，彼此之间建立了十分亲密的伙伴关系，培养了深厚的感情。手足之情，通常是我们对兄弟姐妹之间亲密关系的一种比喻。在中国传统大家庭中，兄弟婚后也不分家，共同生活，彼此之间关系很密切。这种亲密感情为同胞之间的相互合作与支持奠定了基础。正如著名社会学家费孝通所说，"同胞本来应当是最能合作的伴侣，早年的共同生活，使他们在相同的教育和相似的经验中，获得相通的意义体系"[1]。

现代社会，兄弟姐妹关系依然是血亲中很重要的关系。这种关系建立在亲情关系基础上，经济和生活上互相帮助，是家庭支持系统中的重要方面。兄弟姐妹关系处理好了，能够形成一种合力，为家庭的发展提供有力支持；如果处理不好，则会伤害亲情和家庭发展。无论从道德还是情感上来讲，兄弟姐妹都具有相互扶助的义务。当个人或家庭遇到困难时，能够寻求帮助、最有可能伸出援手的就是兄弟姐妹。特别是在农村地区，当家庭出现问题、需要援助时，出现在第一线的更是兄弟姐妹包括同宗兄弟姐妹。

首先，兄弟姐妹之间有密切的经济往来。俗话说："兄弟齐心，其利断

① 费孝通：《乡土中国　生育制度》，北京大学出版社1998年版，第255页。

金。"这一特点突出体现在家族企业中。有研究表明，由家族所有或经营的企业，在全世界企业中占65%至80%，世界五百强企业中，家族企业约占40%。相对于一般企业而言，家族企业具有特定优势，其中就包括血缘关系具有的长期性和稳定性。家族成员之间长期互动，彼此了解，相互信任和宽容，具有相近的家族文化价值观，更容易形成共同的目标、形成强烈的向心力和凝聚力。在家族企业中，兄弟姐妹相互支持、共同创业者不在少数，"华谊兄弟集团"就是两兄弟携手创业的成功案例。该公司创立于1994年，兄弟两人优势互补，通力合作，哥哥主要负责战略规划，弟弟则具体负责公司运营，至2010年华谊兄弟公司市值超过百亿元，垄断了近1/5的中国电影市场。

其次，在日常生活中，兄弟姐妹之间也发挥着相互扶持的作用。虽然我国实行计划生育政策之后，家庭中多子女的情况少了，但当父母生病或是兄弟姐妹中有人遇到困难时，多子女的优势就会显现出来。北京通州有一位王先生，已年近五旬，家中兄弟姐妹四人，自己是老大，下面有两个弟弟一个妹妹。兄弟姐妹关系一直很好，只要一家遇到事情，另外三家都积极帮忙，不惜出钱出力。四个人中，大弟弟家经济条件相对差一点，大家对他帮助最多，父母去世时留下的积蓄，兄妹三人主动提出都留给这个弟弟，希望能帮他解决一些生活困难。去年大弟弟生病住院，兄弟姐妹都轮流去帮忙照看，还提供经济资助。小弟弟当时在外地出差赶不回来，打电话叫自己的儿子送钱到医院。

可以看到，兄弟姐妹之间的扶持和帮助，不仅可以增进感情，对家庭发展也提供了重要支持。但是，也要注意，兄弟姐妹之间相互帮助本是好事，但如果处理不当，把握不好尺度，也会对小家庭造成困扰。

改革开放后，户籍制度放松，人口流动规模增加，人们的通婚半径也不断扩大。在北京地区，本地青年人和外地人结婚的也越来越多。在这类家庭中，有些过得美满幸福，但也有不少家庭出现了这样或那样的问题。北京海淀区有一位女士，1978年出生，大学毕业后就职于一家报社，30多岁仍未结婚，后经人介绍嫁给了一个小企业的老板。丈夫比她年长5岁，老家在河北农村，家境贫困，兄弟姐妹4人。身为家里的长子，丈夫非常努力上进，在北京打拼多年后事业小有成就。夫妻两人婚后关系一直很好，丈夫和岳父母的关系也很融洽。后来，看到哥哥在北京立住脚跟，丈夫的兄弟姐妹十分羡慕，认为哥哥有责任帮助他们共同富裕，于是就隔三岔五地来京，住在哥哥家里，要求哥嫂帮忙找工作、提供经济资助或是解决各种生活问题。对于弟妹的各种要求，丈夫选择默默承受，虽然也不希望兄弟姐妹对自己生活过度打扰，但碍于长兄情面，又难以启齿，致使妻子日生不满，最后不堪忍受，夫妻感情出现严重裂痕，甚至提出离婚。

在前几年热播的电视剧《新结婚时代》中，一个农村男生通过知识改变命运，在城市找到了一份好工作，同时又娶到了出身高知家庭的北京女生。夫妻感情虽好，但对家庭及生活的看法却存在明显分歧。女生希望拥有自己的二人世界，不想嫁一个人等于嫁给了他的全家。但男生及其家人却认为结了婚就是一家人，甚至将女方娘家的资源也视为己有，对女生及其父母都造成了困扰。男孩的哥哥在农村老家，经济条件不太好，父亲理直气壮地要求夫妻俩出钱帮哥哥盖房子，引发了儿媳和公公之间的争吵，也激化了夫妻间的矛盾。城乡、家庭、文化背景的巨大差异，使他们在彼此的相处中不断出现摩擦和分歧，一度走上离婚的道路。

从法律上讲，丈夫或妻子并没有义务照顾配偶的兄弟姐妹，但从道德层面讲，在条件允许的情况下，也应尽可能提供帮助。需要注意的是，无论丈夫还是妻子，都应充分尊重配偶的意见，根据家庭的实际情况，为兄弟姐妹提供力所能及的帮助，但不要为了面子损害夫妻感情和家庭和睦。同样，接受帮助的兄弟姐妹，也要心存感恩，特别要注意在"两家"之间保持恰当距离，不能错把"他家"当"我家"，太拿自己不当外人，而影响到兄、姐或弟、妹的生活。

尽管生活在同一个家庭中的兄弟姐妹关系十分亲密，但当他们各自结婚组成家庭后，一般就会分开生活。兄弟姐妹之间的关系也会随之发生变化，生活和情感的中心也会向各自的小家庭转移。这种情况下，现实利益的冲突，也为同胞之间的矛盾埋下了隐患。在手足亲情和经济利益的天平上，如何取舍和权衡，在很多情况下是兄弟姐妹相处过程中无法避免的一个环节。

在传统社会，一些时代曾盛行长子继承制，兄弟之间不能平等继承家庭的财产和权利。为谋取自身利益，同胞变成仇敌的例子也时有耳闻。即便在兄弟姐妹平等继承的当今社会，同胞之间的冲突也并没有完全消失。随着经济发展水平的提高和家庭财富的增长，兄弟姐妹因为房产和财产的继承分割问题，手足反目、对簿公堂的事件并不鲜见。有些兄弟姐妹甚至因争夺财产或遗产，断绝手足关系，老死不相往来。

随着近年来北京市住房价格的快速增长，房产几乎成为家庭中经济价值最大的财富。在巨大的经济利益面前，兄弟姐妹之间争夺房产及其相关利益，并由此出现矛盾和纠纷的现象也开始凸显。北京市的"第三调解室"是国内第一档具有法律效力的排解矛盾、化解纠纷的电视节目，调节对象很多都涉及兄弟姐妹，调节内容也主要是财产分配和遗产继承问题。如节目报道的"某氏三兄弟"案例。三兄弟原本和睦相处，但随着父母相继过世以及父母留下的数间房屋面临拆迁，兄弟之间因争夺房屋继承权以及相应的拆迁利益，不惜手足反目，甚至大打出手，最终闹上了"第三调解室"，希望帮助调节矛盾。从小一起长大、关系亲密的三兄弟，在父母过世后本应相互扶持，却因利益的争夺相互指责和攻击，当调解嘉宾试图从亲情的角度出发，帮助他们重拾昔日兄弟之情时，其中一个兄弟却在节目中不止一次提及，这次遗产纠纷已经把"兄弟感情伤透了"，即便事情解决了，兄弟之间"今后就是陌生人"。这些时常出现的家庭纠纷，不仅影响家庭和谐，甚至也会增加社会负担，耗费社会资源。

关于这种家庭纠纷的处理，我们需要遵循以下两个原则。

一个原则是要依法理事。也就是说，兄弟姐妹之间不论涉及多大的经济利益，都要知法懂法，并且遵守法律。不要为了眼前利益而蒙蔽了双眼，企图去争夺从法律上讲并不属于自己的财物。这样做不仅会伤害手足之情，而且最终也是徒劳无功。

另一个原则是兼顾亲情。尽管法律是处理矛盾的重要依据，但亲情文化也是调节冲突的基本准绳。俗话说，血浓于水。亲情是最宝贵的，也是无法用金钱购买和替代的。当兄弟姐妹因为经济利益等原因产生矛盾时，占有他人利益的一方，不愿放弃既有利益，既不合法也不合情，应该换位思考，"己所不欲，勿施于人"。反之，利益的另一方，也要理解既得利益者的心理，不要得理不饶人。要在公平正义并兼顾亲情的基础上，民主协商，统筹解决。

建立在亲情基础之上的亲属网络，为家庭的生存和发展提供着不可替代的支持功能。有研究提出，虽然利益原则、互惠合作等理性因素，已越来多地替代疏密不同、远近有别的血亲和姻亲关系，挑战着传统亲属关系的固有内涵，但是，亲缘关系仍是人们建立信任的基础，也是实际获得资源的有效途径。

二、邻里关系的和睦互助

1. 邻里关系的内涵

邻里关系，是指比邻而居的群体，基于共同的文化规范而进行的互动，其实质类似家庭与家庭之间的关系。

谈起邻里关系，我们就会想到北京的四合院。四合院是北京的特色和符号，并且形成了独具一格的四合院文化，其中就包含邻里文化。在城市的胡同里，几户人家共同住一个院子，一起在水池边洗菜，在院子里乘凉、喝茶、唠家常；遇到下雨，晾晒在屋外的棉被和衣物总有好心的邻居帮着收进来；谁家有急事要出门，孩子可以放心地托付给邻居帮忙照看。一家有难，众家相帮，邻里融洽和睦，亲如一家。在农村，邻里关系又是别有一番景象。春耕秋收，村里人会互相帮衬；夜幕降临，有电视机的邻居家人挤得满满的，热闹异常，欢声笑语不断。在一些地方，到晚饭时，邻里们会不约而同地端起饭碗，聚到街头巷尾蹲在一起共餐，俨如一个别具风格的聚会，十分有趣。这就是常言说的，远亲不如近邻。

中国社会和文化历来重视邻里关系。在传统社会，农耕文明基础上，人与人之间相互依存的程度较高，基于生存和发展的共同需要，建立起了高度信任的关系。《孟子·滕文公上》中就描绘了这样一幅邻里和睦互助的美好图景，"乡里同井，出入相友，守望相助，疾病相扶持，则百姓亲睦"。虽然社会和时代变迁过程中，邻里关系发生了一些变化，但它对家庭和人们的日常生活仍具有重要影响。俗话说，"千金买宅、万金买邻"。邻里和睦相处，守望相助，家庭的幸福感会大大提升，对维系社区与社会的和谐稳定也具有积极意义。

维系良好的邻里关系，培养文明的居家习惯，形成修身律己、崇德向善、礼让宽容的道德风尚，形成邻里和睦相处的社会氛围，以邻里和谐促进家庭和谐、社区和谐，带动全社会道德和文明水平的提高，是和谐社会建设的重要内容。

2. 邻里文化的变迁

当前，随着经济和社会结构、居住方式和生活方式的变化，邻里文化也在悄然发生改变。无论城市还是乡村，曾经"不分彼此、亲如一家"的淳朴和睦的邻里关系，都在一定程度上出现了日渐疏离的趋势。2011年，《中国青年报》社会调查中心通过民意中国网和搜狐新闻中心，对近五千人进行的一项调查显示，有40.6%的人不熟悉自己的邻居，其中12.7%的人"根本不认识"自己的邻居。近在咫尺的邻居，对很多人而言已成为"最熟悉的陌生人"。

道家经典《老子》第八十章曾写道，"邻国相望，鸡犬之声相闻，民至老死，不相往来"，描述了相邻两国之间相安无事、互不干扰的社会图景。这种"鸡犬之声相闻，老死不相往来"的历史状态，在工业化社会却有不断被复制的趋势，突出反映在现代邻里关系之中。

随着我国市场经济体制的建立和住房制度的改革，单位大院的居住格局逐渐瓦解，城市居民开始落户于不同的小区。从四合院或单位大院到高楼大厦，当人们走进一个个封闭的单元房，随手关上厚重的防盗门时，也阻断了与左邻右舍互相交流沟通的机会。恰如20世纪90年代的一首歌曲所唱，"城里人和乡下人不一样……城里人住房像鸽子窝，门对门两家也不来往"。

其实，不仅在城镇，即便在农村，随着工业化和城镇化进程的加快，农村社区淳朴亲密的邻里关系也不可避免地发生着变化。农村人口流动加速，大量青壮年转移到城镇务工，"生于斯，死于斯"、千年不变的乡土社会在很大程度上已不复存在，村民之间的熟悉程度也相应降低，曾经的熟人社区也日渐演变为半熟人社区。邻里之间串门、拜年的现象不断减少，乡土社会"出入相友，守望相助"的景象已不多见。在北京农村地区，这种变化也较为明显。随着城乡建设一体化进程的推进，农村的住宅建得越来越现代，屋墙也越来越高，邻里之间的空间距离和心理距离拉大，邻里关系也随之日益疏远。

在邻里之间日渐疏离和陌生的现实面前，很多人都十分怀念从前亲如一家的邻里关系，也期盼重新建构融洽和睦的新型邻里关系。很多北京人都有一种"四合院情结"，有不少老人甚至在搬迁到新居之后，还常回到老社区看看，找邻居唠嗑怀旧。说到底，这是一种怀念四合院里充满家庭亲情和邻里友情状态的情结。

为便于邻里之间的联系，一些小区探索实行形式各异的楼长制度。社区中每栋居民楼选举出一名楼长，定期召集本栋楼的居民开会，通过这个平台大家可以互相熟悉，加深了解，同时也能有效传达居委会的决议，并及时反馈居民的意见和要求。有的社区不仅有楼长，还在每层楼选举出"层长"，邻里之间的联系有了"组织结构"，邻里网也随之建立起来，整栋楼成为一个联结紧密的"大家庭"，邻里关系也更加融洽和谐。

值得高兴的是，在传统邻里关系不断消解的过程中，新型邻里关系也逐渐开始建构起来。其中，互联网就穿越高墙，成为邻里沟通和互动的一个崭新平台，以网络为平台、以小区为单位的新型邻里沟通方式正日益普遍，并开始在邻里关系中扮演越来越重要的角色。尤其是年轻人聚集的社区，邻里之间沟通交流方式也更加多元和现代，人们通过 QQ 群、MSN 群、社区论坛，或微信、微博等网络工具进行沟通和互动，增进了解，加深感情。网络交流的方式，较少受时空限制，更方便地满足邻里交往的需求。邻里之间有烦恼可以倾诉，对社区公共事务的看法和意见也可以随时沟通，特别是在遇到困难时，网络更成为及时发出求助信号的快捷而有效的工具。比如，有的新妈妈因为奶水不好，而新生儿吃奶粉出现不适，就在网上发帖为孩子征集母乳，得到邻居以及社区周边好心人的积极回应和热心帮助，甚至有人开车穿过几个街区及时送来新鲜母乳。借助网络平台，人们逐渐建立起一种新型邻里关系，"远亲不如近邻"也得到新的诠释。

3. 邻里相处的艺术

俗话说，"邻里好，赛金宝"，人们都渴望有个好邻居。重构新邻里文化、处理好邻里关系有三宝：即修身律己、相互尊重和主动沟通、包容互助。

首先，修身律己是建设良好邻里关系的基础。人们常说，"正人先正己"。改善邻里关系，也需要从自身做起，从日常小事着手，"勿以善小而不为，勿以恶小而为之"，将美德和良好习惯内化于心、外化于行。

邻里居住在同一个社区，应自觉维护社区环境。在日常生活中，我们也时常发现一些居民有不文明的行为。在农村社区，有村民在门前屋后乱扔垃圾，随意倾倒污水。在城市社区，也有居民在单元楼的过道内堆放杂物，不仅给邻居出行带来不便，还容易引发火灾。为改变这种现象，城乡居民都应做到不随意侵占公用场地，不在公共阳台、楼道乱堆乱挂物品，不违章饲养动物，不乱扔瓜果皮核及其他污染社区环境的东西。在推进城乡建设一体化、建设美丽乡村的进程中，一些农村开展了创建绿色家庭、"美丽庭院"活动，村民不仅每天打扫自家庭院，还主动清扫房前屋后，并将生活垃圾运送到集中堆放点，自觉维护村庄环境卫生，有效改善了村容村貌和居住环境。

邻里相处还应秉承"不互扰"的原则。比如，楼上的住户晾晒衣物，养花浇水，应注意不往楼下滴水抛物；在家里亲朋聚会或开展其他娱乐活动时，不要过分喧闹，使用音响设备时，将音量开到适当程度，不影响邻居休息和正常生活。

其次，相互尊重和主动沟通是改善邻里关系的有效渠道。在现代社区，居民身份多样化，邻里之间有着不同的职业、文化程度、生活方式等，应尊重差异，彼此平等相待。邻里之间，可能有贫富之分，但不应有地位尊卑之分，做事、讲话、待人都应一视同仁。现代社会，人们已经日渐接受了相对封闭的邻里关系，这对保护个人隐私而言是一个进步。我们应尊重邻居的隐私，不要背后打探、说闲话，以免引起不必要的纠纷，影响邻里团结。

在邻里关系构建过程中，主动与邻居打招呼，有助于打破僵局，拉近关系。现在大家都觉得邻居间关系冷漠，就是因为在邻里交往中，经常是大家彼此保持距离，谁也不主动先和对方说话，实际上，只要有一方主动了，对方也不会不回应，这样就能打破邻里间"老死不相往来"的尴尬。因此，在邻里交往中很重要的一点就是见面主动打招呼，表示友好，在逐渐熟悉的基础上保持良好的沟通和交流。

最后，包容互助是维系良好邻里关系的又一法宝。邻里和睦相处，需要相互包容，坚持以和为贵，以让为德。清末民初石成金编著的《传家宝》，对邻里关系有着这样的解读："生来同里共乡邻，不是交游是所亲。礼尚往来躬自厚，情关休戚我先恩。莫因小忿伤和气，遂结成仇起斗心。报复相戕还自累，始知和睦是安身。"中国历史上还流传下来不少邻里谦让的典故。

在人称"礼让之都"的安徽桐城，流传着一个六尺巷的故事。据《桐城县志》记载：清康熙文华殿大学士张英在京居官期间，家人修治府第，因地界不清，与邻居方家发生争执，告到了官府。因双方都是高官望族，县令不敢贸然断决。于是家人修书一封，送往京城。张英接读家信，得知事情原委，便赋诗一首回复家人。诗云："千里修书只为墙，让他三尺又何妨。长城万里今犹在，不见当年秦始皇。"家人接信后，遵照嘱咐立即让出三尺土地。方家感其义，也让出了三尺，故成六尺巷，自此，"六尺巷"的典故传为佳话，成为彰显中华民族和睦谦让美德的见证。

这些箴言和典故，背后凝聚着传承千百年的邻里文化，对现代社会的邻里关系有着重要启示和借鉴意义。人们生活在同一栋楼、同一个社区，难免会发生一些小摩擦，出现一些小矛盾。那么，如何才能解决邻里间的日常矛盾，有效的办法就是严于律己，宽以待人，要有包容之心和宽恕之情。遇到实际利益纷争和矛盾时，要以德相让，通过协商和沟通解决争端。相反，如果一味指责对方，只会加剧矛盾，恶化邻里关系。

邻里之间不仅要包容谦让，还应互帮互助。《左传·僖公十三年》写道："救灾恤邻，道也。行道有福。"也就是说，邻里互助是人间正道，而行道之人必有厚福。可见，在中国传统社会和文化中，邻里守望相助不仅是一种道德要求，而且成为人们的生活方式和优良传统。现代社会，也不乏亲邻助邻的道德典范。

上海有位音乐教师叫鲍美利，她退休后从市中心搬迁到闵行区龙柏新村。入住新社区后，她发现邻居之间关系淡漠，像是陌路人。后来，在家人的支持下，鲍美利主动请社区的居民到自己家唱歌聊天，倾诉烦恼，邻居们亲切地称她家为"开心小屋"。在"开心小屋"里，邻居们开怀畅谈，彼此关爱，增加互信。鲍美利夫妇还免费教邻居们唱歌、弹琴，举办个人演唱会。鲍美利一家用八年的努力，帮助和温暖了许多人，让原本彼此陌生的社区居民成为了互助互爱的好邻居，引领了良好的社区和社会风尚。

2014年2月11日，中央电视台新闻联播"践行核心价值观"专栏以《邻里亲如家　爱心长相伴》为题，报道了天津河东区二号桥街道红旗巷社区居民曲淑兰和崔奶奶十几年相互搀扶，邻里友爱互助的感人事迹。曲淑兰今年79岁，住在她对门的邻居崔奶奶已86岁。14年前，由于老伴突然去世，子女又都不在身边工作，身体硬朗的崔奶奶一下子病倒了，一度还患上了抑郁症。住在对门的曲淑兰每天一有时间就往老人家里跑，陪老人家聊天、拉家常，喂药喂饭。2006年，曲阿姨被诊断得了肺癌，崔奶奶得知后很伤心，决定不再拖累曲阿姨。她故意和曲淑兰发脾气，每天送饭也不给开门，但曲淑兰不改初衷，仍然坚持每天往崔奶奶家里跑，不开门就一直在门口等，饭凉了就再热一遍送去。2013 年 10 月份，曲淑兰因癌细胞扩散住院，她最牵挂的是给崔奶奶再找个人照料，把这场爱心接力传递下去，最后楼上的王女士主动接下了担子。曲淑兰和王女士这样的善良邻居，用自己的实际行动践行了邻里相扶相助的理念。

不同于亲属关系，邻里之间是一种相对松散的联系，并不建立在亲情基础上，而需要通过一定的文化来维系。培育"和睦友善、关爱互助、文明和谐"的邻里文化，弘扬邻里互谅互让、互帮互助的良好风尚，不仅需要个人的努力，也要充分发挥社区的作用。

4. 文明和谐社区的共建

社区是指"聚居在一定地域范围内的人们所组成的社会生活共同体"。一般而言，社区应包括一定数量的人口、一定的地理区域、居民之间有着共同的文化规范和较密切的社会交往。根据规模不同，社区具有很大的伸缩性，大到一个县市，小到一所住宅小区，都可以称之为社区。在日常生活中，我们常提及的社区，往往是与个人生活关系最密切、有直接关系的狭义上的社区，如农村的村委会、城镇的居委会等。

20 世纪 80 年代以来，经济社会发展经由社区实现，成为国际社会的共同理念，也日益受到中国政府的重视。《国民经济和社会发展第十二个五年规划纲要》就提出"强化城乡社区自治和服务功能"的目标，强调全面开展城市社区建设，积极推进农村社区建设，健全新型社区管理和服务体制，把社区建设成为管理有序、服务完善、文明祥和的社会生活共同体。党的十八大召开后，在全社会为实现中华民族伟大复兴中国梦而努力奋斗的新形势下，国家对社区文化建设以及社区和谐发展给予了更多期望。

社区是一个开放的舞台，在邻里关系中扮演着"黏合剂"的重要角色。现代社会，随着物质财富的增长，社区文化也更加丰富。我国城乡很多社区都修建了文化广场，设立了文化书屋，积极组织开展宣传教育、文化娱乐活动。包括开展板报宣传，张贴有助于建立良好邻里关系的标语，提倡文明用语和习惯；举办培训班、知识讲座、知识竞赛；开展摄影、征文比赛、社区趣味运动会；举办绿色社区、绿色家庭、书香家庭创建等活动。可以说，社区通过开展丰富多彩的文体活动，不仅为家庭文化展示提供了一个重要平台，而且在增强居民的归属感和凝聚力、增进邻里了解和认同方面也发挥了积极作用。

社区建设的主体是居民。社区中的居民特别是社区骨干和志愿者，在打造健康社区文化、促进邻里关系方面也发挥着不可忽视的作用。北京顺义区龙王头村村民聂树永，年过半百后，放弃盈利机会，出资在村里建立了"家庭文体中心"。他原本任某企业总经理，前两年企业合并后退居二线。看到村民大部分业余时间都在打牌或是闲聊，就筹划建立家庭文体中心，目的是吸引村民参与文体活动，强身健体，愉悦身心。活动中心投资近10万元，修建了乒乓球室和歌舞厅两个活动室。中心成立后，不仅本村村民踊跃参加，附近村镇也有很多人来打球、唱歌。从2011年开始，每年国庆和春节都组织自己的晚会。截至目前，已筹备了三次"村晚"（农村春晚）、三次国庆联欢晚会。聂树永还利用互联网平台，把自己在村里举办活动的图片、视频等放到百度贴吧，通过网络宣传本村、本镇和本地域的文化，传播正能量。活动中心带动了全村和周边村落的居民参与，活跃了文化氛围，推动了村落健康文化的发展。与从前相比，村里打牌的人少了，参加文体活动的人多了，民风村风有了很大改观，邻里之间的交往和交流增多。

三、家庭与事业的相互促进

事业与家庭的平衡，是近代社会开始出现的问题。随着妇女的普遍就业，"男主外、女主内"的传统分工在一定程度上被打破。作为现代家庭中的成员和社会中的公民，人们几乎都面临着照顾家庭和承担社会责任的问题，平衡工作和家庭也成为一个不可回避的话题。

工作和家庭作为人们生活中的两个重要组成部分，两者相互依存、相辅相成。一方面，家庭生活需要工作来维持，没有工作的家庭必然缺乏稳定性；另一方面，家庭为劳动力的恢复和再生产（包括精神需要）提供支持，失去家庭支撑的工作也将是不可持续的。可以说，工作与家庭的关系，不仅与人们的事业进步及职业发展密切相关，还直接影响着个人的生活质量和家庭幸福指数。如何处理好家庭和社会的关系，更好地平衡工作与家庭，也日益成为一个重要的议题。

随着改革开放的不断深化，中国的经济社会发生了一系列变化，包括计划经济向市场经济转轨、就业竞争加剧、劳动力流动加快、双职工家庭增加、家庭规模缩小、人口老龄化，等等。这些因素相互交织，导致人们的工作和家庭压力不断增大，两者之间的矛盾和冲突也日益凸显。

尽管身处职场的人们，无论男女都面临着工作与家庭冲突的压力和困扰，但女性在平衡工作与家庭的过程中面临的挑战更加严峻。现代社会，女性的广泛就业在一定程度上打破了"男主外"的分工格局，但历史上形成的男女不平等的传统观念，至今仍对人们的工作和家庭生活具有深刻影响。鉴于"女主内"的角色期待，家庭中的照料责任及其他家务劳动负担往往更多落在女性肩上。调查数据显示，2010 年我国在业女性的家务劳动时间明显高于男性，其中已婚女性的家务劳动时间高达 156 分钟，比已婚男性多 97 分钟。[①]

这种不平等的责任分担导致女性在劳动力市场和公共生活领域的机会受到限制。尤其是女性步入婚姻殿堂以后，生育和照顾年幼子女的需要，更是加剧了工作与家庭的冲突，由此导致的直接结果很可能就是中断职业，退出劳动力市场。21 世纪以来，已婚女性面对工作与家庭的冲突选择中断职业的人数不断增加。第三期中国妇女社会地位调查数据显示，在有过工作中断经历的 18—29 岁城镇女性中，有 57.5% 的人是因为结婚生育、照料孩子而中断工作。[②] 有研究指出，家庭责任与工作要求的冲突，是女性在劳动力市场处于弱势以及男女两性就业不平等的最主要因素。

从长远来看，家庭和工作之间的冲突和矛盾的不断扩大和复杂化，不仅增加了家庭的风险和不稳定程度，降低了家庭成员的生活质量和幸福指数，也将对经济和社会发展带来一系列影响，甚至导致严重的不良后果，增加社会的不稳定因素。2014 年，国家实行"单独二孩"政策，但据调查显示，在符合政策的人群中，决定生育二孩的人数不足 10%，造成二孩生育意愿低的原因十分复杂，但家庭生活与事业的协调是一个重要原因。从理论上说，平衡工作和家庭之间的矛盾应该由个人、家庭、组织和国家等力量共同承担，但是平衡工作和生活的关系也需要每个家庭和个体积极行动，统筹兼顾，营造事业与家庭共同发展的社会环境。

---

① 宋秀岩主编：《新时期中国妇女社会地位调查研究》（下卷），中国妇女出版社 2013 年版。

② 宋秀岩主编：《新时期中国妇女社会地位调查研究》（上卷），中国妇女出版社 2013 年版。

1. 家庭角色与社会角色的扮演

在现代社会，核心家庭和双职工家庭增多，工作和家庭角色的冲突已不可回避。平衡工作和家庭，承担起社会和家庭赋予的责任，是社会对每个公民的要求，也是人们长期面临的问题。这就需要我们正视这一问题，从心理上接纳双重角色，并承担起相应的责任。

一个人在家庭、工作单位、社交场合等不同的社会空间，占据着不同的社会位置。社会地位的多重性，造成了社会角色的多重性和复杂性。围绕主要社会地位而存在的诸多社会角色的有机集合，我们也可以称之为"角色丛"。这一概念生动展现了人们在现实生活中角色和行为的多样性。如何在多种角色之间进行协调，使之达到平衡状态，是一种艺术。

我们所说的工作和家庭平衡，是指工作和家庭角色冲突的最小化，个体得到满意的心理状态。近期，在网络上有一个颇受关注的视频——树枝平衡舞，名为《一根羽毛的重量》。表演者将一根仙鹤羽毛与13根棕榈树枝重复交叉，最终支撑起一个局部颤抖、整体平衡的系统；在第14根粗大的棕榈树枝稳稳支撑住这一摇摇欲坠的系统后，只需轻轻拨动羽毛，一切便轰然坍塌。在这一活动中，舞者将平衡的艺术运用到了极致。其实，所有艺术乃至生活都是如此，需要冷静地把握和构建每个阶段力量的平衡，从微小到宏大，从简单到复杂，每一步都需要用心去寻找平衡点。平衡工作与家庭，亦是如此。

有些双职工家庭，因为婴幼儿无人照看，夫妻中的一方放弃工作，退回家庭。现实表明，退回家庭的往往是作为母亲的女性。改革开放以来，妇女回家或"阶段性就业"的问题，曾多次在社会上引起广泛讨论。一些人幻想以牺牲妇女的就业权利和机会换取某些社会问题的解决，其结果只能导致社会不公平现象的加剧。从个人的全面发展以及家庭的长远发展来看，解决工作和家庭冲突的有效途径并不是放弃，而是想方设法在二者之间达成平衡。还有一些人，在现实生活压力和个人发展需要的双重驱动下，往往会在工作中投入更多时间和精力，而忽视家人的需要和家庭的发展。这种做法也是不可持续的。因此，有研究提出，平衡工作和家庭之根本是要改变价值观，反思工作至上的伦理，将父母与孩子之间、相爱的人之间的关系视为首要人际关系。① 事实上，越来越多的人宁愿放弃虽报酬优厚但劳动时间长、强度大的工作，将更多时间和精力投入到家庭之中，享受家庭生活带来的乐趣。

在这个多因素交织作用的过程中，一些人为家庭放弃工作，或为工作牺牲家庭，都是可以选择的一种解决冲突的方法，但社会和他人应尊重个体选择，不能强迫夫妻一方特别是女性放弃工作，或者强迫男性献身事业。相反，应该统筹全局，从个人全面发展的角度思考问题，做出选择。

2. 家务劳动的分享和分担

家庭是由一个个成员构成的，那么家庭责任理应由其成员共同承担，家务劳动也应由家庭成员一起分担。

当前，人们对男性承担家务劳动的态度趋于积极甚至已普遍认可，但现实生活中家务劳动女性化的现象仍比较普遍，女性仍是家务劳动特别是家庭照料责任的主要承担者。也就是说，现代女性不仅广泛参加社会生产劳动，实现了自身的经济独立，增加了对家庭的经济贡献，同时仍承担着繁重的家务劳动，这在事实上加重了女性的劳动负担，加剧了她们的社会和家庭角色冲突，甚至损害了她们的身心健康。为打破社会和家庭中不平等的性别分工，国际女权主义曾呼吁"分一半权力给女人，分一半家务给男人"。需要注意的是，我们所提倡的并不是家务劳动在男女之间绝对平均分配，而是鼓励家庭成员积极承担家庭责任，分享权力、共担家务。

家庭成员相互支持以及家务劳动合理分配，不仅有助于缓解角色紧张，更好地平衡工作和家庭，也有助于改善夫妻、亲子关系，促进家庭和谐与健康发展。美国伊利诺伊州大学一项研究表明，夫妻双方共同分担家务更有利于保持持久幸福的婚姻。该研究通过对 220 名新婚夫妇的观察发现，如果丈夫与妻子对家务分担问题有着同样的期望，那么大多数的妻子认为平等地分享家务负担会使婚姻更幸福。研究还提出，在头两年的婚姻生活中，确定家务分配方式十分重要，因为在此期间建立起来的模式可能会持续很长一段时间。因此建议新婚夫妇认真计划在现实生活中的家务分担与分享问题，建立民主共享的家庭责任价值观。

在子女照料方面，父亲角色日益受到强调和重视。一方面，养育子女是

① 佟新：《平衡工作和家庭的个人、家庭和国家策略》，《江苏社会科学》2012 年第 2 期。

父母共同的责任，男性应当承担和女性一样的权利和义务。20世纪80年代以来，西方福利国家通过实施"家庭友好"政策，帮助身为父母的就业者协调家庭与工作的矛盾、促进劳动力市场和家庭生活领域的性别平等。其中，瑞典、德国等国家制定了灵活而有弹性的产假和育儿假制度，鼓励父亲利用育儿假积极承担子女照料责任。另一方面，家庭教育领域的研究表明，父亲的陪伴、关爱和教育不仅有助于儿童良好个性品质的形成，也更易促进儿童智力的发展。有研究表明，在自由选择游戏对象时，有三分之二以上的孩子把父亲作为第一游戏伙伴来选择，父亲通过与孩子共同操作、探索刺激而变化多样的活动或游戏，可以培养孩子的动手操作能力、创新意识，促进孩子求知欲、好奇心的发展，对孩子的情感和智力发育发挥着积极作用。

此外，我们还可以尝试将家务当成一种乐趣，转变观念，享受做家务的过程。尽管家务劳动具有琐碎、重复等特点，但它同时也是一种情感劳动。我们在做家务的过程中，付出的不仅是体力劳动，最重要的是用心在为家人创造一个温馨舒适的家庭环境。如果把家务劳动看作一种负担，有排斥心理，无疑会增加做家务带来的疲劳和苦恼。不妨将做家务视作一项活动和锻炼的健身运动，当作是工作之余的放松，逐渐培养做家务的兴趣。相信很多人都有这样的感受，当我们在一个节假日，亲自采购、洗菜、烹饪，精心为家人准备一顿丰盛而有营养的大餐，听着家人的称赞，看着他们满足地品味，心中的幸福感也会油然而生。假如能够换个心情，把家务劳动当作一种乐趣和享受、看作对家人的爱和支持，相信会有更多的家庭成员加入做家务的行列，促进相互之间的理解和帮助。

3. 家庭与事业的平衡方法

平衡工作与家庭，不仅需要树立平衡理念，合理分配家务劳动，同时还需要对家庭和职业发展做出规划，有效管理时间，提高效率。

一是做好家庭和事业规划。无论家庭还是个人职业的发展，都会经历不同的发展阶段，在各个时期具有不同的特点。家庭作为一个群体，承担着组织家庭成员分工合作、生产、消费、养育子女、赡养老人等各项重要功能。相应地，家庭要经历形成、成长、成熟、衰老的过程，也就是家庭的生命周期。在家庭生命周期的各个阶段，家庭承担着相应的功能，而家庭成员则要扮演不同的角色。个人在工作中的成长和职业发展，也遵循着特定的规律。

因此，需要考虑如何在工作和家庭之间进行平衡。比如，在家庭的生育期，由于生育和抚育孩子的需要，需要家庭成员对职业规划作出相应的调整。

二是统筹安排，合理利用和有效管理时间。科学发展观的核心是以人为本，根本方法是统筹兼顾。在处理家庭与社会的问题上，同样可以借鉴科学发展观的思想和方法。工作与家庭冲突，在本质上可以说是时间的冲突。作为一种稀缺资源，用于一种角色上的时间，通常不可能再用于另一角色。合理利用时间，提高了工作效率，从另一个角度来说就是节省了时间，对缓冲工作与家庭冲突具有积极作用。我国著名数学家华罗庚在《统筹方法》一文中，举了一个在烧水泡茶的过程中合理安排工序，同时处理其他家务的例子，用通俗易懂的语言讲述了统筹方法的运用。在我们日常的生活和工作中，如果能够用好统筹方法，合理安排工作进程，就会做到事半功倍，大大提高工作效率；反之，做相同的工作，就会花费更多的时间和精力，工作却不见成效。知名企业家李开复在谈到平衡工作与家庭的问题时，也强调合理安排和管理时间的重要性。他提出，必须节省时间，有效率地使用时间。他建议，一天的工作结束后，把所做的事情记录下来，每 15 分钟为一个单位。在一周结束后，分析一下，看这周的时间如何可以更有效率地安排，有没有活动占过大的比例，有没有方法可以提高效率等。

三是分清轻重缓急，抓住主要矛盾。在工作和生活中，每天都有干不完的事，关键是分清轻重缓急，也可以说抓住主要矛盾。毛泽东同志在《矛盾论》中提出，"不能把过程中所有的矛盾平均看待，必须把它们区别为主要的和次要的两类，着重于抓住主要的矛盾"。在抓主要矛盾的过程中，我们会面临取舍的问题。应该看到，个人能力有差异，有些人可以很好地兼顾工作和家庭，在两种角色变换中游刃有余；但大多数人至少在生命历程中的某个阶段都会面临工作家庭冲突和角色紧张问题。在我们身边也会看到一些人，年轻时为了事业努力拼搏，甚至超负荷地工作，完全忽视了家庭和家人，最后婚也离了，自己的健康也毁了。追求事业发展、实现个人价值是值得鼓励和肯定的，但如果要以失去健康和家庭为代价，则可能得不偿失。因此，无论面对工作还是生活中的事情，尤其是两者发生冲突时，我们应根据事情的紧急和重要程度做出取舍。有舍才有得，学会放弃也是一种智慧，并且可能是更大的智慧。

四、家庭外部支持系统的构建

当前，随着社会的不断发展和社会发展联系性的加强，"系统"一词已频繁出现在学术研究领域以及人们社会生活的各个方面。从婚姻家庭建设和个人发展的角度说，随着社会生活的更加丰富，社会支持系统对于个体发展的作用也日益凸显。与家庭内部系统建筑在相对封闭的血缘和亲情基础上所不同，家庭外部系统则是一个在人道主义和人人平等民主理念基础上，建立起来的社会性和专业性的开放系统，它重点关注的是人的需求满足和人的潜能开发，特别是社会弱势群体及贫困家庭的健康发展，目的是通过社会性减压解困，提高个体特别是弱势者社会参与的程度，推进个人发展与社会和谐。

1. 家庭外部支持系统的含义

谈到系统的概念，钱学森曾提出，系统是由相互作用和相互依赖的若干组成部分结合成的、具有待定功能的有机整体。而社会支持系统，则是20世纪70年代心理学领域首先提出来的一个新命题，有定义指出，所谓个人的"社会支持系统"，也称为"社会关系网"，即个人在自己的社会关系网络中所能获得的、来自他人的物质和精神上的帮助和支援。现在，把这个定义扩展到家庭生活领域，就是将家庭内部的支持，作为内部系统，而将家庭以外的支持，作为外部系统。从社会支持的物质属性看，我们可以将社会支持从性质上分为两类，一类为客观的、可见的或实际的支持，包括物质上的直接援助和有形的其他支持；另一类是主观的、精神上或情感上的支持。从组织分类的角度，我们可以将家庭外部支持系统划分为国家、政府、社区、单位等环节的支持等。还有一种划分，是将社会支持系统分为正式社会支持系统和非正式社会支持系统。正式社会支持系统是指借助国家、政府的正式途径来对个体行为进行支持的动力系统，包括国家机构、政府部门、司法部门等；非正式社会支持系统则是指非政府性的组织援助，如社区组织、妇女组织以及其他非亲属性的社会救助等；在非政府组织中，我们通常又将妇联、工会等的支持，定义为亚政府性支持系统，将民间社会团体的支持，定义为非政府支持等。

以家庭暴力求助为例，一个家庭中夫或妻遭遇到家庭暴力时，他/她会首先在婚姻关系即家庭内部进行沟通；如果沟通失败，暴力就会持续，那么当事人就会向双方的亲属寻求帮助，一般首先会向对方的亲属求助，也可能是向自己的亲属甚至是邻居求助；如果亲属干预不能解决问题，暴力将再持续，一些人通常就会将暴力的"家丑"进一步外扬，找对方的单位或者所在社区的居委会与妇联组织；再解决不了，就会向派出所报案；再不行，就会进入司法程序。我们对于家庭暴力行为的干预就会涉及国家（立法）的态度和政府的行为。

透视家庭暴力的求助过程，我们可以发现，家庭支持系统具有结构复杂、层次分明的特点。在国家层面，主要涉及立法与制度保障，关系家庭支持是否有法可依，有法必依，执法必严，违法必究；在政府层面，涉及家庭政策制定，家庭与社会发展的衔接，政府对家庭建设的投入，以及有关部门服务能力建设等。如民政部的工作就涉及婚姻登记、离婚登记、贫困家庭救助、最低生活保障、家庭暴力避难所等。我们通常将这些相关工作归于家庭外部正式支持系统。

在上述寻求家庭和社会支持的结构或系统中，除国家、政府支持外，还涉及家庭、亲属或者邻居的帮助，这类帮助为非正式支持系统，因为这些帮助虽然会体现帮助弱者、匡扶正义的原则，但是，一些帮助也可能会"是亲三分向"、或者"越帮越乱"，使矛盾更加复杂。相反，社会支持系统中来自正式机构包括亚正式机构的帮助，则是专业性的，不仅体现公平正义原则、坚持国家立法和政策，还会关注求助者的身心健康。在政府与亲朋邻里之间，还有单位、居委会、妇联组织的支持，通常将这些组织的帮助也划归非政府支持系统，但也因这些机构的帮助多少有一些政府背景或服务正规专业，而被称为亚政府支持系统。这种亚正式机构发挥了党和政府的助手作用，同时要为家庭建设提供专业化的、专业性的服务。之所以将这种帮助系统化，还是由社会分工与人的需求的多样性决定的，如一些国家在预防制止家庭暴力领域，就规定医院接诊患者时，遇到疑似家庭暴力的案件要向公安部门、心理咨询部门通报，公安部门将采取制裁措施，而心理服务机构，将向受害人提供专业心理服务，如果受害人无安全去处，还可以联系庇护所临时庇护，或者帮助申请反家庭暴力的"保护令"①，等等。就是说，在现在的社会生活

---

① 保护令在国际上被公认为是预防和制止家庭暴力最有效的措施。即当家暴受害人感到人身安全受到威胁时，可以请求法院发出禁止加害人殴打、威胁、骚扰自己的民事保护令。

结构中，一个人遇到一些生活困难时，解决起来往往需要社会多领域联动、多机构合作，这是人的生活社会化的一个重要特点，也是现代生活区别于传统家庭生活的显著特点。在传统社会，家庭包罗万象，在今天，家庭与社会紧密相关，只是社会生活的一个独特领域。在这样的生活背景下，社会支持系统的建设和完善，对于人民群众安居乐业，幸福生活必然是至关重要的。家庭建设还是每个公民的责任和义务，公民应该运用现代文化理念，自觉构建平等和谐的家庭文化。

2. 社会工作与社会支持系统建设

当前，随着全球性经济转型的深化和利益格局的调整，不同国家社会阶层划分和利益分化的速度也不断加剧，因此，社会支持系统建设已成为社会工作的重要机制和基本手段。在社会工作内容中，与性别和家庭相关的性别社会工作、家庭社会工作和社会心理健康工作占有重要内容。

社会工作，是指非盈利的、服务于他人和社会的、专业化、职业化的活动。在国际社会，这类活动还被称为社会服务或社会福利服务。由于各国、各地区的经济社会结构不同，具体问题不同，解决问题的方法不同，因此人们对社会工作内涵的表述也有所不同，但大同小异。普遍认为社会工作是在一定的社会福利制度框架下，根据专业价值观念、运用专业方法帮助有困难的人或群体走出困境的职业性的活动。

在我国，社会工作还是一个宽泛的概念。当前我国对社会工作有三种不同的理解，或者说有三个层面的社会工作，包括普通社会工作、行政性社会工作和专业社会工作。普通社会工作，是指生活中从事社会公共服务或福利事业的工作，如城市居委会和农村村委会以及妇女组织的相关工作；行政性社会工作，主要是指政府部门及其相关机构从事的相关工作，如民政部门的贫困家庭救助工作等；专业社会工作是指由经过专业培训的社会工作人员，按照社会工作的专业工作理念和专业技术提供的专业性服务。实际上，各种社会工作并没有截然的区分，如果对原有的普通社会工作和行政社会工作进行培训，这种工作也可以转化上升为专业社会工作，而专业社会工作的工作对象也经常与普通社会工作的工作对象相交叉，基本都是围绕社会福利、社会救助、社会慈善、劳动保障、残障康复、优抚安置、医疗卫生、青少年服务、家庭建设和司法矫治等领域进行。从事专门性社会服务工作的专业技术人员，通常被称为社会工作者，简称"社工"，主要职责是对各种社会问题和各类处于困境的社会成员进行专业化"诊疗"，社工的存在有效地弥补了政府和社会公共服务的不足。

为了不断提高社会工作的水平，发挥社会支持体系的作用，我国的一些大学已经开设社会工作专业课程，虽然从整体上看，还处于起步阶段，或者说还不完善，但上海等地已经有了社工资格认证，其中，助理社会工作师、社会工作师职业资格证书使用由人社部和民政部共同印发的《中华人民共和国社会工作者职业水平证书》。为了开创首都社会建设新局面，形成"党委领导、政府负责、社会协同、公众参与"的社会管理格局，北京市于 2007 年 12 月 2 日报经中央有关部门批准，决定成立北京市委社会工委（市社会建设办公室），主要任务是研究制定首都社会建设总体规划；加强基层基础工作和城市社区建设；积极培育各类社会组织；加强"两新"组织党的建设和社会工作者队伍以及社会志愿者队伍建设。据统计，截至 2006 年年底，北京市注册的"两新"组织共有 109.5 万个。其中，新经济组织 106.7 万个，包括非公有制企业 31.7 万家，个体工商户 75 万户，占整个市场主体的 85.1%；新社会组织 2.8 万个，包括社会团体 2831 个，基金会 76 个，市场中介机构 2.26 万个等。"两新"组织共吸纳近 420 万人就业。此外，北京市目前共有 2500 多个社区，这些社区正逐步成为多种社会群体的聚集点、多种利益关系的交汇点、多种社会组织的落脚点和党在城市执政的支撑点。为了推动专业社会工作的进程，《北京社区工作者管理办法》还对社会工作者的工资、补贴、奖金及其他待遇作了相关规定，使社工的待遇不断提高，职业归属感不断加强。

提高社会工作领域的专业化水平，使用专业志愿者或者经过培训提高志愿者的专业服务水平是一个重要的环节。一般地说，普通志愿者与专业社会工作者的区别有以下几个方面。第一，专业社工一般是受薪人员，而志愿者则是无偿地付出自己的劳动、精力或金钱等，没有任何报酬。第二，专业社工有专业的知识和技术，而从事公益事业的志愿者，则主要是靠爱心服务提供相应帮助，尽管有时候提供帮助也往往需要一定的方法和技术，比如说医务护理，但这种技术并不是社工技术，社工技术是一种特有的专业知识和技术。第三，专业社工要遵循严格的专业伦理和价值，而志愿者虽然也要遵循社会伦理和价值，但不如社工严格和专业。第四，专业社工需要有从业资格，就像律师需要有律师资格证书一样。而志愿者则无须受专业资格的限制，只要是自愿的助人活动都可以看作是志愿者。第五，志愿者所服务的范围要比社工服务的范围更为广泛，包括一系列为了他人、社会而进行的无偿性的活动。而专业社工工作则专指专业社工人员所从事的服务活动。经过培训，一些志愿者也可以掌握相应的社工专业技术，但不是严格系统的掌握。

专业社会工作者的主要工作方法和专业技术包括个案工作技术、团体工作技术、社区工作技术以及基本的社会调查、政策倡导、影响力拓展技术等。其中个案社会工作是社会工作的基本方法之一，它以个人或家庭为服务对象，运用有关人类行为与社会环境的各种科学知识和专业技巧，通过专业关系的建立和发展，针对个人的特殊情况和需要，了解个人内在的心理特性和问题，以激发个人潜能，协助其改变态度，调整其与外在环境的社会关系，并运用社会资源来改善或恢复其社会生活功能，解决他们的问题，增强和发展个人或家庭的社会适应能力。主要分为儿童社会工作、青少年社会工作、老年人社会工作、妇女社会工作、残疾人社会工作等。

个案社会工作的实施者，是受过专业训练的工作者在社会服务机构内从事对个人和家庭的服务，有别于一般的社会公益活动和志愿者，一般要拥有哲学、伦理学、社会学、心理学、法律等学科中关于人与社会、人类行为与人际关系调整方面的专业知识，还要有丰富的个案工作实践经验。工作对象，则是面临各种社会适应不良问题的个人和家庭，他们面临的问题足以影响个人功能的正常发挥或妨碍个人的成长。

团体社会工作是指以团体或组织为对象，并通过团体或组织的活动为其成员提供社会服务的方法。其目的是促进团体或组织及其成员的发展，使个人能借助集体生活加快自身的社会化；协调和发展个人与个人、个人与团体和团体与团体之间的社会关系；发挥团体或组织的社会功能，促进社会的进步与健康发展。我国人民政府、企事业单位与群众组织都鼓励人们根据自愿的原则参加一定的团体或组织活动，利用团体成员间的相互影响、相互帮助、相互促进，使个人社会化。

社区工作是指在党和政府的领导下，面向社区，依靠社区力量，利用社区资源，强化社区功能，解决社区问题，促进社区政治、经济、文化、环境协调和健康发展，不断提高社区成员的生活水平和生活质量的过程。掌握这些基本的社工技术,是社会工作专业化的大势所趋,也是社工技能水平提高的必然要求。

3. 家庭公共服务事业的创新与发展

近年来,党和国家更加重视民生问题,不断完善社会保障政策,加大了对家庭成员在医疗、养老方面的保障力度。在新型农村合作医疗领域,2012年参加新农合的人数达到 8.1 亿人,参合率从 2005 年的 75.7% 上升到 98.3%,人均筹资也由 2005 年的 42.1 元增加到 308.5 元,补偿支出受益人次达到 17.5 亿人次,[①] 在一定程度上缓解了农村居民因大病而出现的"因病致贫、因病返贫"问题。在城镇居民医疗保障方面,北京市自 2007 年起正式启动了城镇居民参加基本医疗保险试点工作,逐步将"一老一小"即城镇无保障老人和在校学生及学龄前婴幼儿纳入基本医疗保险体系,涉及人群分别为 25 万人和 200 万人左右。同时,政府还加大投资力度,每年拿出 4 个亿补贴这项大病医疗保险,意味着北京市城镇职工医疗保险制度开始向城镇居民医疗保险制度转型,向实现"人人享有医疗保险"的目标迈进。

同时,国家对困难家庭的救助工作也进一步加强。根据 2014 年国务院颁布的《社会救助暂行办法》,县级以上人民政府应当将社会救助纳入国民经济和社会发展规划,建立健全政府领导、民政部门牵头、有关部门配合、社会力量参与的社会救助工作协调机制,完善社会救助资金、物资保障机制,将政府安排的社会救助资金和社会救助工作经费纳入财政预算。国家对共同生活的家庭成员人均收入低于当地最低生活保障标准,且符合当地最低生活保障家庭财产状况规定的家庭,给予最低生活保障。据统计,2012 年我国城镇居民最低生活保障人数为 2144 万人,城市平均低保标准为 330 元/人,农村平均低保标准为 172 元/人。此外,国家对无劳动能力、无生活来源且无法定赡养、抚养、扶养义务的老年人、残疾人以及未满 16 周岁的未成年人,给予特困人员供养;对最低生活保障家庭成员、特困供养人员等还按相关规定给予医疗和教育救助。

国家颁布实施的法律、政策以及社会保障,为家庭发展以及先进家庭文化建设提供了制度支持,在很大程度上解决了家庭教育、贫困、疾病风险等

---

① 国家统计局社会科技和文化产业统计司编:《中国妇女儿童状况统计资料 2013》。

问题。与此同时，在政府的重视和支持下，面向家庭的社会公共服务与社区服务体系也不断完善。

当前，北京市已建立较为完善的社会公共服务和便民服务系统，并对便民和应急服务做出了明确规定。2014年年初，北京市政府发布了《北京市便民服务和应急抢险电话管理办法》，要求便民服务热线保持畅通，电话无人接听或长时间占线、对待群众反映的问题推诿扯皮等问题，将责成整改，造成恶劣影响的将追究相关单位和人员的责任。便民服务系统的逐步构建和不断完善，为普通居民的家庭生活提供了很多便利。

附：北京市部分公共服务、便民服务和应急抢险电话

服务事项	电话	服务事项	电话
公共服务电话			
匪警电话	110	火警电话	119
急救电话	120、999	道路交通事故报警台	122
电话号码查询	114	天气预报	121
便民服务及应急抢险电话			
北京市政府便民电话	12345	北京市社区服务热线	96156
社保卡服务热线	96102	路政服务热线	63176255
北京市城市公共设施应急抢修电话	66011988	市自来水集团供水热线	96116
交通投诉电话	96123	城市排水集团排水热线	88386666
交通服务热线	96166	防汛抢险	63436001
地铁服务热线	96165	北京市电力公司服务热线	95598
一卡通客服热线	88087733	天然气应急抢修电话	96777
歌华有线客服电话	96196	供热应急抢修电话	62357575
北京市公共卫生热线	12320	北京市规划委便民电话	68056699
首都教育咨询服务热线	96391	北京市住建委便民服务电话	59958811
阳光计生服务热线	12356	北京市公共卫生热线	12320
食品药品监督热线	12331	价格举报电话	12358
环境保护投诉举报电话	12369	北京市质量技术监督投诉举报电话	12365
旅游服务热线	12301	北京城管热线	96310

为适应经济社会发展的需要、满足居民日益增长的社区服务需求，国家

　　不断加强社区服务体系建设。随着市场经济发展和城镇化进程的加快，社区在经济社会发展和家庭建设中的地位越来越重要，居民对社区服务的需求也日益增长。2007年，国家发展和改革委员会与民政部印发了我国社区服务体系建设领域的第一个国家专项规划——《"十一五"社区服务体系发展规划》。2011年，国务院办公厅又印发了《社区服务体系建设规划（2011—2015年)》，对社区服务的基本原则、发展目标以及重点任务提出了明确要求，并对社区服务设施、服务对象以及服务内容做出了具体规定，并强调要重点发展面向老年人、病残人员、妇女及未成年人等群体的照料、帮扶等服务。

　　在国家的重视和政策推动下，我国社区服务建设取得重大进展。据统计，2012年全国共建立社区服务机构20万个，其中社区服务中心15497个。[1] 北京市在推进社区服务建设方面走在全国前列，已初步建立起具有时代特征、首都特点的社区建设新格局。在北京市社区服务组织体系和设施体系中，社区服务中心和社区服务站是两个重要环节。关于社区服务中心的建设，北京市财政局和民政局曾联合发文，安排专项资金以"以奖代补"的形式对街道社区服务中心的建设予以补助，服务中心建设面积要求在1000平方米以上。截至2011年，北京市已建成了177个社区服务中心。社区服务站则是社区居委会下属专业服务机构，主要职能是在社区党组织和居委会的领导下发挥社区公共平台的作用。目前，社区服务站大概承担了100项服务职能，其中有45项公共服务项目，如代理代办居民的最低收入保障，老年证、失业证的办理，救济金的领取等。

　　与此同时，社区服务质量也不断提升。在北京市，基层社区积极开展托幼、助老以及面向残疾人的服务。随着居家养老模式下人们对助老服务需求的日益增加，北京市在提供社区助老服务方面进行了积极探索。例如，为解决不便做饭老人的吃饭难问题，很多社区都开展了老人小饭桌服务。考虑到一些老人行动不便，一些社区老人小饭桌还为老人提供送餐到家的服务。据调查，在团结湖社区大概有300多名老人都在社区小饭桌办理了就餐卡，小饭桌就设在社区附近的餐厅，并且每周都会定制不同的菜谱来改善老人的口

---

[1]　国家统计局社会科技和文化产业统计司编：《中国妇女儿童状况统计资料2013》。

味。七十多岁的周大爷反映，"小饭桌提供的饭菜不仅种类多，健康又有营养，而且还能与同年龄段的老人们交流，吃完了可以读报、看电视，真是太好了"。为让老人在社区内享受到专业化的照料服务，西城区月坛街道玖久缘"爱心助老天使"团队于2007年正式成立，目前已发展成为一支拥有500余名志愿者的服务团队。队员们根据自身的意愿以及老年人需求，分成公益演出组、夕阳茶座技术支持服务组以及入户巡视照料指导组三个大组，分别在社区为高龄、空巢老人提供亲情化服务，包括举行公益演出、开办夕阳茶座陪老人聊天、定期入户巡视照料老人等，深受老人们的好评。

在提供社区助老服务的同时，北京市一些地区也逐步建立并不断完善社区托幼服务。自2009年，在北京市人力资源和社会保障局创业指导中心的大力支持下，以社区为单位的育婴指导站在全市各社区逐步推广。社区育婴指导站主要解决0—3岁婴幼儿托管和早期智力开发的问题，并对家长进行儿童健康指导和育婴常识的培训，可以实现婴幼儿家庭一站式、全面专业的服务，对缓解双职工家庭的幼儿照料难题具有积极作用。

社区助残服务也快速发展。扶残助残是中华民族传统美德，现代社会更应倡导"奉献、友爱、互助、进步"的志愿精神，在全社会形成理解、尊重、关心、帮助残疾人的良好社会风尚。2008年北京奥运会和残奥会前后，北京市社区助残服务得到进一步发展。其中，"温馨家园"是北京市为残疾人提供服务的场所，其宗旨是让残疾人不出社区即可得到康复训练、教育培训、生活照料等服务。北京市西城区新街口街道的"温馨家园"于2007年建成，残疾人可免费使用"温馨家园"里的所有设施，并可享用免费午餐。有6名工作人员为残疾人使用职业技能康复室、多功能训练室、数字影院、生活训练室提供帮助，每天约有50人次到这里活动。

第八章　妇联组织与新家庭文化建设

构建先进家庭文化是全社会的共同责任，需要坚持党的领导，汇集国家、政府、企业、社会组织以及家庭和公民个人的合力，共同推动。其中，妇联组织作为党和政府联系妇女群众的桥梁和纽带，在新家庭文化建设中具有上承党和政府决策，下启为家庭工作和妇女工作服务的重要职能。在党的领导下，独立自主的开展工作，谱写好家庭文化创新发展的时代乐章，既是妇联组织的职责所在，更是实现中华民族振兴伟大梦想的重要内容。

一、妇联是新家庭文化建设的重要力量

家庭是社会的细胞，具有联结社会情感，培育社会美德，传承社会文化，维护社会稳定的重要功能。妇联在家庭工作领域有着良好的传统和丰富的经验，发挥着不可替代的作用。组织和推动广大妇女以及家庭成员共同建设以男女平等为核心、以幸福和谐为宗旨的先进家庭文化，是历史赋予妇联的重要职责和光荣使命。党的十八届三中全会提出，要推进国家治理体系和治理能力的现代化，党的十八届四中全会进一步提出，要全面推进依法治国，建设中国特色社会主义法治体系和社会主义法治国家。这一目标，为妇联组织进行新家庭文化建设提供了新的契机，也提出了更高的要求。

1. 妇联组织的性质和任务

《中华全国妇女联合会章程》规定："妇联组织是全国各族各界妇女为争取进一步解放与发展而联合起来的群众组织，是中国共产党领导下的人民团体，是党和政府联系妇女群众的桥梁和纽带，是国家政权的重要社会支柱"①。当前，充分发挥群众团体的政治性、先进性和群众性，已成为中国特色社会

---

① 《中华全国妇女联合会章程及有关条例规定》，中国妇女出版社 2010 年版。

主义法治建设的重要内容，也是妇联组织建设的重要内容。

第一，**妇联组织具有鲜明的政治性**。妇女事业是党的事业的重要组成部分。党领导下的妇女工作，是党组织动员广大妇女群众积极投身社会主义事业，为实现民族振兴与妇女发展目标而奋斗的重要工作。妇联作为党联系妇女群众的纽带和党领导下的人民团体，应自觉接受和坚持党的领导，在政治上、组织上、思想上与党保持一致，这是妇联组织健康发展的政治保障，更是妇联组织生存与发展的灵魂和首要问题。

第二，**妇联组织具有鲜明的群众性**。站在党和人民的立场上，为党分忧、为民谋利，做好组织、宣传、教育和引导妇女群众的工作，增进与群众的感情，是党对工会、共青团和妇联等群团组织的期待和要求。在党领导的群团组织中，妇联组织由各族各界妇女共同组成，这种普遍性和广泛性的组织机制，不仅决定了妇联具有广泛的群众性，同时也成就了妇联与广大妇女群众之间密切的鱼水联系，这种亲密的血肉关系是在长期民族和民主革命的进程中、在社会主义物质文明和精神文明建设的进程中形成，并在推动社会发展的进程中得到不断加强与发展。

第三，**妇联组织具有特定的统战性**。改革开放以来，妇联组织获得了长足发展，已经建立起纵向到底、横向到边的组织网络，各界有妇女，各界有妇女组织成为妇联组织建设的新目标。妇联工作还与工会女工工作有着密切联系，互相补充；与民主党派的妇女工作更是荣辱与共、肝胆相照；同时，妇联组织还积极联系社会各类妇女组织，对建立和完善具有中国特色的妇女组织体系，具有不可替代的桥梁和枢纽作用。

第四，**妇联组织是国家政权的重要社会支柱**。一方面妇联是各族各界妇女的代表，是人民政权的社会基础，担负着巩固党的执政基础和扩大党的群众基础的重任；另一方面妇联还承担着特定的国家和政府关于妇女儿童发展的相关事务，可以代表广大妇女参与国家和社会事务的管理。《中华人民共和国妇女权益保障法》第五十四条规定："妇女组织对于受害妇女进行诉讼需要帮助的，应当给予支持。妇女联合会或者相关妇女组织对侵害特定妇女群体利益的行为，可以通过大众传播媒介揭露、批评，并有权要求有关部门依法查处。"同时，从群众组织的角度看，妇联还承担着大量妇女儿童和家庭工作的社会职责，是党和国家联系妇女儿童的重要通道。在妇女所急、党政所需和妇联所能的结合点上开展包括家庭文明建设和家庭文化工作，不仅是妇联履行组织职责，服务妇女、服务家庭和服务社区居民的一个基本切入点，而且还是国家法律赋予的重要职责，也是妇联组织承接政府职能的具体要求。

第五，妇联组织是民间组织和社会组织的枢纽。妇联在承担妇女儿童相关事务，完成妇女儿童工作社会职责的同时，还在妇女民间组织和社会组织系统中发挥着特定的枢纽作用。党的十七大提出"加快推进以改善民生为重点的社会建设"，并指出要"支持工会、共青团、妇联等人民团体依照法律和各自章程开展工作，参与社会管理和公共服务，维护群众合法权益"。2015 年7 月党中央召开群团工作会议，提出工会、共青团、妇联等群团组织要切实转变思想观念，强化群众意识，改进工作作风，提高工作水平。构建"枢纽型"社会组织工作体系是北京市委、市政府加强社会建设，创新社会组织管理体制，探索社会组织运行模式的一项重要举措。北京市妇联作为全市第一批"枢纽型"社会组织，充分发挥在政治上的桥梁纽带作用、业务上的龙头聚合作用、管理上的集约服务作用，紧抓妇女民生之本、解决妇女民生之急、排解妇女民生之忧，最大限度地实现好、维护好、发展好广大妇女的根本利益。

2. 妇联组织在家庭文化建设中的作用

家庭历来是妇联工作的重要阵地。开展家庭文化建设，妇联在凝聚妇女、联系家庭、化解矛盾、协调推动等方面发挥了重要的作用。

一是凝聚妇女的作用。多年来，妇联组织在团结妇女，凝聚妇女，推进和谐家庭构建中建立了广泛而坚实的群众基础。以"双学双比"、"巾帼建功"、"五好文明家庭"等活动为依托，在促进妇女发展、推动性别平等、引领广大妇女参与社会主义现代化建设中树立了良好的组织形象和工作品牌。妇联组织已不仅仅是妇女的"娘家人"，也是妇女表达愿望、寻求帮助的贴心人，以及妇女追求理想、实现自我价值的"助梦人"。

二是联系家庭的作用。家庭历来是妇联工作的重要领域。提高家庭成员文明素质、弘扬家庭美德、倡导文明健康生活、促进精神文明建设，是构建和谐家庭的基本内容，也是妇联在家庭领域工作的重要内容。为有效满足家庭发展的多样性需求，各级妇联与时俱进，汇集社会合力，积极开展"五好文明家庭""学习型家庭""平安家庭"创建等系列活动，为推动家庭成员之间、家庭与社会之间和家庭与自然之间的相互和谐，发挥了独特作用。

三是化解矛盾的作用。近年来，随着经济和社会发展，人们的思想和文化也更加活跃和繁荣。但是，经济向新常态的转轨以及利益格局的调整，也对家庭的和谐与稳定构成新的挑战，出现了离婚率居高不下、家庭纠纷增多、邻里关系疏远等问题。各级妇联深入群众，调查研究，通过举办婚姻家庭讲座、综合维权、帮助妇女就业创业以及完善信访工作机制等方法，为维护妇女的合法权益、化解婚姻家庭矛盾、消除家庭不和谐因素、促进家庭教育发展等做了大量的工作，力求把矛盾消除于萌芽、化解在基层，有效维护家庭与社会的稳定与和谐。

四是协调推动的作用。在开展家庭工作的进程中，妇联组织积极争取党和政府的领导，以及社会的重视和多方支持，共同推动和谐家庭的建设。各级妇联都建立了以党委领导、政府支持、妇联主管、各方参与的和谐家庭创建活动领导小组，从资源配置、环境优化、宣传引导、权益维护等方面，为家庭文化建设的深入开展和新家庭文化的创建，奠定了坚实的社会基础。

与此同时，各级妇联组织还积极发挥协调作用，运用专家研究和项目运作等方式，积极参与婚姻法、妇女权益保障法及反家暴立法的制定与修订工作。开通妇女维权公益服务热线，为妇女儿童提供法律、婚姻、家庭、心理、教育等方面的咨询，力求通过"委屈释放、分析指引、抑制冲动、心理疏导"等方式，引导求助者运用社会和法律的资源，维护自身的合法权益。目前，妇女法律热线在基本实现 16 个区县的统一联网和 24 小时的无间断服务的基础上，还开通了北京妇女网妇女维权专栏，并成功接入北京市信访信息系统，实现了与全市政府职能部门信访工作的统一联网，加大了妇女信访问题的解决力度。此外，市妇联还与市检察院、市法院密切合作，积极打造妇女儿童权利保障的新机制，建立了"妇女儿童维权通道""妇女儿童维权合议庭"，完善了维权工作的社会化体系。

各级妇联组织还积极探索满足老年人多样性需求的新服务模式，并为有特殊需要的家庭和贫困家庭提供公共服务，先后开展了面向妇女的乳腺癌、宫颈癌筛查以及"大病救助""母婴服务""圆梦助学行动"等公益项目和活动，还依托巾帼家政培训基地加大技能培训力度，提升个性化服务品质，打造公益性巾帼家政品牌，等等。这些活动直面妇女群众和家庭生活的迫切需要，因而深受基层群众的欢迎，起到了服务群众、凝聚群众和提高群众生活质量的作用，同时也提高了妇联组织的服务能力、服务水平，扩大了组织影响力和凝聚力。

五是研究推动的作用。北京市妇联十分重视理论研究和社会调查工作，于 1980 年、1982 年、1985 年、2010 年先后建立家庭教育研究会、婚姻家庭研究会、妇女理论研究会、家庭建设促进会，运用马克思主义立场、观点和方法研究解决现实生活中的婚姻家庭问题，多次开展了北京妇女社会地位调查、"和谐家庭建设评价指标体系调研"、"北京市城区婚姻家庭状况调研"等理论和调查研究，积极宣传倡导先进家庭文化，并为党和政府关于家庭和儿童事务的决策提供了参考和依据。北京市妇联还通过成功举办"性别平等与家庭文化建设"研讨会、"和谐家庭建设高峰论坛"、家庭文化艺术节、家庭趣味运动会、家庭数字生活技能大赛、"妇女·家庭·社会"大讲堂等活动，引领全市妇女和家庭以德治家、文明立家、平安保家、节俭持家、和谐兴家。

3. 妇联组织在家庭文化建设中的优势

妇联在长期维护妇女权益、促进妇女发展的进程中，不仅积累了丰富的工作经验，而且还具有明显的组织优势。

一是政治优势。妇联组织是党领导下的群众团体，是党和政府做好有关妇女工作的有力帮手。做好妇女群众工作，宣传男女平等基本国策，培育弘扬社会主义核心价值观，维护妇女群众合法权益，促进妇女与经济社会协调发展、男女两性协调发展是妇联组织义不容辞的责任，也是党和政府对妇联组织的期望。因此，妇联组织不仅代表着占人口半数的女性群体利益，而且在推进男女平等基本国策，促进社会发展进步方面具有较强的政治优势。

二是组织优势。妇联组织拥有健全的组织网络，在参与基层社会建设和管理方面与政府及其他社会组织之间形成了优势互补、良性互动的关系。目前，北京市共有四级妇女组织，市妇联辖区县妇联 16 个、街道妇联 158 个、乡镇妇联 162 个、社区妇联 2646 个、农村妇代会 3944 个。8 个民主党派及台联均设有妇女工作委员会，工商联设有女企业家商会。市妇联还积极开展新型组织建设，提高妇女组织覆盖率，在党政机关、事业单位建立妇委会 3215家，依托"两新"组织、商务楼宇建立"姐妹驿站"1958 家。此外，还有 18个市级专业女性团体，5 个女性研究团体，以及带动妇女创业就业的北京巧娘手工艺发展促进会等，为组织资源的拓展和作用发挥开辟了广阔的天地。

三是工作优势。在长期的实践中，妇联组织创造和积累了丰富的经验，建立了履行职能较为完善的工作机制。各级妇女组织在长期工作中形成的组织机构、协调机构、维权机构，进一步整合了社会资源，推动了妇女工作社会化。近年来，妇联开展的"五好文明家庭""和谐家庭""学习型家庭""平安家庭"和"巾帼创业""巾帼文明""巾帼维权"等一系列创建活动，及其实施的女性素质工程、致富工程、母亲教育工程，覆盖到社会各领域以及各个家庭，成为家庭文化建设的有效载体。

四是资源优势。妇联组织作为党领导下的群众团体，信誉度高与公信力强，在社会上具有较强的影响力与感召力，联系着占人口半数的妇女，是我国最大、最广泛、最具影响的妇女团体。当前，妇女越来越广泛地参与到社会生活的各方面，并在其中发挥"半边天"作用。这使妇联工作的触角延伸到社会各领域，产生了广泛的社会影响。妇联组织围绕服务中心、服务大局、面向妇女开展的各项活动，既涉及政治、经济、文化等不同领域，又涉及婚姻、家庭等各个方面，既要团结带领妇女参与经济建设，又要引领妇女成为家庭文明建设的主力军；既要组织引导妇女参与民主监督与管理，又要为弱势贫困妇女奔走呼吁。总之，凡是服务于党的中心工作、服务于妇女群众需求、服务于妇女发展的事情，都可以纳入妇联的工作范畴，为妇女开展活动，为家庭文化建设提供了丰富的资源和施展才能的舞台。

五是群众优势。妇联组织十分重视队伍建设和能力建设，在拥有一批热爱妇女事业和家庭工作专职干部的同时，还培育了大批妇女工作和家庭建设的志愿者队伍，广大妇联干部和志愿者生活在群众中间，为落实"立足基层、面向家庭、见诸日常、细致入微、持续发展"的工作方针，以及发挥妇联组织的群众优势，组织动员广大妇女弘扬志愿精神、参加具有巾帼特色的家庭文化建设活动，增强妇联组织参与社会管理与创新的能力，奠定了基础。截至 2013 年年底，北京市共有巾帼志愿服务队 5800 多支，巾帼志愿者人数达到 25 万人，遍布全市 16 个区县的社区和乡村。这些妇联干部和志愿者发扬"奉献、友爱、互助、进步"的精神，以服务大局、造福百姓为目标，体现了无私奉献、团结互助的社会新风，传递了人与人之间的真挚情感，也是参与家庭文化建设不可或缺的重要力量。

二、妇联开展家庭文化建设的实践探索

重视家庭文化建设，用社会主义先进文化和社会主义核心价值观占领家庭阵地，引领家庭文化的发展方向，是党和政府工作的重要内容，更是妇联组织常抓不懈、抓有长效的品牌工作。

1. 家庭文明建设常抓常新

在家庭建设中，"五好家庭"创建活动是妇联家庭工作的一项开创性、基础性、战略性工程，经过几十年来的精心打造，这项活动已深入千家万户，成为引领家庭建设方向的知名品牌。

"五好家庭"创建活动发源于20世纪50年代。新中国成立后，国民经济日新月异，蓬勃发展。党和政府倡导男女平等、男女同工同酬，鼓励妇女走出家门，妇女的社会与家庭地位普遍提高，成为社会主义建设与文明家庭建设的主体力量。但是，受连年战争的影响，新中国依然难以摆脱底子薄弱的约束，几乎是在一张白纸上描绘新的时代蓝图。在这个基础上，党和国家提出了独立自主、勤俭建国的国家建设方针。与此同时，1957年召开的第三次全国妇女代表大会，决定将"勤俭建国、勤俭持家"确定为妇女运动的方针，并指出"妇女对于勤俭持家，更担负着特殊重要的责任"。[①] 为了贯彻这一方针，全国妇联组织开展了"五好家庭"评比活动。

在20世纪50年代，"五好家庭"评比活动，通常更多强调的是妇女在勤俭持家方面的责任。这与当时妇女就业尚不充分，以及传统社会长期存在的男主外、女主内的社会分工模式有着密切的内在联系。但是，到20世纪80年代后，随着妇女就业率的提高，以及社会观念的进步，在改革开放基础上开展的"五好家庭"评比活动，就更多体现出强调妇女社会责任，以及家庭与社会同步发展的时代特点。如果说改革开放前的"五好家庭"评选活动，是新中国家庭文明建设的早期探索，那么，随着改革开放成长起来的"五好家庭"评比活动，就更加成熟和完善。它不仅强调建设文明家庭是每个家庭成员的责任，还强调家庭建设是全社会的共同责任。与此同时，在具体评比

---

① 章蕴：《勤俭建国、勤俭持家、为建设社会主义而奋斗》，载《中华全国妇女联合会四十年》，中国妇女出版社1991年版。

条件也进一步丰富，向内辐射至夫妻关系、赡养老人、教育子女、勤俭持家等职责，向外延伸至邻里关系、职业素养、政治觉悟、计划生育等领域，内涵更加丰富、外延也更加广泛。与此同时，全国各地妇联也在开展"五好文明家庭"活动中因地制宜，提出了兼具本地特色的评选条件和工作机制。

北京市妇联开展的"五好家庭"创建活动也始于20世纪50年代。1981年，市妇联在总结以往家庭建设工作经验的基础上，提出了北京市的"五好家庭"条件，即"政治思想好、学习劳动好、团结互助好、教育子女好、勤俭持家好"。1982年修改为"工作学习、生产劳动好；遵纪守法、执行政策好；家庭和睦、邻里互助好；计划生育、教育子女好；移风易俗、文明礼貌好"。1988年再次修订为"建设首都、勤劳奉献、服务社会好；努力学习、遵纪守法、执行政策好；团结友爱、平等互助、尊老爱幼好；克勤克俭、移风易俗、文明礼貌好；计划生育、教学教子、全面育人好"。1991年根据形势的发展变化，再次修订为"勤奋工作、创新进取、服务社会，刻苦学习、情趣高尚、生活充实，遵纪守法、移风易俗、文明礼貌，团结友爱、平等互助、尊老爱幼，计划生育、科学教子、全面育人"。

20世纪90年代中期，随着中国改革开放的深化，以及社会主义物质文明和精神文明建设事业不断发展，北京市"五好家庭"评选活动也进入新的发展阶段，活动方式更加丰富多彩。在新开展的"五好文明百颗星"评选活动中，评选条件增加了热爱党，热爱祖国，坚持党的基本路线，关心社会进步和改革等内容，还规定家庭成员中有成绩卓越者，可获市级以上先进称号等；新的评选标准还包括"家庭人际关系平等、民主、宽松，家庭成员之间以朋友相待，沟通感情，交流思想，全家上下尊老爱幼，气氛特别温馨""家庭成员观念不断更新，生活方式科学、文明、健康，家庭文化丰富充实，情趣高雅，有特色""遵纪守法，邻里互助，热心社会公益事业和见义勇为事迹突出""移风易俗，计划生育，科学教子，子女表现优秀"等内容。[1] 1996年党的十四届六中全会作出《关于加强社会主义精神文明建设的决议》，北京市成立了由市委宣传部、首都精神文明建设委员会、市委农工委、市妇联、市民政局、市老龄协会等7家单位组成的首都"五好文明家庭"创建活动协调领

---

[1] 北京市妇联编著：《1978—2008：北京性别平等与妇女发展状况》，北京出版社、北京出版集团公司2009年版，第139—140页。

导小组，评选条件也调整为"热爱祖国、关心集体、遵纪守法好，爱岗敬业、热心公益、奉献社会好，计划生育、保护环境、勤俭持家好，夫妻和睦、尊老爱幼、教育子女好，邻里团结、移风易俗、健康生活好"。

2000 年之后，北京市各级妇联在实施"家庭文明工程"过程中，又围绕绿化美化生活环境、活跃家庭文体生活、普及科学法律知识、破除封建迷信和落后习俗、和睦家庭邻里关系等主题，陆续开展了家庭读书、家庭教育、家庭文化、家庭健身、家庭环保等活动。2005 年开始，开展"平安家庭"创建活动，推动广大家庭及其成员实现学法用法无违法，尊老爱幼无暴力，崇尚科学无邪教，自我防范无隐患，依法维权无"闹访"，邻里和睦无纠纷，关爱生命无"四害"① 的平安生活目标，努力营造安定有序、文明优美的家庭环境。2006 年 11 月，中共北京市委制定下发了关于构建社会主义和谐社会首善之区的意见，指出要"大力开展群众性精神文明创建活动，把建设和谐社区、和谐村镇、和谐单位、和谐校园、和谐家庭作为重要载体，丰富和拓展精神文明创建活动的内涵。切实加强未成年人思想道德建设，大学生思想政治教育。鼓励和支持机关、学校、企事业单位、人民团体、社会组织广泛开展和谐创建活动，形成人人促进和谐的局面。"② 2007 年，北京市妇联、北京市社科院联合开展了"北京市和谐家庭建设评价指标体系"研究，提出建设和谐家庭要"以家庭成员的全面发展为基础，以积极向上的家庭价值取向、平等和谐的家庭关系、民主协调的家庭氛围为主要内容，以民主平等、学习求知、创业致富、道德高尚、环保节约的家庭追求为目标，构建家庭成员之间、家庭与社会之间、家庭与自然之间和谐相处的文明家庭新模式，以家庭的和谐服务于和谐社会建设"。③ 为了有效推动和谐家庭创建工作，市妇联还制定了《北京市和谐家庭行动计划（2010—2012 年）》，在全市城乡家庭和社区中广泛推进和谐家庭创建的六项行动，即低碳生活——绿色家庭创建行动、家有书香——学习型家庭创建行动、维权服务——平安家庭创建行动、以文化人——家庭文化弘扬行动、心手相牵——家庭互助帮扶行动、拓展平

---

① 无"四害"，指无传播制售观看淫秽录像书籍、无卖淫嫖娼行为、无赌博、无种植吸食贩卖毒品。

② 《北京市委发布构建社会主义和谐社会首善之区意见》，《北京日报》2006 年 11 月 14 日。

③ http：//baike. baidu. com/subview/1027405/7902120. htm？fr = aladdin，2014 – 05 – 24.

台——家庭服务推进行动。到 2012 年，正式将"五好文明家庭"活动更名为"和谐家庭"创建活动，"五好文明家庭"的所有指标也全部纳入"和谐家庭"的评价体系。其中，从 2008 年到 2013 年，北京市妇联共命名表彰"和谐家庭""学习型家庭""平安家庭""绿色家庭"等各类特色家庭119 万户。

2. 社会发展进步元素融入家庭文化建设

透视妇联系统家庭文明建设的发展历程，可以发现，将家庭评比活动置于社会发展的时代背景之下，推动和谐社会与和谐家庭建设相辅相成，共同发展，是妇联开展家庭工作的重要目标。将社会发展中的进步元素适时融入家庭生活，是家庭文化建设的一个显著特点。

为推进以家庭和睦促社区和谐与社会发展，从 2000 年以来，北京市妇联始终围绕"人文、科技、绿色"等理念，持续开展绿色家庭评选活动，家庭生态文明建设、家庭节能减排社区行动结合起来。号召广大妇女携起手来，从自身做起，从家庭做起，传播绿色理念，共建绿色家园，向世界展示首都北京的良好形象。其中，仅在奥运期间，妇联就制作 15 万个环保布袋，发放给社区居民和入住奥运村——绿色家园媒体村的中外记者，并提供 34 个品种、52824 盆"妇"字号基地生产的花卉，装扮"媒体之家"。妇联还通过"低碳生活在我家""家庭环保小窍门"等主题宣传活动，号召广大妇女和家庭共同维护整洁优美、和谐有序的城市环境。

2008 年前后，北京市妇联还围绕筹办奥运会开展了形式多样的家庭文化建设和巾帼志愿服务活动，为推动家庭文化的繁荣发展和家庭、社区与社会的和谐共建，发挥了不可替代的作用。在筹备奥运会期间，围绕"迎奥运、讲文明、树新风"活动，开展了"迎奥运——首都巾帼在行动"系列活动，包括"巾帼建功——奉献奥运行动""扮靓京城——和谐家庭创建行动""微笑北京——巾帼志愿行动""妇女健身——与奥运同行"等主题活动，带领各界妇女唱响了"首都巾帼为奥运奉献，百年圆梦创美好生活"主旋律，凝聚起全市妇女参与奥运、奉献奥运的热情和力量。

2009 年，在新中国成立 60 周年庆典活动中，北京市妇联组织妇女开展"百首爱国歌曲大家唱""爱祖国、爱北京、爱家乡"体验游览、家庭文化艺术节等宣传教育活动，在广大妇女和家庭中营造了喜迎国庆的欢乐氛围。国庆游行"和谐家庭"方阵中的新婚夫妇、残疾人、社会工作者身着节日服装，簇拥"和谐社区"彩车，挥舞五色牡丹花球，充分展示了文明祥和、安居乐业、幸福美满的首都家庭生活风貌，呈现了国泰民安、繁荣昌盛的和谐画卷。

在这个过程中，北京市妇联还围绕社会主义核心价值体系建设，将传统文化和时代精神融为一体，近年来开展了"生活礼仪进我家""美德在农家""邻里一家亲""以德育人，为国教子""争做合格家长，培养合格人才"等家庭文化建设活动，在妇女和家庭成员中形成新的家庭观念和社会责任意识，努力为全面建设小康社会、构建和谐社会首善之区作出贡献。同时，还开展"学习型家庭"创建工作，围绕提高家庭成员综合素质，开展了"英语走进百万家庭""百万家庭上网工程"等多项活动，利用大众读书会、"北京妇女网"读书学习专栏文化服务平台，以经典诗文诵读、征文演讲等方式，开展了"送你一缕书香"女性读书主题活动，引导广大妇女和家庭读好书用好书，倡导科学、文明、和谐的家庭生活新理念与新方式。

2014年，随着社会文明与经济发展的进程，美丽中国、美丽乡村、美丽家园活动在全国范围内广泛开展，全国妇联发起开展寻找"最美家庭"活动。北京市妇联积极响应，与市委宣传部、首都文明办共同出台《关于加强新时期家庭文明建设工作的意见》，联合制定开展寻找"首都最美家庭"的活动方案，将寻找"最美家庭"活动纳入北京市总体宣传思想工作和精神文明创建活动中，同时将此项活动写入《北京市关于培育和践行社会主义核心价值观实施意见》。妇联利用"女性·家庭·社会大讲堂"公益平台，开展《家风、家训、家规对教育孩子的影响》《家道家风营造和谐家庭关系》等家庭问题讲座；依托遍布全市城乡的"妇女之家"，以晒家庭幸福生活、讲家庭和谐故事、展家庭文明风采、秀家庭未来梦想等群众喜闻乐见的方式，使寻找"首都最美家庭"活动成为提升家庭文明程度、促进社会和谐的创新实践。2014年11月30日，举办了以"家和万事兴"为主题的"首都最美家庭"揭晓活动，包括国家乒乓球队总教练刘国梁家庭在内的50户家庭获得"首都最美家庭"称号。市委领导还就活动开展专门作出重要批示并提出明确要求。

3. 构建家庭文化建设新机制

建立健全的家庭文化机制是开展家庭文化建设的根本保证。积极推动家庭文化建设工作的可持续发展，进行和谐家庭建设的理论研究和实践探索，对于提升家庭文化建设的科学化水平，拓展家庭文化建设的社会化功能，具有重要的现实意义。

一是注重建立和完善和谐家庭建设的领导体制和工作机制。以首都和谐家庭创建活动协调领导小组为依托，将家庭文明建设工作纳入党委、政府公民道德建设、精神文明建设总体布局，形成党委领导、政府支持、妇联牵头、部门配合、社会参与，共同推进家庭文明建设的社会化、开放式工作格局。各级妇联在实际工作中主动争取党政领导支持，及时请示汇报工作、沟通交流情况、征求指导意见、争取工作资源，为工作的开展创造良好条件。同时，建立工作目标管理体系，细化目标，实化任务，硬化措施，强化责任，切实把家庭文化建设的各项目标任务落到实处，推进精神文明建设。

二是积极推动家庭文明建设的规范化、制度化、常态化。各级妇联通过建立家庭文化建设示范点，以社区、村镇为单位，采取自下而上、层层推荐的办法，广泛开展"和谐家庭""五好文明家庭""学习型家庭""绿色家庭""平安家庭"等各类特色家庭创评活动，每年推出一批先进家庭典型。同时坚持以评促创，在文明家庭创评工作中注重定期表彰与日常宣传相结合，形成家庭创建申报、推荐、评审、公示、表彰等一系列长效工作机制，确保家庭创建工作的质量，丰富家庭文化的内涵，提升家庭文化的品质。

三是注重和谐家庭建设的理论研究和实践探索。为深化家庭文化的理论研究，北京市妇联针对当今社会出现的诸多家庭问题，积极探索解决各种婚姻家庭问题的新办法，以举办"性别平等与家庭文化建设""妇女发展与家庭和谐""和谐家庭建设"等论坛活动，全面分析北京家庭文化建设的新趋势、新特点，准确把握不同家庭出现的新情况、新问题，提出新时期家庭文化建设的新目标、新举措。为推进首都家庭文化建设开辟了新境界，注入了新动力，激发了新活力。

三、努力开创家庭文化建设的新局面

妇联组织在家庭文化建设的进程中积累了丰富的经验，但是也面临经济转型和社会利益格局不断调整的挑战，抓住依法治国、依宪治国的历史机遇，发挥好组织的桥梁纽带作用，面向未来，更好地开创家庭工作的新局面，妇联组织还需要在思想理论、组织建设、工作方法等方面与时俱进，全心全意助推祖国梦、家庭梦和个人梦的梦想实现。

1. 提高对新家庭文化建设重要性的认识

重视妇联组织在家庭和谐与社会和谐建设中的作用，是党和政府的一贯主张。党的十八大以来，以习近平同志为总书记的党中央，更加注重发挥妇女在社会生活和家庭生活中的独特作用。2013 年 10 月，王岐山在中国妇女十一大上的祝词中提出，"广大妇女要传承美德，促和谐树新风，尊老爱幼、勤俭持家、自立自强、科学教子，树立家庭文明新风尚，践行社会主义核心价值观，为继承和弘扬中华民族优秀文化贡献力量"[①]。习近平在同全国妇联新一届领导班子集体谈话时进一步强调，"千千万万个家庭的家风好，子女教育得好，社会风气好才有基础"，妇联组织要"注重发挥妇女在弘扬民族家庭美德、树立良好家风方面的独特作用。这个关系到家庭和睦，关系到社会和谐，关系到下一代健康成长。广大妇女要自觉肩负起尊老爱幼、教育子女的责任，在家庭美德建设中发挥作用"[②]。但是，还要看到，历史遗留下来的落后家庭文化与极端个人主义等影响依然存在，这就决定了在全面建成小康社会，全面深化改革，全面推进依法治国，全面从严治党的新形势下，建设先进家庭文化是一项刻不容缓的任务。

在构建先进家庭文化的进程中，妇联组织肩负着重要的责任。广大妇联干部应加强学习，进一步提高对家庭文化建设工作紧迫性和重要性的认识，通过开展喜闻乐见的家庭文化活动，以家庭伦理道德建设的成效，促进全社会精神文明程度的提高。让社会主义核心价值观扎根在千千万万个家庭，为建设国际一流的和谐宜居之都、实现中华民族伟大复兴的中国梦提供精神动力与思想保证。

2. 新家庭文化建设面临的机遇和挑战

在全国人民积极践行社会主义核心价值观，共同谱写实现"两个一百年"奋斗目标、实现中华民族伟大复兴中国梦新篇章的进程中，家庭文化建设赢

---

① 《胡锦涛总书记在纪念"三八"国际劳动妇女节 100 周年大会上发表重要讲话》，《中国妇女报》2010 年 3 月 8 日。

② 李源潮：《发挥组织优势　体现群众特点　积极培育和践行社会主义核心价值观》，《求是》2014 年第 13 期。

得了更加宽广的发展前景。2013 年 12 月 23 日，中共中央办公厅印发了《关于培育和践行社会主义核心价值观的意见》，把社会主义核心价值观高度概括为富强、民主、文明、和谐，自由、平等、公正、法治，爱国、敬业、诚信、友善。妇联组织要抓住这一历史机遇，争取更大作为。

还要看到，受文化发展多样化，特别是封建资本主义腐朽没落思想的影响，家庭发展也不可避免地面临着相应的挑战。如有的家庭"物质丰富，精神苍白"，把大量的财力、物力投入到物质生活享受中，却很吝惜时间和金钱去读书、看报、加强自身学习。甚至有些人为满足个人欲望而不惜牺牲家庭和亲情，导致家庭成员间失和，甚至家庭破裂。

在这种新情况、新常态下，推进家庭文化建设，要抓住六个关键环节。一是制度性文化，包括国家和政府的有关法律和政策，以及人民群众为维护正常家庭生活、协调家庭内外部关系而形成的口头约定、正式家规、基本准则等；二是知识性文化，包括家庭成员的文化修养、知识水平、思维能力、表达能力、应变能力等；三是情感性文化，包括家庭人际关系和情感交流；四是自律性文化，包括严于律己、宽以待人、奉献精神、遵守家庭基本规则等；五是器物性文化，包括衣、食、住、行及生活设施所体现出家庭的文化精神追求、审美情趣、生活风格等；六是娱乐保健性文化，包括家庭成员利用闲暇时间，自我娱乐、强身健体等各种文娱、体育、保健活动。

构建符合时代特色的新家庭文化，必须十分注重引导家庭成员树立共同的理想信念，包括以爱国主义为核心的伟大民族精神、以改革创新为核心的时代精神；还要同时注重把家庭责任与社会责任相结合，加强社会公德、职业道德、家庭美德、个人品德建设，自觉履行法定义务、社会责任、家庭责任，努力营造见贤思齐、向上向善、夫妻和睦、尊老爱幼的社会新风尚。

3. 新家庭文化建设的基本思路

在新家庭文化建设工作中，妇联组织要明确任务、认清职责，正确理解和处理好两个关系，一是妇女自尊、自信、自立、自强与做好贤妻、良母、孝女之间的关系；二是发挥妇女在经济社会生活中的"半边天"作用，与在弘扬家庭美德、树立良好家风方面的独特作用之间的关系。同时，还应加强家庭文化理论与制度政策的探究，更好地为妇女发展和家庭和谐，创造日益完善的文化和社会环境。妇联干部要进一步增强做好家庭文化建设工作的责任感和使命感，围绕践行社会主义核心价值观，寻找家庭文化建设的新路径。特别要发挥妇女在家庭文化建设中的独特作用。

第一，把新家庭文化建设的重点放在基层。 按照党中央的要求，妇联组织开展妇女工作要让妇女当主角，而不能让妇女当配角、当观众。要更多关注、关心、关爱普通妇女，进万家门、访万家情、结万家亲，经常同妇女进行面对面、手拉手、心贴心地零距离接触，增进对妇女的真挚感情。切实避免出现机关化、行政化、贵族化、娱乐化的现象各级妇联要依靠群众力量，切实做好家庭文化建设工作。

一要突出妇联特色。注重将"和谐家庭"创建活动作为统一载体和开展各类特色家庭创建评选表彰的总抓手，统筹推进家庭道德建设、平安家庭创建、家庭教育工作，为家庭平安和谐文明提供有特色的服务，把家庭文化建设工作重心放在创建上，把工作力量放在发动妇女和家庭参与上，大力弘扬夫妻和睦、尊老爱幼、科学教子、勤俭节约、邻里互助的家庭道德规范，引导妇女和家庭成员培养和树立互爱、诚信、宽容、勤俭、和睦的家庭文明新风。

二要探索新项目新方法。要立足妇女群众需求，继续抓好和谐家庭、五好文明家庭、平安家庭、绿色家庭的创建活动，以及小公民道德建设暨"双合格"活动等，把实施活动与妇联组织开展的促进妇女发展项目、权益维护工作紧密结合起来，把宣传社会主义核心价值观与弘扬家庭美德、宣传科学教子理念紧密结合起来，使之更加贴近妇女和家庭的实际需要，促进形成良好家风和社会风尚。

三要扎根于城乡"妇女之家"。遍布城乡的"妇女之家"，离妇女和家庭最近，最了解妇女需求，是开展新家庭文化建设、搞好服务工作的重要阵地。通过在"妇女之家"建立宣传栏、展示壁报、张贴活动宣传画等，进一步挖掘文明家庭创建活动新内涵，组织开展"好家风好家训"主题宣传实践活动，因地制宜地开展好夫妻、好儿女、好媳妇、好公婆、好邻居等活动。抓住节日节点，推出各具特色、不同类型的家庭道德文明故事会、文明家风交流会、家训家规评议会等活动，吸引群众广泛踊跃参与，提升妇女与家庭成员的综合素质和文明程度。

第二，建立健全完善的工作机制。 加强新家庭文化建设的组织领导，把新家庭文化建设工作纳入公民道德建设、精神文明建设工作的总体布局。

一要巩固完善家庭文化建设的领导体制与工作机制。充分发挥和谐家庭创建活动协调小组的作用，进一步形成党委领导、政府支持、各方齐抓共管、群众广泛参与的社会化、开放式的工作格局。各级妇联要积极争取党委政府重视支持，发动社会力量广泛参与，多渠道整合资源，为家庭文化建设工作创造条件。

二要加强理论研究与调查研究。密切关注家庭伦理道德方面的新动态、新需求，发现家庭文化建设工作的新情况、新问题，科学把握家庭文化建设的内在规律，构建符合首都功能定位的家庭政策体系，提高家庭文化建设工作的前瞻性和针对性。从理论层面上丰富和拓展家庭文化建设工作的内涵与外延，从实践层面上创新和强化家庭文化建设工作的载体与举措。

三要探索建立家庭文明建设的评价指标。拓展有利于群众参与的家庭评选渠道，将活动开展、工作创新、工作阵地、群众认同度作为重要标准，形成有效的工作激励机制，使新家庭文化创建活动成为妇女和家庭的道德教育实践，互相学习、彼此借鉴、共同提高的过程。

第三，创新丰富工作理念与方法。家庭文化建设的创新需要新的理念与方法。妇联要把家庭文化建设工作的重心，放在发动妇女和家庭成员的参与上，才能发挥妇女在家庭文化建设工作中的独特作用。

一要不断创新工作理念。面向基层、面向社区、面向最弱势的妇女儿童群体，认同所有服务对象的主体地位，对所联系、服务的妇女表现出充分的尊重、理解与关怀，提供全方位、多元化的服务。吸引专业的社会工作者，将志愿者发展成为家庭工作的主要力量，推动家庭志愿者活动的项目化、专业化，满足不同家庭的多样化需求。

二要注重发挥"联"字优势。通过参与政府购买服务等措施，凝聚为妇女儿童和家庭服务的专业组织、社会力量，不断获得有利于家庭文化建设工作发展的各类资源。家庭文化建设工作是系统工程，涉及宣传部、广播电视局、教委、文化等部门。要多方协调，形成创建和谐家庭工作的强大合力。鼓励和引导各类慈善组织、社会组织、企业实体等，通过项目化、实事化的运作方式，参与家庭文化建设工作，使更多的家庭切实受益。

三要注重抓好组织协调。加强与政府有关部门的协调联络，抓住全面深化改革、推进新型城镇化建设，积极拓展渠道，主动承接政府转移出来的有关家庭建设的社会性、公益性、事务性职能，同时加强与各类女性社会组织和社会各界的联系，整合社会资源，汇集各方面力量，共同做好家庭建设工作。

第四，扩大家庭工作的社会影响力。面对信息社会的舆论格局和传播特点，家庭文化建设工作要想收获更大的社会效益，还要积极扩展这项工作的社会影响力。

一要广泛凝聚妇女和家庭的精神力量。家庭文化建设工作要善于在党和国家工作大局、市委市政府的工作重点以及妇联工作全局中思考和谋划，研究宣传新规律，把握妇女思想和家庭动态新特点，拓展妇女和家庭思想道德教育新领域，重心下移、真抓实干、务求实效，扎扎实实将家庭文化建设工作开展在基层、活跃在基层、落实到妇女和家庭身边。要创造性地做好妇联家庭文化建设工作的宣传，突出重点、加强策划，重视对新媒体的研究运用，为妇女全面发展、家庭优先发展营造良好氛围。

二要加大先进典型的宣传力度。大力选树宣传文明家庭创建的先进典型，用榜样的力量引领妇女和家庭崇德向善，追求和谐平安幸福的生活。开展多渠道、多形式、多层次、多角度的社会舆论宣传。同时还要有效统筹宣传资源，发挥主流媒体和新媒体的双重作用，积极扩大家庭文化建设工作舆论阵地，运用主流媒体和妇联报刊网络持续开办有关家庭文化宣传的栏目，运用妇联官网、官微、QQ群、微信等新媒体，强化线上线下联动，大力宣传妇女和家庭在日常生活中的先进典型，使家庭文化建设工作内化于心、外化于行。

第五，充分发挥妇女的独特作用。妇女社会与家庭的双重角色，决定了妇女在家庭的文化消费、搞好家庭文化生活方面，在抚育子女、帮助子女成长和发展、促使其形成正确的世界观、人生观、价值观、道德观方面，在正确处理夫妻关系、协调家庭人际关系、形成良好的家风方面，在继承我国的传统家庭美德方面，在对孩子未来的家庭文化生活方式形成和发展的引导方面，具有独特作用。

首先，妇女是家庭和谐稳定的建设者和促进者。在家庭关系中，妇女既是妻子又是母亲，对家庭的幸福和谐发挥着重要的作用。夫妻关系和睦是婚姻和谐稳定的基础，也是子女的身心健康和全面发展的基础。

其次，妇女是家庭情感的呵护者和维护者。家庭永远是人类情感的栖息地和避风港，是家庭成员身心健康发展所必不可少的环境。在一个充满夫妻之爱的家庭里，不仅夫妻可以互相理解和支持，共同进步，也使子女在充满亲情的环境里健康成长。营造这种健康的家庭氛围，虽然需要夫妻之间和家庭成员的共同努力，但是妻子和母亲的角色依然十分重要，对构建和谐家庭发挥着特有的凝聚作用。

再次，妇女是家庭教育的推动者和实践者。家庭是塑造人、教育人的第一所学校，也是最重要的一所学校。广大妇女传承着中华民族的优良传统和聪明才智，在孝敬父母、教育子女方面发挥着重要的作用。父母特别是母亲与孩子密切接触、言传身教，对孩子的成长有着深刻的影响和难以估量的作用。

充分发挥妇女在家庭文化建设中的重要作用，不仅要全面提高妇女的综合素质，使她们在家庭读书、家庭礼仪、家庭奉献、家庭节俭、家庭环保、家庭健身等方面身体力行引领示范，激发每个家庭的内部活力，而且还要带领每个家庭成员自觉参与其中，在多样化的活动中主动接受教育，自觉提高素质，弘扬家庭美德，形成良好的家庭文化氛围和文明健康的家庭生活方式，进一步树立以德治家、文明立家、平安保家、节约持家、卫生康家、和谐兴家的新理念，以家庭文化建设促进社会文明进步。

人类社会发展以及家庭发展犹如江河流水，经久不息，家庭文化建设也势必是一项蓬勃发展，"常抓常新"的社会工程。习近平同志曾指出，"各级党委和政府要充分认识发展妇女事业、做好妇女工作的重大意义，加大重视、关心、支持力度。要抓好妇女发展纲要实施，改善发展环境，解决发展中的突出问题，依法维护妇女权益，严厉打击侵害妇女权益的违法犯罪行为。要加强和改进对妇联工作的领导，为妇联组织履行职能、开展工作提供更好条件，把党和政府所急、广大妇女所需、妇联组织所能的事情更多交给妇联组织去办"①。妇联组织应积极争取党的领导，发挥好组织的保障和协调作用，努力推动广大妇女将家庭幸福美满、家庭成员自由而全面发展的个人梦想和家庭梦想，汇入到中华民族振兴的滚滚洪流之中。筑牢中国梦的每一个细胞和每一寸根基，需要全社会共同打造，需要妇联组织进一步扎根基层，从细处着手、立足家庭和社区，持续不懈地引领新家庭文化建设，谱写家庭文明建设的时代新篇章。

---

① 《习近平同全国妇联新一届领导班子集体谈话》，《人民日报》2013 年 11 月 1 日。